沥青路面检测与养护技术研究

周迎新 编著

中国建材工业出版社

图书在版编目(CIP)数据

沥青路面检测与养护技术研究／周迎新编著．—北京：中国建材工业出版社，2015.3
ISBN 978-7-5160-1157-7

Ⅰ．①沥… Ⅱ．①周… Ⅲ．①沥青路面－质量检验②沥青路面－路面养生 Ⅳ．①U418.6

中国版本图书馆 CIP 数据核字(2015)第 029925 号

内 容 提 要

随着我国高速公路网络的逐步完善，路面检测与养护在公路工程中愈发重要。路面检测是合理制定养护策略的前提，本书在对路面使用性能参数及规律进行充分调查和科学分析基础上，基于可靠性理论和优化技术，提出高速公路检测时机优化方法，以使道路检测与路面性能变化规律相一致。同时，本书总结探讨了国内外主要预防性养护技术及施工工艺，并对罩面后沥青路面结构性能变化规律和养护措施进行了探讨。针对渠化交通导致路面横向荷载作用分布不均，造成轮迹带过早破坏问题，本书创造性提出了利用车道调整均衡路面横向荷载分布提高道路使用寿命新方法。

本书可作为公路和城市道路养护管理部门及相关科研单位技术人员的参考书，也可作为大专院校道路与渡河工程、交通工程等相关专业的教师、研究生及高年级本科生教学和学习的参考书。

沥青路面检测与养护技术研究
周迎新 编著

出版发行：中国建材工业出版社
地 址：北京市海淀区三里河路 1 号
邮 编：100044
经 销：全国各地新华书店
印 刷：北京鑫正大印刷有限公司
开 本：710mm×1000mm 1/16
印 张：13
字 数：236 千字
版 次：2015 年 3 月第 1 版
印 次：2015 年 3 月第 1 次
定 价：48.80 元

本社网址：www.jccbs.com.cn 微信公众号：zgjcgycbs
本书如出现印装质量问题，由我社发行部负责调换。联系电话：(010)88386906

目 录

第1章 绪论 ·· 1

1-1 研究的意义及目的 ·· 1
   1-1-1 关于路面检测周期问题 ·· 1
   1-1-2 关于罩面后路面养护问题 ·· 3
   1-1-3 关于车道调整提高道路使用寿命问题 ·································· 5
1-2 主要研究内容 ··· 6

第2章 路面使用性能检测与评价 ·· 8

2-1 路面使用性能分析 ·· 8
2-2 路面性能评价指标体系 ··· 9
   2-2-1 路面破损状况评价 ·· 9
   2-2-2 路面行驶质量评价 ·· 10
   2-2-3 路面抗滑性能评价 ·· 11
   2-2-4 路面结构承载能力评价 ·· 11
   2-2-5 路面车辙状况评价 ·· 12
   2-2-6 路面综合性能评价 ·· 13

第3章 路面性能变化规律研究 ·· 14

3-1 路面性能变化影响因素分析 ··· 14
   3-1-1 车辆荷载对沥青路面使用性能的影响 ································· 14
   3-1-2 环境因素对沥青路面使用性能的影响 ································· 14
   3-1-3 施工和养护水平对沥青路面使用性能的影响 ························· 15
   3-1-4 沥青面层对沥青路面使用性能的影响 ································· 15
   3-1-5 基层类型对沥青路面使用性能的影响 ································· 16
   3-1-6 沥青路面结构强度对沥青路面使用性能的影响 ······················ 16
   3-1-7 沥青路面结构组合对沥青路面使用性能的影响 ······················ 17

  3-1-8 材料特性对沥青路面使用性能的影响 …………………… 17
 3-2 路面使用性能预测模型 ……………………………………………… 18
  3-2-1 使用性能典型衰变模式 ………………………………………… 19
  3-2-2 路面性能预测模型研究现状 …………………………………… 20
  3-2-3 建议衰变方程形式 ……………………………………………… 23
 3-3 罩面后的路面性能变化预测 ………………………………………… 27
  3-3-1 路面罩面后使用性能预测的必要性 …………………………… 27
  3-3-2 罩面后路面使用性能预估模型 ………………………………… 28
 3-4 路面使用性能实用预测方法 ………………………………………… 30
  3-4-1 常规预测模型主要问题 ………………………………………… 30
  3-4-2 动态修正预测方法 ……………………………………………… 31
  3-4-3 模型精度验证 …………………………………………………… 36

第4章 路面性能变化可靠性分析方法 …………………………………… 38

 4-1 可靠性理论提出的意义 ……………………………………………… 38
 4-2 路面性能可靠性分析研究现状 ……………………………………… 39
 4-3 沥青路面结构可靠性分析的基本原理 ……………………………… 41
  4-3-1 沥青路面结构可靠度的定义 …………………………………… 41
  4-3-2 沥青路面的可靠度分析 ………………………………………… 42
 4-4 路面性能均值和方差变化规律 ……………………………………… 44
  4-4-1 路面性能均值和方差变化调查 ………………………………… 44
  4-4-2 模型参数的标定 ………………………………………………… 47
  4-4-3 模型验证 ………………………………………………………… 47
 4-5 基于指标方差的可靠性模型 ………………………………………… 49
 4-6 京秦高速路面结构强度指数 $PSSI$ 可靠度实例分析 ……………… 51

第5章 路面性能检测时机确定方法 ……………………………………… 53

 5-1 路面性能可靠度限值的确定 ………………………………………… 53
 5-2 最佳检测时机的动态确定方法 ……………………………………… 54
  5-2-1 京秦高速公路概况 ……………………………………………… 55
  5-2-2 京秦高速公路路面性能指标的预测 …………………………… 56
  5-2-3 检测数据的分布拟合检验 ……………………………………… 60
  5-2-4 基于路面性能指标方差的路面可靠性确定 …………………… 76
  5-2-5 确定最佳检测周期 ……………………………………………… 78

目 录

   5-2-6 基于可靠性的周期优化模型与定周期检测的比较 ………… 81

第6章 预防性养护技术综述 ………………………………………… 83

6-1 预防性养护基本概念 ……………………………………………… 83
6-2 裂缝填封类预防性养护方法 ……………………………………… 85
   6-2-1 普通热沥青或改性热沥青灌缝 …………………………… 86
   6-2-2 溶剂型常温改性沥青材料灌缝 …………………………… 87
   6-2-3 灌缝胶处理裂缝 …………………………………………… 87
   6-2-4 抗裂贴处理裂缝 …………………………………………… 88
   6-2-5 压缝带处理裂缝 …………………………………………… 88
6-3 表面涂刷(喷洒)型预防性养护方法 …………………………… 89
   6-3-1 雾封层 ……………………………………………………… 90
   6-3-2 还原剂封层 ………………………………………………… 91
6-4 封层类预防性养护方法 …………………………………………… 94
   6-4-1 石屑封层 …………………………………………………… 95
   6-4-2 同步碎石封层 ……………………………………………… 95
   6-4-3 乳化沥青稀浆封层 ………………………………………… 96
   6-4-4 微表处封层 ………………………………………………… 98
6-5 罩面类预防性养护方法 …………………………………………… 99
   6-5-1 冷薄层罩面 ………………………………………………… 99
   6-5-2 热薄层罩面 ………………………………………………… 100
   6-5-3 温拌沥青混合料罩面 ……………………………………… 104
6-6 各类预防性养护技术小结 ………………………………………… 104

第7章 罩面后沥青路面养护对策研究 ………………………………… 106

7-1 罩面后路面结构性能因素分析 …………………………………… 106
   7-1-1 罩面方式对高速公路结构性能影响研究 ………………… 106
   7-1-2 旧路开裂对罩面层结构荷载内力的影响分析 …………… 118
   7-1-3 旧路面病害对罩面后高速公路结构性能的影响研究 …… 120
   7-1-4 高速公路罩面后结构性能变化规律研究 ………………… 132
7-2 以可靠度为中心的高速公路罩面后沥青路面的养护方法 …… 137
   7-2-1 沥青路面的养护类型 ……………………………………… 138
   7-2-2 沥青路面病害类型及其危害程度分析 …………………… 138
   7-2-3 高速公路罩面后沥青路面养护性模型分析 ……………… 142

  7-2-4 以可靠度为中心的高速公路罩面后沥青路面养护决策方法 … 143
 7-3 罩面后沥青路面养护费用分析……………………………………… 145
 7-4 高速公路沥青路面最佳罩面时机的确定…………………………… 146
 7-5 高速公路罩面后沥青路面养护标准的确定………………………… 151
  7-5-1 裂缝的养护标准………………………………………………… 151
  7-5-2 坑槽的养护标准………………………………………………… 152
  7-5-3 车辙的养护标准………………………………………………… 152
  7-5-4 其他路用性能养护标准………………………………………… 154
 7-6 高速公路罩面后沥青路面养护措施………………………………… 155
  7-6-1 一般性养护维修………………………………………………… 155
  7-6-2 封层和罩面工程………………………………………………… 157
  7-6-3 大修工程………………………………………………………… 160

第8章 车道调整提高路面寿命 162

 8-1 轮迹分布规律研究…………………………………………………… 162
  8-1-1 车道分布规律研究……………………………………………… 162
  8-1-2 行车道车辆轮迹分布规律……………………………………… 165
  8-1-3 超车道轮迹分布规律…………………………………………… 174
  8-1-4 其他高速公路轮迹分布规律调查结果………………………… 180
  8-1-5 基于标准轴载的轮迹分布计算方法…………………………… 181
  8-1-6 小结……………………………………………………………… 184
 8-2 车道平移方案研究…………………………………………………… 185
  8-2-1 车道平移形式研究……………………………………………… 185
  8-2-2 车道平移量确立方法…………………………………………… 187
  8-2-3 车道平移的时机………………………………………………… 192
  8-2-4 车道平移方案制定流程图……………………………………… 194

第9章 结论 …………………………………………………………… 196

参考文献 ………………………………………………………………… 198

第1章 绪 论

1-1 研究的意义及目的

自1988年我国第一条高速公路沪嘉高速公路建成,到2014年年底,中华人民共和国高速公路的通车里程已超过11万km,在短短20多年的时间已超过美国,排名世界第一。伴随着高速公路的通车里程的急剧增加,高速公路养护与管理越来越重要,可以预计今后一个时期,我国高速公路将由以建设为主转为建设与养护并举,并逐步过渡为以养护为主的阶段,路面检测与养护在公路工程中愈发重要。

1-1-1 关于路面检测周期问题

道路检测是进行道路养护决策的依据,对于维持良好道路使用性能、提高道路服务水平、延长道路寿命、保障车辆通行安全具有重要作用。

道路检测内容一般包括:路面破损状况、路面结构强度、路面平整度、路面抗滑能力、抗渗能力等,根据相关规范规定,高速公路和一、二级公路,破损状况和平整度每年须进行一次调查,强度和抗滑能力可每两年进行一次调查,因此高速公路路面一般采用定周期检测。

表1.1 相关研究关于检测周期的建议值

项目	潘玉利推荐频率	乔立群推荐频率
路面破损状况（PCI）	3个月1次	半年1次,病害路段3个月1次
路面平整度（RQI）	1年1次	半年1次
路面结构强度（PSSI）	2年1次	每年1次
路面抗滑性能（SRI）	2年1次	每年1次
路基、沿线设施和绿化	3个月1次	—

表1.2 路面性能调查频率

项目	高速公路、一级公路	三、四级公路
路面破损状况（PCI）	1年1次	每年重点调查
路面平整度（RQI）	1年1次	每年重点调查
路面结构强度（PSSI）	1~3年1次	必要时调查
路面抗滑性能（SRI）	1~3年1次	必要时调查

路面在使用过程中,由于受到荷载和环境因素的影响,路面状况会随着时间的推移不断恶化,其使用性能也随着使用时间和轴载作用次数的增加而明显下降,并且下降速率增加,这也意味着各种道路病害发生的频率和概率明显增加。如图 1.1 所示,图中路面性能变化曲线是大量调查所证实,并被行业技术人员所认可的路面性能变化大致规律。$T_1 \sim T_5$ 是定周期(等时间间隔)检测的检测时间点,显然在道路建成通车初期,路面性能良好,此时路面状态明显优于性能底限,对 T_1、T_2、T_3 进行检测并未起到太大作用,对养护方案和措施的制定意义不大;而随着时间推移,路面性能下降趋势加快,反应在图中相同检测间隔内路面性能变化幅度 ΔP_2 明显大于 ΔP_1,此时 T_4 检测结果路面仍处于较好状态,而 T_5 时路面已经超过路面性能底限,若根据检测结果来制定养护方案显然已错过路面最佳养护时机,并造成路面恶化加剧,影响道路寿命。

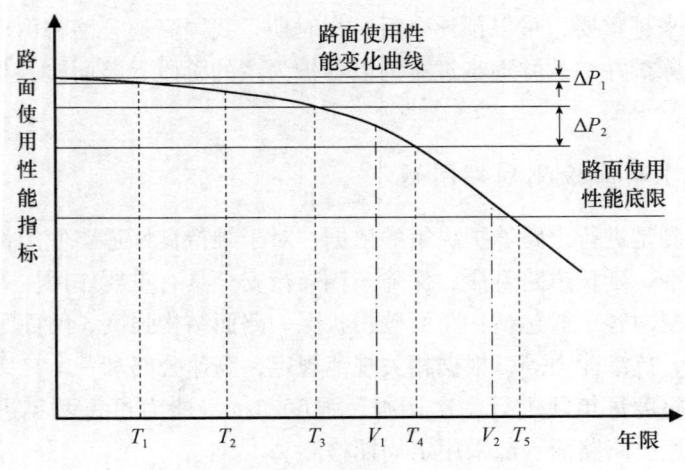

图 1.1 定周期检测示意图

由此可见,由于常规周期检测方案与路面性能变化并不一致,使得通车初期路面状况良好状态下,检测过于频繁造成人力和经费的浪费,而道路寿命中后期路面状况恶化迅速状态下,检测频率又过于稀疏造成不能及时养护而形成安全隐患,影响道路寿命。因此,寻找合适的检测时机就成为路面养护一个必须解决的问题。

本书将在对路面使用性能参数及规律进行充分调查和科学分析基础上,基于可靠性理论和优化技术,提出高速公路各检测指标的最佳检测时机,以使道路检测与路面性能变化规律相一致,从而在节省检测费用同时,更有效地对路面使用状况进行检测,从而为高速公路养护提供可靠的依据。

第1章 绪　　论

1-1-2　关于罩面后路面养护问题

旧沥青路面罩面后，旧路与罩面层将形成新的路面结构。图1.2、图1.3分别为经过一次和两次罩面后的沥青路面芯样。从图中可以看出，罩面前后路面结构受力结构体系发生了变化，尤其是经多次罩面后的路面结构，与设计时差异更大。这种路面新结构在行车荷载、环境等因素综合作用下，路面使用性能将呈现新的变化规律，这与常规（新建）路面使用性能变化规律明显不同，尤其在多次罩面后，随着路面结构厚度及层数的增加，路面性能变化规律与新建路面会截然不同。

（a）一次罩面　　　　　　（b）两次罩面

图1.2　罩面后路面结构芯样

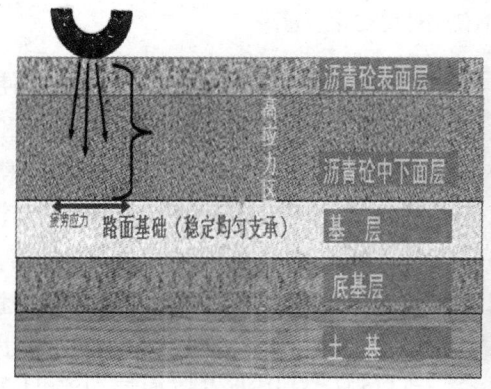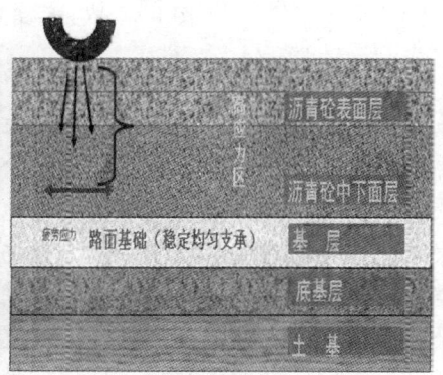

（a）罩面前　　　　　　　　（b）罩面后

图1.3　罩面前后路面结构各层功能变化

此外，由于国内外对原有沥青路面罩面改造仍处于研究、试验阶段，至今仍没有一个效果令人非常满意，施工工艺可行且具有明显社会经济效益的防治措施和成熟的理论、设计方法。由于这一问题的复杂性和各地交通、气候及筑路条件的差异，在所取得的研究成果之间缺乏共同的认识，给罩面层设计和施工部门的具体操作带来了极大的困难。而且，由于沥青路面上罩面沥青混凝土层存在反射裂缝的问题，如处理不好，原路面上的裂缝会在很短的时间内反射到罩面层上，裂缝虽然对面层使用功能影响不大，但水分会从裂缝中渗漏下去，加速对基层的破坏，使沥青面层出现唧泥，甚至出现湿软地基等现象，大大缩短罩面层的使用寿命。由此可见，罩面层设计方法的不成熟及旧路病害的存在，罩面后尤其是多次罩面后路面使用性能演化规律也将与新建路面结构不同，而其路面使用性能规律的变化，直接影响着罩面后的养护措施实施及养护效果。如图1.4所示，能否掌握罩面后路面性能的演化规律是养护成功与否的关键。

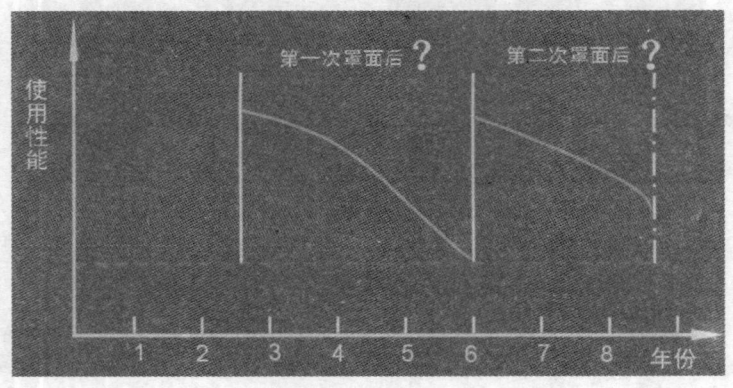

图1.4　罩面后路面使用性能变化示意图

如何在现有沥青路面罩面及养护技术的基础上，进一步提高公路路面使用性能，实现公路路面性能质量再上新台阶，不仅关系到数额巨大的建设和养护资金的使用效益，还将对高速公路路网整体服务质量产生重要影响。高质量的公路交通基础设施还是促进地区经济发展，实现跨越式发展和全面建设小康社会的物质基础。因此，本书研究在广泛收集并分析国内外原有沥青路面罩面层有关资料的基础上，根据河北省的依托工程以罩面后的京秦高速公路为应用研究对象，结合我国尤其是河北省具体情况，针对在原有路面上罩面沥青层后的路面状况，运用新技术、新材料，对用沥青罩面层改造旧沥青路面后路面使用性能演化规律作进一步的研究，探索旧路面罩面沥青层后病害发展规律的工作机理，有针对性地提出切实可行的罩面后路面的养护措施。

目前，我国正在大力推进高速公路建设，保证罩面后良好的路面使用性能可以快速、经济地改善当地的交通状况，提高路网的运营能力，为科学地进行沥青罩面层设计与施工提供依据，减少设计和施工中的盲目性和任意性，延长路面的有效使用寿命，确保路面的使用质量，促进公路建设的经济效益和社会效益的发挥。但到目前为止，罩面后路面使用性能变化规律的研究在国外也刚刚起步，一切都处于初步分析和研究中，在国内基本属于空白。因此，开展在原有沥青路面上罩面沥青层路面使用性能变化规律的研究有着非常重要的现实意义。本书研究的重点在于解决工程中的实际问题和难点问题，研究罩面后沥青路面使用性能的变化规律，并提出针对性的养护措施，同时为罩面层设计提供决策依据，实现罩面层设计与养护一体化进程，推进原有路面罩面沥青层这个领域研究的深度，将研究成果应用到实际工程。

1-1-3 关于车道调整提高道路使用寿命问题

车道划分是规范车辆行驶、诱导行车视线的必须措施，对于提高道路通行能力、减少车辆冲突、提高道路安全性具有重要作用，但车道划分却导致轴载在主轮迹带上过分集中，路面轴载的空间分布严重不均，造成路面资源浪费。

图 1.5 是相关研究得到标准轴载轮迹在一个车道内的空间分布频率图，从图中可以看出 2、3 号和 6、7 号条带上的轴载作用频数是其他条带的 10 倍，相当于 50% 的路面上承担着 90% 的交通量，而其他 50% 的路面上只承担着 10% 的交通量。

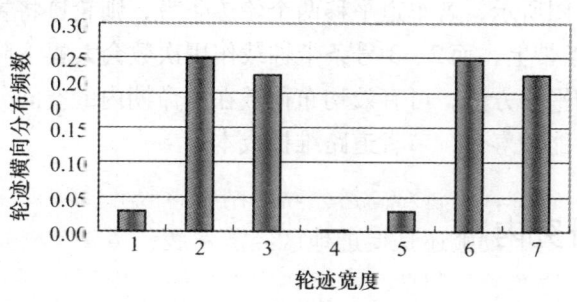

图 1.5 轮迹横向分布图

由于轮迹空间分布严重不均，加剧了路面主轮迹带的破坏，而且大量调查证实路面的病害主要出现在一定的轮迹带上，主要破坏形式"车辙"就是车道划分造成轴载空间分布不均的最形象体现，如图 1.6～图 1.9 所示。

图 1.6　主轮迹带上裂缝破坏　　　　　图 1.7　主轮迹带上唧浆破坏

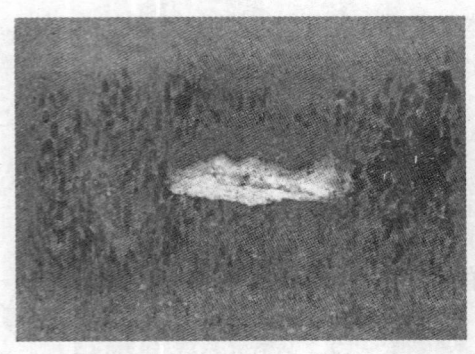 

图 1.8　主轮迹带上坑槽及抛光破坏　　图 1.9　主轮迹带上车辙破坏

综上所述，轴载作用次数是导致路面损坏的主要原因，而车道划分却造成了轴载空间分布的极度不均，因此均衡轴载空间分布将是提高道路使用寿命的有效措施。如上图所示，若车道平移两个轮迹条带，则轮迹将主要作用在基本闲置的4、5号条带上，而2、3号条带轴载作用次数会大幅下降。因此，本书提出的车道定期平移方法，可有效均布荷载在寿命期内的空间分布，必将大大提高道路使用性能和寿命，节省道路维护成本。

1-2　主要研究内容

本书主要内容包括路面检测技术、路面预防性养护技术及罩面后路面养护技术、车道调整提高道路使用寿命技术三个方面。

首先在对路面使用性能参数及规律进行充分调查和科学分析基础上，进行路面使用性能及方差的预估，通过对多条高速公路的路面检测数据的回归分析，找出最优均值－方差模型，并在此基础上基于可靠性理论和优化技术，提

第1章 绪 论

出高速公路各检测指标的最佳检测时机,以使道路检测与路面性能变化规律相一致。

综述了路面预防性养护技术,研究了罩面后路面结构性能变化规律,在此基础上提出了罩面后路面养护技术。

针对车道渠化交通导致路面横向轴载分布不均,进而造成主轮迹带过早破坏问题,在研究轮迹分布规律基础上,探讨了通过车道调整改变主轮迹带位置,提高道路使用寿命技术和方法。

第2章 路面使用性能检测与评价

2-1 路面使用性能分析

路面性能（Pavement Performance）的概念早在1962年即由AASHO提出，此后随着道路修筑技术的日益成熟和人们对道路使用经验和认识的不断增加，路面使用性能的内涵也在逐渐发展之中。人们对路面使用性能的要求与道路交通水平有相当密切的关系，在早期的交通条件之下，人们对于路的要求局限于较少出现或者不出现引起交通中断的较大型损坏，故而路面设计也仅仅从结构性的要求出发进行考虑。随着现代高速如此快速发展的状态，人们对道路路面的功能以及服务质量进一步提出了更高、更全面的要求，使得道路路面性能的内容得到了进一步的丰富和发展。

在现代的交通条件下，较高等级的公路路面的总体功能，应当体现为能够满足车辆在一定的设计使用时限内，安全、高速、经济、舒适行驶。按照功能论思想，如果从结构的系统和功能的系统概念角度出发，可以将道路路面性能进一步划分成结构性能以及功能性能。首先结构性能是道路路面作为一种特定工程类结构，在与周围的环境进行了物质以及能量的交换后保障自身结构具有完备性的能力，在目前人们普遍关心的结构性能就是路面的强度、耐久性和稳定性；功能性能是道路路面为完成自身的功能目标而需具有的必要的属性以及其外部的表现，在通常看来是表示道路路面的安全性、舒适性等保证汽车车辆顺畅行驶质量的固有特性。

考察道路路面结构的性能，如果从实现功能的效益最优思想出发进行考虑，一般是要求从它所在结构类属性里分析寻找出对路面功能有着影响的那部分，并且用恰当的形式来进行表达。而对于道路路面结构的性能，一般是从路面的破损状况和承载能力两个方面来进行评价的。如果研究功能的性能，一般是应该通过对功能分析，寻找出功能的上下位关系，从而建立起功能逻辑型结构。对于路面的功能类性能一般是通过它的直接的下位功能来进行评价，通常是包括路面的平整度、噪声水平、抗滑能力、反光的特性等等，目前对前两者有较多的研究。

沥青路面状况评价范围包括平整度、破损、强度及抗滑系数，目前养护规范推荐评价指标为路面状况指数（PCI）、路面强度系数（SSI）、行驶质量指数（RQI）、横向力系数（SFC），并分为优、良、中、次、差5个等级，也有文献建议高速公路路面使用性能评价采用强度、平整度、破损率、车辙和抗滑性能等五项指标。

在路面性能评价研究方面，以美国、加拿大、日本等为首的发达国家在这个领域的研究比较早，其中最有代表性的评价模型包括AASHO的PSI，日本的MCI和美军工程研究实验室的PCI。路况综合评价有系统分析法和回归模型法，系统分析法以层次分析法和模糊数学为代表，由于在系统分析法中人对各因素的认识不同，分析出的结果也就不尽相同。另外，回归模型法是分析路面综合指标与各影响因素的相互关系，并建立两者之间的函数关系模型，该方法通过大量的统计数据分析得到，有其科学依据，但其使用受地域条件的限制，不同的地域条件如气候、温度、土质、材料性能参数的变异，使评价体系受到了较大的约束。20世纪80年代末期，交通部公路科学研究所根据我国沥青路面状况，在参照国外模型的基础上，确定了沥青路面使用性能评价方法，在河北、浙江两省地区选择了代表性的试验路段，组织专家进行了以行驶舒适性和路面使用状况为重点的专家评价和路面数据检测。针对河北省的路面状况，经过数据分析和整理，建立了路面状况评价模型。

2-2　路面性能评价指标体系

参照我国《公路技术状况评定标准》（JTG H20—2007）中的规定，沥青路面使用性能评价包括路面损坏状况（PCI）、结构强度（PSSI）、行驶质量（RQI）、车辙（RDI）和抗滑性（SRI）能等五项指标。

2-2-1　路面破损状况评价

1. 评价指标PCI

沥青混凝土路面状况指数PCI值可由沥青路面破损率DR计算得出。

$$PCI = 10 - a(DR)^b \tag{2.1}$$

$$DR = D/A = \sum \sum D_{ij} \times K_{ij}/A \tag{2.2}$$

式中　DR——除破损面积率，%；破损面积的计算同《高速公路养护质量检评方法》规定；

　　　a——标定系数，采用32.65；

　　　b——标定系数，采用0.41；

D——路段内的折合破损面积，（m²）；
A——路段内的路面总面积（m²）；
D_{ij}——第 i 类损坏、j 类严重程度的实际破损面积（m²）；
K_{ij}——第 i 类损坏、j 类严重程度的换算系数。

2. 评价标准

PCI 指数范围为 0~100，其值越大越好。根据路面破损状况，可将路面质量分为优、良、中、次、差五个等级。评价标准见表 2.1。

表 2.1 沥青路面 PCI 评价标准

评价标准	优	良	中	次	差
路面状况指数 PCI	≥85	70~85	55~70	40~55	<40

2-2-2 路面行驶质量评价

1. 评价指标

道路服务水平是反映路面行驶质量最直观的指标，它同路面平整度、车辆的动态响应以及乘客对舒适性的要求和颠簸的接受能力有关。研究表明：平整度对路面行驶质量的影响最大，因此，可近似将路面行驶质量看作是路面平整度的单变量函数，平整度一般以国际行驶质量指数 IRI 为指标。

采用连续式平整度仪或三米直尺连续测得路面不平整的统计标准差来作为行驶质量指数。平整度标准差以 S 表征，行驶质量指数以 RQI 表征。

$$RQI = 100/(1 + a \cdot e^{b \cdot IRI}) \tag{2.3}$$

式中　RQI——国际平整度指数，m/km；
　　　a——标定系数，采用 0.0185；
　　　b——标定系数，采用 0.437。

2. 评价标准

行驶质量标准的制定，一方面要依据乘客对路面使用要求的综合反映，另一方面，在很大程度上受经济因素的制约。标准制定的过高，会使路网内许多路段的路肩需要采取改建措施，从而提高所需的投资额，沥青路面行驶质量标准见表 2.2。

表 2.2 沥青路面行驶质量 RQI 评价标准

评价指标	优	良	中	次	差
行驶质量指数 RQI	≥90	80~90	70~80	60~70	<60

2-2-3 路面抗滑性能评价

路面抗滑能力是表征道路安全性的主要指标,它反映了路面抵抗车辆产生滑行现象的能力,其物理意义即为轮胎受制动时沿路表面滑移所产生的力,是影响路面车辆行驶的重要因素。

1. 评价指标

路面抗滑性能评价指标为路面抗滑性能指数(SRI),按下式计算:

$$SRI = (100 - SRI_{min})/(1 + a \cdot e^{b \cdot SFC}) \tag{2.4}$$

式中　　SFC——横向力系数;

　　　　SRI_{min}——抗滑性能限值,采用25;

　　　　a——标定系数,采用266.0;

　　　　b——标定系数,采用-0.139。

2. 评价标准

路表面应具有的最低抗滑性能,视道路状况、测定方法和行车速度等条件而定。各国对交通事故率的调查和分析,以及同路面实测抗滑性能间建立的对应关系,制定有关抗滑指标的规定。有的国家除了规定抗滑性能的最低标准外,还对石料磨光值和构造深度的最低标准做出了规定。参考我国相关路面规范,评定路面抗滑能力标准如表2.3所列为我国柔性路面设计规范中所列的沥青路面抗滑性能标准。抗滑性能评定以摆式仪的抗滑值 SRV、构造深度和石料磨光值 PSV 为指标。

表2.3　沥青路面抗滑性能 SRI 评价标准

公路等级	SRV	一般路段构造深度（mm）	PSV	SRV	环境不良路段构造深度（mm）	PSV
高速、一级公路	52~55	0.6~0.8	42~45	57~60	0.6~0.8	47~50
二级公路	47~50	0.4~0.6	37~40	52~55	0.3~0.5	42~45
三、四级公路	≥45	0.2~0.4	≥35	≥50	0.3~0.4	≥40

2-2-4 路面结构承载能力评价

1. 评价指标

对沥青路面一般采用路面结构强度指数($PSSI$)作为路面结构承载能力的评价指标。根据我国沥青混凝土路面设计规范的规定,高等级公路沥青混凝土路面是以设计弯沉作为结构强度控制指标进行设计的,因此,我们可以通过测定路面目前的弯沉值来确定其整体承载能力。通过这个弯沉值，进而得出路面的整体承载能力指数 SSI，它是评定路面整体结构功能的重要指数。

$$PSSI = 100/(1 + a \cdot e^{bSSI}) \qquad (2.5)$$

$$SSI = 路面允许弯沉值/路段代表弯沉值 \qquad (2.6)$$

式中　SSI——结构强度系数；

　　　a——标定系数，采用 15.71；

　　　b——标定系数，采用 -5.19。

2. 评价标准

沥青路面强度评价标准与公路等级有关，公路等级越高要求的路面强度越高，具体见表 2.4。

表 2.4　沥青路面强度系数 SSI 评价标准

评价标准	优		良		中		次		差	
公路等级	高速一级	其他等级	高速一级	其他等级	高速一级	其他等级	高速一级	其他等级	高速一级	其他等级
SSI	≥1.20	≥1.00	1.0~1.2	0.8~1.0	0.8~1.0	0.6~0.8	0.6~0.8	0.4~0.6	<0.6	<0.4

2-2-5　路面车辙状况评价

1. 评价指标

车辙深度是路面车辙状况的表现，目前国内已提出了一种基于 31 路激光位移传感器的路面车辙检测方法，给出了车辙计算公式，采用 TCP/IP 协议进行数据的高速实时传输，可以测量横向 3.750mm 宽度范围内的车辙分布，提高了车辙检测结果的可信度，可满足高速公路车辙养护检测需要。其工作原理是通过激光器、转动装置、光电放大器、整形器等仪器，当光点打在路面时，反射激光即给时钟信号记录时间脉冲，在视距图上得到时间坐标。当发光器和激光器转动且激光点对路面扫描时，到达不同的位置，得到不同的脉冲时间。当路面有凹陷，这一点的光点跌入坑中，落差即为车辙深度。光点经历车辙深度的光时差与光点的增长部分相等。因而

$$RU = c_0 \times (t_2 - t_1) \qquad (2.7)$$

式中　RU——车辙深度，mm；

　　　t_1——光点至车辙顶部或凹陷顶部 A_1 的时间，ns；

　　　t_2——光点至车辙底部或凹陷底部 A_2 的时间，ns；

　　　c_0——激光速度等于光速，c_0 = 299.79mm/ns。

故光点从 A_1 落到 A_2 时，光长增加，在时距上反映光时从 t_1 到 t_2，从斜直

线上凹陷。显然时距图上的凹陷部分，只要在仪器中输出波形上读出记录 t，即可根据上式算出车辙深度。

车辙深度指数（RDI）是车辙深度的评价指标，按式（2.8）计算：

$$RDI = 100/(1 + a \cdot e^{b \cdot RD}) \tag{2.8}$$

式中　RDI——车辙深度，mm；

　　　a——标定系数，采用 0.0957；

　　　b——标定系数，采用 0.0499。

2-2-6　路面综合性能评价

1. 沥青路面综合评价指标（RQI）

基于上述评价指标，对路面工作性能进行综合评定，以决定路面的使用性能。沥青混凝土路面以 RQI 作为路面综合评价指标，数值范围为 0~100，其值越大，路况越好。其值用分项指标加权计算得出。以下给出两种算法：

（1）$PQI = PCI' \times P1 \times RQI' \times P2 \times SSI' \times P3 \times BPN' \times P4$ (2.9)

式中　$P1$、$P2$、$P3$、$P4$——相应指标的权重；

PCI'、RQI'、SSI'、BPN'——路面综合评价时 PCI、RQI、SSI、BPN 的转换值。

（2）$PQI = W_{DRI} \times RDI + W_{CRI} \times CRI + W_{RQI} \times RQI$
$+ W_{PSSI} \times PSSI + W_{PCI} \times PCI + W_{SRI} \times SRI$ (2.10)

式中　W_{DRI}、W_{CRI}、W_{RQI}、W_{PSSI}、W_{PCI}、W_{SRI}——分别为 RDI、CRI、RQI、$PSSI$、PCI、SRI 在 PQI 中的权重。

为了确定高速公路沥青路面基于预防性养护的路面性能评价分项指标权重，2007 年 3 月项目组进行了专家问卷调查，向长安大学、陕西省高速公路建设集团公司、中交第一勘察设计院等单位共发出 50 份专家问卷，收回 31 份。根据德尔菲专家评分法，得到了沥青路面路面 PQI 权重系数见表 2.5。

表 2.5　高速公路沥青路面早期性能 PQI 权重系数

评价指标	CRI	RDI	RQI	DRI	SRI	$PSSI$
权重系数	0.25	0.20	0.18	0.15	0.12	0.10

2. 评价标准

沥青混凝土路面综合评价标准见表 2.6。

表 2.6　沥青混凝土路面综合评价标准

评价指标	优	良	中	次	差
路面质量指数 PQI	≥85	70~85	55~70	40~55	<40

第3章 路面性能变化规律研究

3-1 路面性能变化影响因素分析

影响沥青路面使用性能的因素繁多,这些因素的差异性和不稳定性使得沥青路面状况的变化复杂多样、千差万别。从定性上分析,影响沥青路面使用性能的因素有:内在因素,如路面结构组合与厚度、基层类型、结构强度、土基性状和路面材料等;外在因素,如交通荷载、环境状况、施工和养护水平等。因此,很有必要从定性上和定量上分析影响沥青路面使用性能的各种因素。

3-1-1 车辆荷载对沥青路面使用性能的影响

车辆荷载是影响沥青路面使用性能的外在因素,从沥青路面工程的调查、试验和分析可知:在车辆荷载的重复作用下,沥青路面的总体结构性能降低,如图 3.1 所示 ESAL (Equivalent Standard Axial Load) 为分布日标准轴载次数,L 为路面弯沉,h 为沥青路面厚度,PCI 为路面损坏状况指数,y 为路龄,当其他条件相同时,车辆轴载越大,沥青路面使用性能衰减性能越快;车辆轴载越小,沥青路面重载、超载车辆较多,对沥青路面结构造成较大破坏,使得沥青路面过早出现损坏。因此,研究车辆荷载对沥青路面使用性能的定量影响,不仅可以了解不同的荷载等级对沥青路面使用性能的影响程度,而且可以根据已知的车辆荷载(等效单轴荷载)及按照对沥青路面使用性能的要求控制沥青路面结构的设计。

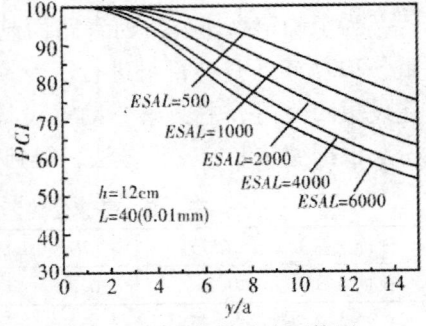

图 3.1 车辆荷载对路面使用性能的影响

3-1-2 环境因素对沥青路面使用性能的影响

环境因素主要是指温度和降雨(湿度),由于各地温度、降雨量等气候因素的差异,相应的沥青路面使用性能的衰变规律也不尽相同。通常,环境因素的作用途径有：（1）直接影响沥青路面材料的性能；（2）通过叠加在荷载上间接影响沥青路面材料的性能。因此，与车辆荷载相比，环境对沥青路面使用性能的影响更为间接、隐蔽，变异性大，且往往与车辆荷载的作用交织在一起，故定量地分离出环境因素的影响相当困难。对于相同的沥青路面结构和交通量，不同地区的沥青路面使用性能如图3.2所示。从图3.2可以看出，环境因素的影响是相当大的。

3-1-3 施工和养护水平对沥青路面使用性能的影响

国内外研究表明：沥青路面的使用性能与施工水平密切相关，尤其在路面使用初期。然而，施工水平所涉及到的各种因素复杂，难以定量化；道路的养护水平对路面的使用性能也有影响。良好合理的养护可以明显延缓沥青路面使用性能的衰变速率，进而有效地延长沥青路面的使用寿命，但要在路面行为方程中反映养护水平的影响相当困难。

3-1-4 沥青面层对沥青路面使用性能的影响

沥青面层直接与车轮和大气相接触，承受着车辆荷载，包括行车荷载的竖向力、水平力和冲击力的作用，同时还受到降雨的侵蚀和气温变化的影响。因此，沥青面层质量直接影响沥青路面的使用品质，如图3.3所示，在BZZ-100kN的作用下，沥青面层显著影响路面结构性能的衰变模式。

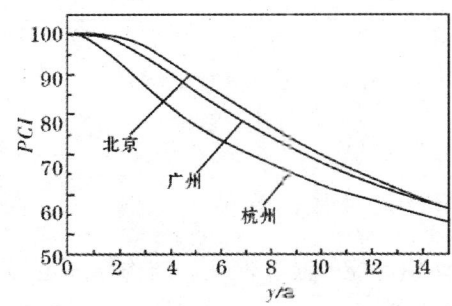 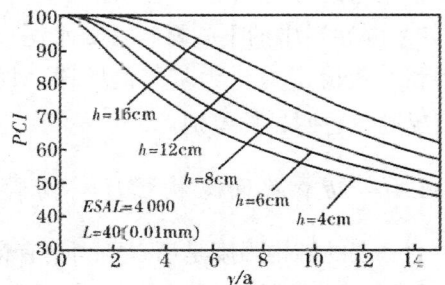

图3.2 不同地区路面使用性能的差异　　图3.3 不同面层厚度对路面使用性能影响

沥青面层厚度较薄时，其使用性能下降速度较大，随着沥青面层厚度的增加，面层的抗力得到有效改善，路面结构承载能力增强。此时的沥青路面有能力承受较大的破坏力，不至于被破坏，能在较长时期内保持良好的行车舒适性。从图3.3可以看出，随着沥青面层厚度的增加，曲线逐渐由凹形经直线变成凸形，即损坏速度由快到慢；而且沥青面层厚度对路面使用性能的整个过程都有显著影响。就沥青路面使用初期的性能而言，面层的厚度和质量起着决定性的作用。沥青路面的基层主要承受由面层传递下来的车辆荷载，并把它扩散到垫层或土基中。因此，路面结构具有足够强度和刚度的基层，是保证沥青路面使用性能的必要保证。

3-1-5 基层类型对沥青路面使用性能的影响

根据沥青路面的设计与施工工程实践可知，我国所使用的沥青路面的基层分为半刚性基层和碎砾石柔性基层。半刚性基层包括水泥稳定类、石灰稳定类和石灰工业废渣稳定类，抗压回弹模量一般为900～1700MPa；柔性基层包括：（1）级配碎（砾）石、泥结碎（砾）石和泥灰结碎（砾）石等，抗压回弹模量一般为200～350MPa；（2）规范扩充了柔性基层的内涵，即用有机结合料或有一定塑性细粒土稳定各种集料的基层、沥青贯入碎石基层、热拌沥青碎石或乳化沥青碎石混合料、不加任何结合料的各种集料基层和泥灰结碎石基层。半刚性基层和碎砾石柔性基层的强度相差较大，分别以这两类材料为基层的路面在相同的荷载下，损坏情况相差较大，如图3.4所示。半刚性基层材料由于掺加了无机结合料，比碎砾石柔性基层材料具有更大的刚度和更强的抗变形能力，板体性也较强，能有效地减少路表回弹弯沉值，减少面层底面弯拉应力，以及减少对土基的单位压力，进而延缓路面使用性能的衰变过程。若以同一类基层（如半刚性）中的不同材料（如水泥稳定类和石灰稳定类）为基层的路段，损坏情况则没有明显的差别。

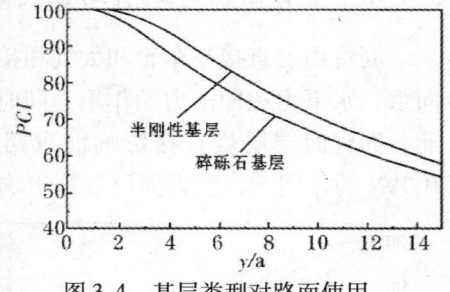

图3.4 基层类型对路面使用性能的影响

3-1-6 沥青路面结构强度对沥青路面使用性能的影响

一定的结构强度是沥青路面具有良好使用性能的必要保证。结构强度足够的路面可以有效地抵抗多种因素的不良影响，进而延缓路面使用性能的衰变进程。结构强度不足时，路面结构的抵抗能力降低，荷载和温度等因素综合作用产生的应力对路面使用性能影响加剧，进而路面使用性能的衰变速率加快。沥青路面结构强度受多种因素的影响，如土基模量、路面各层厚度和模量等，而弯沉近似反映土基和基层模量等因素对路面使用性能的影响。从图3.5可以看出，在BZZ—100kN的作用下，路面强度对路面的衰变过程具有显著影响，但这种影响在路面使用性能的初期表现并不明显，而随着路龄的增加，路面弯沉的作用表现得比较充分，即路面弯沉的作用主要体现在路面使用性能的后期。

因此，可以得出结论：面层质量是保证路面初期使用性能的关键，弯沉是保证中后期路面使用性能的关键。利用这一结论就可以解释为什么我国高等级公路沥青路面的弯沉虽然很小，但却产生沥青路面初期破坏，其原因就是面层的综合质量差。

3-1-7 沥青路面结构组合对沥青路面使用性能的影响

图 3.6 表示不同路面结构组合对沥青路面使用性能的影响，从图中看出，不同的路面结构组合其路面性能呈现了不同发展趋势，故精心进行路面结构组合设计是很有必要的。由图可以看出，面层厚、结构强度高的路面使用性能变化比较缓慢，面层薄、结构强度低的路面使用性能变化比较快速；面层厚、强度低的路面早期性能较好，面层薄、强度高的路面后期使用性能较好。同样说明，面层厚度对路面初期使用性能影响较大，结构强度决定路面使用后期的使用性能发展状况。

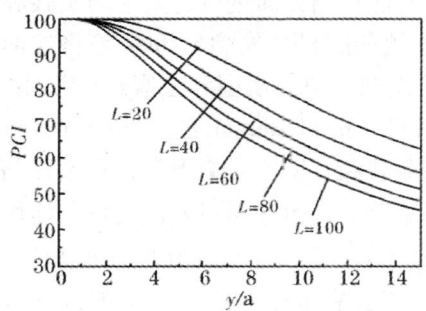
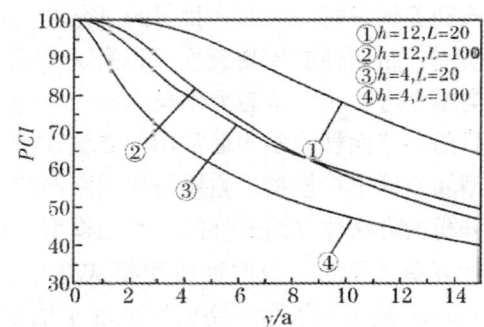

图 3.5　面层结构对路面使用性能的影响　　图 3.6　路面结构组合对路面使用性能的影响

3-1-8 材料特性对沥青路面使用性能的影响

材料是道路路面结构的物质基础，材料质量的优劣以及配制是否合理，选用是否恰当，都将直接影响道路的质量。但由于材料品种繁多，性能多样，变异性大，在荷载作用下的反应又很复杂，给研究材料对沥青路面使用性能的影响带来相当困难。在研究过程中只能从宏观的角度，根据有限的调查结果考虑改性沥青和普通沥青对路面使用性能的不同影响。图 3.7 表示了在其他条件都相同时，改性沥青和普通沥青的性能

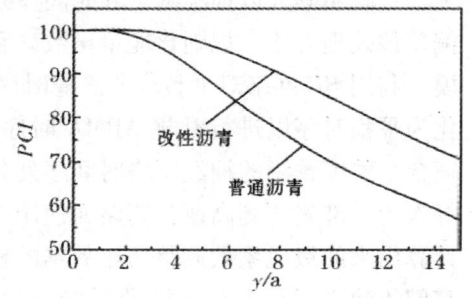

图 3.7　改性沥青和普通沥青性能差异比较

差异。从图 3.7 的结果表明，改性沥青路用性能的优越性是显而易见的，路面使用寿命可以延长 50% 左右，但似乎并没有通常认为的那么好，需要进一步证实这种结论的可靠性。

沥青路面的损坏状况直接反映了路面结构的完整性，其发展规律与沥青路面结构组成、沥青路面结构强度和荷载、环境有直接关系。但由于这种依赖关系的复杂性、变异性和实际数据采集的困难，因此很有必要在沥青路面损坏状况的预测上，加强对 PCI、路面结构强度和累计轴载作用次数之间的相互作用规律的研究。

3-2 路面使用性能预测模型

路面性能预测是指根据路面年龄、交通荷载、环境因素、路面材料以及维修活动记录等预测未来某一时刻路面的性能状况。路面性能预测的结果直接影响到养护策略的选取，我国的研究者在路面性能预测方面进行过大量的实践和研究，路面性能预测模型可以分为确定性模型和随机性模型。Haas 等将这两类模型进一步划分为力学模型、力学－经验模型、回归模型和主观经验模型。目前，路面性能预测最常用的方法主要是回归分析和 Markov 链。回归分析模型属于确定性模型，主要是根据路面的交通荷载和环境等影响因素，利用回归分析的方法建立路面性能的预测模型。孙立军等就是通过回归分析法将路面性能衰变过程划分为四种典型模式并建立其通用方程。与回归分析模型相比，Markov 链考虑了影响路面性能的不确定性因素。它根据对历史数据的统计分析，建立路面状态的转移概率矩阵来反映路面性能的变化，但是 Markov 链并不能反映路面结构对性能的影响。

目前，回归分析和 Markov 链在路面性能预测中仍然有着广泛的应用，但越来越多的研究者开始采用其他预防技术进行路面性能预测。东南大学的王爽、黄晓明等人以神经网络和时间序列分析方法为基础，采用零均值化、标准偏差预处理方法、规则化能量函数法和贝叶斯规则化方法进行 BP 神经网络建模，利用 BP 网络对平整度非平稳时序进行趋势项提取，使非平稳监测时序转化为平稳时序以进行常规 ARMA 时序分析。同时结合滚动预测方法，建立了适合平整度预测的神经网络时间序列分析联合模型。长安大学的唐娴、戴经梁等人为了准确预测高速公路路面使用性能，采用参数自适应跟踪法，按照自动计算出来的级比系数调整历年数据的权重，预测未来路面使用性能。此外，倪富健等建立了几个有不同数量滞后值的时间序列路面平整度预测模型 Attohokine，研究了自适应神经网络预测路面性能时不同变量的重要程度；Saitoh-

Kong & Fukuda 在其神经网络预测模型中，还充分考虑了结构变量对路面性能的影响。

3-2-1 使用性能典型衰变模式

路面在使用过程中，随着时间的推移，在荷载和环境因素的影响作用下，路面状况不断恶化，使用性能逐渐下降。由于环境因素的复杂性和路面结构本身的差异导致路面使用性能的衰变会出现多种模式。本研究综合国外路面使用性能的研究成果，结合对国内部分省市（或地区）路面使用性能实际变化状况的分析，将路面使用性能的不同衰变过程归结为 4 种典型模式，衰变曲线形式如图 3.8 所示。

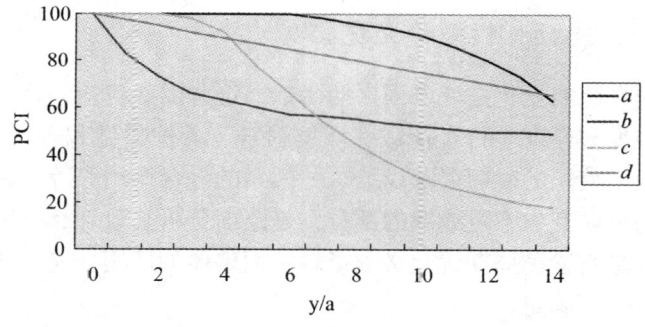

图 3.8 路面性能衰变模式

图中 4 条曲线代表 4 种不同的损坏类型，它们的共同特点是：随着使用时间或荷载作用次数的增加，使用性能呈下降趋势，即路况在不断恶化，所能提供的服务能力日益衰减。只是 4 条曲线反映的衰变过程有快有慢。

曲线 a 为凸形曲线（先慢后快形）。国内外路面的衰变模式大多呈现这种形状，本书分析也主要是基于此种变化规律。此种损坏模式，一定程度上反映出路面结构能力同其功能性能之间的良好相关性。路面使用初期由于路面结构能力较强，能有效抵御包括行车荷载、环境因素造成的损坏，损坏速度缓慢。但随着时间的推移和行车荷载作用次数的增加，路面难免产生疲劳和裂缝、变形等损坏，这些损坏降低了路面的结构能力；在荷载和环境的综合作用下，路面损坏的速率越来越快。

曲线 b 为凹形曲线（先快后慢形）。路面初期、早期的使用性能下降很快，而后期变慢。这种形式主要由于设计和施工的诸多原因，路面投入使用后很快出现损坏；而损坏的出现会大大降低路面服务能力。养护部门不得不投入较多的资金进行路面维修，以延缓其恶化速率，使道路在较长时间内仅能以较低水平提供服务。

曲线 c 为反 S 形曲线。路面使用初期，由于路面结构抗力较强，路面的损坏较少，服务能力衰变较慢；随着荷载作用年限的增加，损坏速度有所增加；而到了使用性能后期，路面的损坏又趋于缓慢，实际上后期虽然路面性能变化缓慢，但路面已经处于一种极端恶化条件（非正常通行状态），在道路使用中此种状态不允许出现，因此在路面变化规律分析中可以忽略后期状态。这种形式可以看作是前两种形式的结合，一定程度上也反映出整体强度对路面使用性能的影响。

曲线 d 描述的是路面投入营运后使用性能随使用年限的增加近似呈直线递减，路面早期损坏快，后期又缺乏必要的养护维修措施。

3-2-2 路面性能预测模型研究现状

路面使用性能的变化是许多因素的函数，这些因素包括：路面结构、路基强度、路面强度和厚度、行车荷载、环境因素、养护类型和等级、施工水平、路面材料、投入使用的时间以及以上这些因素的综合作用等等。路面使用性能衰变模型是路面研究中不可或缺的部分，是路面分析、设计、管理乃至施工的理论基础。要进行检测周期优化必须了解路面整体的使用性能变化规律，以便于对检测时间进行确定。

路面性能变化模型大多是通过实测数据归纳而建立的关系式方程，与实际情况的拟合程度也取决于参数的选取、数据的科学真实合理以及模型的逻辑性。各国以及各地区地理位置、交通条件、气候因素、路面结构以及国情等情况均不同，这些因素导致模型在不同国家和不同地区难以通用，从而不能简单的照搬。如美国通常采用柔性基层，而我国则大多采用半刚性基层，在模型的使用上必定会有所差异但是毫无疑问，对于模型建立的思想、参数的选定等方面则可以吸收借鉴，从而建立适合本国及本地区的模型。

对于路面性能衰变规律的研究可追溯至 AASHO 试验，许多国家和地区以此为基础建立了各自的路面性能衰变方程。

1. 国际上代表性的路面性能方程

（1） AASHO 模型

20 世纪 50 年代末 60 年代初，根据美国 AASHO 试验的经验数据，以服务能力指数（PSI）为衡量指标，得到路面服务的基本方程：

$$PSI = PSI_0 - (PSI_0 - PSI_t)(ESAL/ESAL_t)^\beta \tag{3.1}$$

式中 PSI——现时服务能力指数；

PSI_0——PSI 的初始值；

第3章 路面性能变化规律研究

　　PSI_t——PSI 的临界值；
　　$ESAL$——累计当量轴次（80kN）；
　　$ESAL_t$——$PSI = PSI_0$ 时对应的累计轴载作用次数；
　　β——同路面结构和交通荷载有关的参数。

这是世界上最早的路面使用性能模型之一，同时适用于沥青路面和水泥混凝土路面。方程的每一个预测值均可通过观测值来校核。但是，预测精度取决于交通轴载 $ESAL$ 的预测；模型具有很大的局限性。如果 PSI 的观测值大于 PSI_t，相应的累计轴载作用次数 $ESAL$ 的观测值大于 $ESAL_t$ 时，该模型就会失效。同时该模型没有考虑路龄、环境等方面的影响因素。

（2）加拿大 ALBERTA 省模型

基于 20 多年公路方面历史数据的回归性分析，加拿大的 ALBERTA 省提出了一种修正的确定模型。模型以 RCI（Roughness Condition Index）为预测指标，根据路面类型的不同，模型的形式也存在差异：

碎砾石柔性基层：

$$RCI = -6.36915 + 6.87009\ln(RCI_P) - 0.16242\ln(y^2 + 1) + 0.18498y - 0.08427y\ln(RCI_P) \tag{3.2}$$

半刚性基层：

$$RCI = 4.9856 + 5.802\ln(RCI_F) - 0.1864FDN \tag{3.3}$$

式中　RCI_P——上一个 RCI 值（每隔 4 年评定 1 次）；
　　　FDN——温度修正系数，对于北部气候带为 1，其他为 0；
　　　y——路龄。

模型以 RCI 观测值为初值进行预测。考虑到不同年份内平整度量测上的差异，采用最近两次 RCI 观测的平均值作为预测起点。

（3）IDAHO 模型

美国 IDAHO 州交通局以 PSI（PSI 的评分采用 5 分制）为预测指标，采用如下模型：

$$PSI = PSI_0 B^{-(ESAL_C)D} \tag{3.4}$$

$$B = PSI_0/PSI_t \tag{3.5}$$

$$D = \ln(\ln(PSI_0) - \ln(PSI_t))/\ln(ESAL_C/C) \tag{3.6}$$

$$C = ESAL \quad PSI_i > PSI_t \tag{3.7}$$

$$C = ESAL_C \times \ln(B)/(\ln PSI_0 - \ln PSI_i) \quad PSI_i < PSI_t \tag{3.8}$$

式中　PSI——相应于 $ESAL_C$，PSI 的预测值；
　　　PSI_0——PSI 的初始值；
　　　PSI_i——当前的 PSI 值；

$ESAL_c$——累计轴载作用次数;

$ESAL_t$——临界状态所对应的 $ESAL$ 值。

模型通过形状参数 D 来调整 PSI 的观测值,对于 $PSI_i > PSI_t$,$ESAL > ESAL_c$ 情况同样适用,解决了 AASHTO 模型适用范围不足的问题。

(4) 美国 WASHINGTON 州模型

美国华盛顿州的路面管理系统将平整度和路面损坏状况综合成一个评价表 R,以 R 作为使用性能变量,综合 13 年的观测资料,对柔性路面的养护和改建对策提出了综合使用性能指标 R 的预估模型。

$$R = 99.85 - 0.21112y^{2.25} \quad 日常养护 \tag{3.9}$$

$$R = 100 - 1.41088y^{2.00} \quad 2.5cm\ 厚加铺层 \tag{3.10}$$

$$P = 100 - 0.13637y^{2.50} \quad 4.5cm\ 厚加铺层 \tag{3.11}$$

$$R = 100 - 0.1615y^{3.00} \quad 7.5cm\ 厚加铺层 \tag{3.12}$$

式中,y 为路龄。

华盛顿州预估模型的主要用途是预测 2~3 年时间内的问题,以便安排改建计划和得到上级管理部门对计划的批复。若以 2~3 年的路况,此法是可行的,但如果预测的时间要求更长时其预测结果的可靠性就大为降低。

2. 国内代表性的路面使用性能衰变模型

国内对于路面性能衰变规律的研究始于 20 世纪 60 年代,到 20 世纪 80 年代达到高潮。自 20 世纪 80 年代以来,为了完善和发展路面养护管理系统,众多道路研究工作者以多年积累的路况数据为基础,分析路面使用性能变化的实际情况,提出了形式不同的性能模型并部分应用于网级路面管理系统中。但由于研究目的不同,方程的简繁程度和应用范围存在着很大的差异,方程中各个参数的数学、物理含义也不够明确。

(1) 北京模型

北京地区选用路况指数 PCI、行驶质量指数 RQI 和结构性能(以路表弯沉和现有交通量共同表征)作为路面使用性能变量,使用性能影响变量选用路面使用年数,建立的预测模型如下:

$$PCI = 100e^{-ay^b} \tag{3.13}$$

$$PQI = 100e^{-dy} \tag{3.14}$$

$$L = (e/PCI)^{c/m} \tag{3.15}$$

式中　　　y——路龄;

a, b, c, d, m——参数。

(2) 天津模型

原模型:
$$Y = a_0 e^{-b_0 N} \tag{3.16}$$

标准型:
$$Y = 100e^{-bN} \tag{3.17}$$
式中 a_0、b_0——参数,其值见表3.1;
N——累计轴载作用次数。

表3.1 参数 a_0、b_0 的值

强度系数	a_0	b_0
$\eta \geq 1.0$	100	0.008310
$1.0 > \eta \geq 0.7$	100	0.001194
$\eta < 0.7$	100	0.002940

(3) 广州模型
$$RQI = 5.0e^{-dy} \tag{3.18}$$
式中 y——路龄;
d——回归参数。

3-2-3 建议衰变方程形式

基于对国内外各种模型的大量研究,孙立军等人提出了如下标准衰变方程。式中 α、β 是两个大于零的参数,α 的大小代表了路面使用寿命的长短,β 决定了曲线的形状,该课题组在大量调查分析基础上对参数 α、β 的标定方法进行了细致分析,提出了 α、β 参数与交通轴载、结构强度、面层厚度、基层类型、环境状况关系模型。该模型建立过程中投入了大量人力、物力和时间,是目前国内最经典和应用最广泛的模型,由于受本书研究时间和经费等约束,本书在研究过程中将充分依据该模型,并围绕本书研究目标和路面性能调查实际结果,作进一步完善和改进。

(1) 标准衰变方程
$$PPI = PPI_0 \{1 - \exp[-(\alpha/y)^\beta]\} \tag{3.19}$$
式中 PPI——使用性能指数(PCI、RQI 或其综合);
PPI_0——初始使用性能指数;
y——路龄;
α, β——模型参数,具体数学、物理含义分析如下:
① α 的含义:
由式 3.19 可知,当 $y = \alpha$ 时,无论 β 值如何变化,总有:
$$PPI/PPI_0 = 1 - e^{-1} = 0.632$$
即曲线总是要经过点 (α, $0.632PPI_0$),如图3.9所示。因此,α 的数学含义可认为是 PPI 衰减到初始值63.2%时的路面使用年数。而且随着 α 值的

增加,曲线形状变化并不明显,如图 3.10 所示,即路面性能以基本走向发展变化,只是到达初始值 63.2% 的时间不同。故参 α 数的大小反映了路面使用寿命的长短,将其称为路面的寿命因子。

② β 的含义:

如图 3.9 所示,当 β 由小变大时曲线由凹形变化为凸形或反 S 形,所以曲线的形状主要由 β 决定。不同的 β 值决定了路面的衰变模式,将 β 称为路面衰变的模式因子。

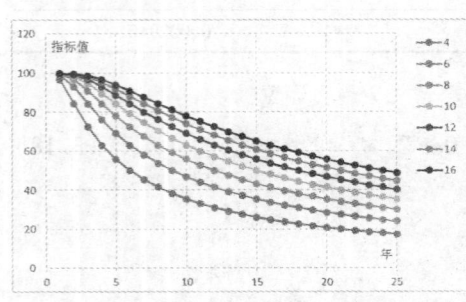

图 3.9　不同 α 值下路面性能曲线图　　图 3.10　不同 β 值下路面性能曲线图
　　　　(β 固定值 0.9)　　　　　　　　　　　　　(α 固定值 15)

综上可知,任何一个复杂的路面性能曲线与 α,β 存在着一一对应的关系,同时也可知所有影响路面性能的因素都将影响 α,β 的大小,即:

$\alpha = f$(交通轴载,结构强度,面层厚度,基层类型,环境状况,材料类型)
$\beta = f$(交通轴载,结构强度,面层厚度,基层类型,环境状况,材料类型)

(2) PCI 衰变方程

路面指数 PCI 衰变方程,如下式所示:

$$PCI = PCI_0\{1 - \exp[-(\alpha/y)^\beta]\} \tag{3.20}$$

式中　PCI——路面状况指数;
　　　PCI_0——初始路面状况指数;
　　　y——路龄。

$$\alpha = \lambda\{1 - \exp[-(\eta/l_0)^\zeta]\} \tag{3.21}$$

$$\lambda = a_1 h^{b1} ESAL^{c1} \tag{3.22}$$

$$\eta = a_2 h^{b2} ESAL^{c2} \tag{3.23}$$

$$\zeta = a_3 h^{b3} ESAL^{c3} \tag{3.24}$$

$$\beta = a_4 h^{b4} ESAL^{c4} l_0^d \tag{3.25}$$

式中　　　　　　　α——路面寿命因子;
　　　　　　　　　β——形状因子;

h——新建路面面层厚度（cm），即沥青层厚度；

$ESAL$——标准轴次/天/车道；

l_0——初始弯沉（0.01mm）；

λ、η、ζ、a、b、c、d——回归系数。

α，β中各个参数的回归值如表3.2和表3.3所示。

表3.2 α中各回归参数值（BZZ-60）

基层		a	b	c	n	R^2	F
半刚性	式（3.22）	23.9726	0.5861	-0.2064	65	0.5460	37.29
	式（3.23）	148.39	-0.1124	-0.1053	64	0.5880	88.50
	式（3.24）	1.865	-0.1016	-0.0986	60	0.5221	31.12
碎砾石	式（3.22）	24.4834	0.5752	-0.2292	49	0.5096	23.91
	式（3.23）	196.32	-0.1205	-0.1162	47	0.6187	73.02
	式（3.24）	1.626	-0.1123	-0.0884	42	0.5182	20.97

表3.3 β中各回归参数值（BZZ-60）

基层	a	b	c	d	n	R^2	F
半刚性	0.6886	0.3349	-0.0255	-0.0981	62	0.5457	22.23
碎砾石	0.7138	0.3167	-0.0324	-0.1238	44	0.5174	14.29

如果采用的标准荷载为BZZ-100，则表3.2和表3.3中的数值如表3.4、表3.5所示。

表3.4 α中各回归参数值（BZZ-100）

基层		a	b	c	n	R^2	F
半刚性	式（3.22）	15.7238	0.5861	-0.2064	65	0.5460	37.29
	式（3.23）	119.66	-0.1124	-0.1053	64	0.5880	88.50
	式（3.24）	1.5247	-0.1016	-0.0986	60	0.5221	31.12
碎砾石	式（3.22）	15.3278	0.5752	-0.2292	49	0.5096	23.91
	式（3.23）	154.8279	-0.1205	-0.1162	47	0.6187	73.02
	式（3.24）	1.3573	-0.1123	-0.0884	42	0.5182	20.97

表3.5 β中各回归参数值（BZZ-100）

基层	a	b	c	d	n	R^2	F
半刚性	0.6536	0.3349	-0.0255	-0.0981	62	0.5457	22.23
碎砾石	0.6681	0.3167	-0.0324	-0.1238	44	0.5174	14.29

(3) *RQI* 衰变方程

在采用多级分组归纳法建立 *RQI* 衰变方程时，根据所采用的标准方程，得到行驶质量 *RQI* 的衰变方程：

$$RQI = RQI_0\{1 - \exp[-(\alpha/y)^\beta]\} \quad (3.26)$$

根据所选指标对行驶质量发展的不同影响，将参数 α，β 定义为：

$$\alpha = ah^b ESAL^c l_0^d \quad (3.27)$$

$$\beta = ah^b ESAL^c l_0^d \quad (3.28)$$

式中　*RQI*——路面行驶质量指数；

　　　RQI_0——路面新建或新近一次改建后的初始行驶质量指数；

　　　y——新建或改建路面的路龄；

　　　α，β——方程的回归参数；

　　　h——面层厚度（mm）；

　　　ESAL——日当量轴载作用次数（次/日/车道）；

　　　l_0——初始弯沉（0.01mm）；

a、b、c、d——回归常数，在式（3.27）、式（3.28）中各不相同。

各个参变量的回归系数，如表3.6（标准轴载BZZ-60）所示：

表3.6　式（3.27）和式（3.28）中的回归系数表（BZZ-60）

基层	式（3.27）				式（3.28）			
	a	b	c	d	a	b	c	d
半刚性	30.066	0.239	-0.238	-0.119	0.504	0.150	-0.164	-0.050
	a	b	c	d	a	b	c	d
碎砾石	22.380	0.216	-0.211	-0.087	0.346	0.230	-0.134	-0.037

如果采用的标准荷载BZZ-100，则表3.6中的数值如表3.7所示。

表3.7　式（3.27）和式（3.28）中的回归系数表（BZZ-100）

基层	式（3.27）				式（3.28）			
	a	b	c	d	a	b	c	d
半刚性	19.492	0.239	-0.238	-0.119	0.3686	0.150	-0.164	-0.050
	a	b	c	d	a	b	c	d
碎砾石	15.115	0.216	-0.211	-0.087	0.267	0.230	-0.134	-0.037

(4) 路面弯沉的变化规律

弯沉是表征路面结构强度的常用指标，其影响因素较多，有路面结构、土基、水温状况和荷载条件等，变化机理也很复杂，使弯沉在时间及空间上的变异性比较大。综合考虑诸多因素，采用下式作为拟合路面弯沉变化的基本形式：

$$l = l_0 \gamma^{(10-PCI/10)} \tag{3.29}$$

式中　l——路面弯沉；

　　　l_0——路面初始弯沉；

　　　γ——待定参数，与路面结构组成有关。

不同路面结构的回归参数值见表 3.8。

表 3.8　不同路面结构的回归参数值

基层类型	面层厚度 （mm）	基层厚度 （mm）	回归 l_0 值 （0.01mm）	回归 γ 值
半刚性	19.7	196.7	44.2	1.0523
	29.1	201.7	43.0	1.0532
	50.7	230.9	32.1	1.0517
	70.5	174.8	48.2	1.0274
碎砾石	20.0	223.3	64.9	1.0152
	27.1	177.6	49.8	1.0461
	59.3	164.3	40.6	1.096
	80.0	290.3	43.7	1.0654

3-3　罩面后的路面性能变化预测

3-3-1　路面罩面后使用性能预测的必要性

路面罩面后使用性能的预测历来是交通管理部门十分重视的问题。路面在使用过程中，由于不断承受行车荷载和各种因素的作用，以及路面材料的老化，致使路面产生各种各样的破损，使用性能也随时间逐渐降低。当路面的使用性能降低到某一标准时，就必须采取相应的养护和改建措施以恢复和提高其使用性能。为选择最佳养护对策，公路养护管理部门要及时准确地了解路面的使用状况，做出科学的判断及预测，才能知道何时该采取何种相应措施，这就要预估其性能随时间演化的规律。因此，建立路面罩面后使用性能预估模型，是路面管理系统中最重要的组成部分之一。

目前，我国路面罩面后使用性能建模面临的问题是用以建立模型及检验模型的数据严重不足，缺乏必要的路面性能实测数据的积累，有些系统即使有历史数据可用，但与建模的要求相差很远，根本无法使用。由于缺乏数据支持，很难从这些有限的数据中得出准确的预测模型。与此同时，由于路面罩面后使用性能序列受到路面罩面后使用性能变化是复杂的，交通轴载、结构强度、面层厚度、基层类型、环境状况、材料类型、养护水平等众多因素都将影响路面性能，路面罩面后使用性能变化呈现非线性弱相依的变化过程，对路面罩面后使用性能的预测难度很大。由于路面罩面后使用性能的变化引起的原因十分复杂，以目前的科学水平难以从成因角度对路面罩面后使用性能进行准确预测，因此，很多专家提出采用时间序列、神经网络或灰色预测等方法，通过挖掘历史数据的规律实现路面罩面后使用性能的预测。但是，当用于训练的模式互相矛盾时，神经网络就会由于不知道如何适应矛盾模式而产生较大的系统误差，导致神经网络不收敛。

本研究通过分析路面罩面后路面结构性能的变化，建立路面等效结构的面层厚度与原面层厚度，罩面层厚度及其之间的接触条件、相互作用的关系模型，从而建立罩面后路面使用性能变化规律模型。基于等效厚度的罩面后路面使用性能预测方法，弥补了由于数据的不完备性所造成的信息空白，通过与实际检测结果的比较，发现该模型有较高的预测精度和推广应用价值。所建模型可纳入路面管理系统中，为路面管理工作提供理论依据。

3-3-2 罩面后路面使用性能预估模型

道路进行大规模罩面工程后，其路面整体结构性能发生很大的变化，这种结构性的变化导致了路面使用性能变化规律的相应改变，进行罩面优化和设计的前提是确定罩面后的路面结构行为方程，科学、合理的罩面后路面结构行为方程应能准确的反映出罩面前后的路面使用性能的衰变情况，并且能反映不同罩面措施下的路面使用性能衰变规律。在寿命周期分析和罩面结构设计中该结构变化模型应能够预测罩面后的路面使用年限，以及每一年所对应的性能指标值。因而，罩面后的使用性能变化规律是解决周期优化的前提。

与新路面相比，影响复合结构耦合行为的因素更为复杂，除了与新路面结构相同的因素外，还与新旧面层结合的耦合作用有关，这种复合面层的等效作用即面层厚度即与罩面层的厚度、材料质量有关，也与旧面层的完好状况、新旧面层的粘结条件，即耦合作用能力有关。

由于层间接触条件的复杂性，造成新旧面层的相互作用关系十分复杂，要准确、定量描述这种耦合作用是十分困难的，我们虽可像新建路面分析时那样，假定两者间的结合既不是完全联系也不是完全滑动但不同的接触状态会带来不同的耦合效果，仍然没有确切的方法确定耦合作用的大小，再加上旧路面层完好性的影响，使这种着眼于层间接触条件的努力更加难以获得令人满意的效果。

在以上研究中将路面性能的衰变归结为四种典型模式，实际上复合路面的衰变也不外乎这四种模式。不过新建路面和复合路面使用性能衰变方程的主要区别在于面层厚度。由于新旧面层的耦合作用，罩面厚度不等同于复合结构的面层厚度，不能直接导入方程，所以，原沥青面层在新的路面结构中的作用及其有效厚度是本书研究的关键。

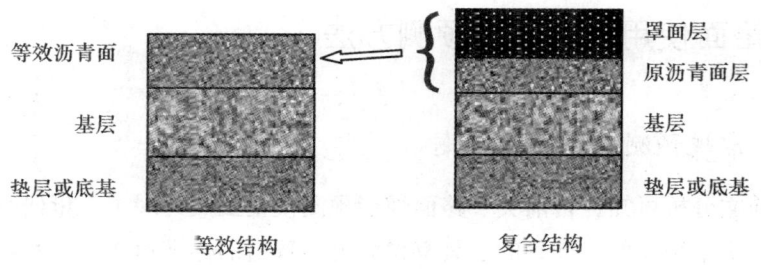

图 3.11 等效结构图

上图中，等效结构的除面层以外的结构层厚度均与原路面一致，它们对路面结构的影响反映在结构行为方程中就是过基层类型、弯沉等参数的体现；路面等效结构的面层厚度与原面层厚度，罩面层厚度及其之间的接触条件、相互作用有关，表达式如下：

$$h = fh_0 + h_1 \tag{3.30}$$

式中　h——等效结构的面层厚度；

　　　h_0——罩面前面层厚度；

　　　h_1——路面罩面层厚度；

　　　f——有效厚度系数。

有效厚度系数 f 可通过采集的路面性能调查数据确定，具体步骤如下：

（1）根据各特定路段罩面后历年的路面性能指标值回归得到标准方程中参数 α，β；

（2）由 α，$ESAL$，l_0 计算得到当量面层厚度 h；

（3）已知当量面层厚度 h，罩面层厚度 h_1 和原路面层厚度 h_0，据以上分析得有效厚度系数 f。

在此基础上，孙立军、刘黎萍等人在对影响有效厚度系数的关键因素的分析基础上，提出了有效厚度系数的预测模型如下：

$$f = \lambda \times PCI_t^\mu \times h_0^v \tag{3.31}$$

式中　λ、μ、v——回归参数（见表 3.9）。

表 3.9　回归系数表

	λ	μ	ν	R
半刚性基层	0.000034	2.3564	-0.4207	0.9799
碎砾石基层	0.000002	2.8764	-0.2528	0.9898

综上，路面有效厚度系数 f 确定后，即可按照路面结构行为标准方程分析罩面后的路面性能变化规律。

3-4　路面使用性能实用预测方法

3-4-1　常规预测模型主要问题

从前文分析可知，目前关于路面性能预测模型虽然开展了大量研究，但仍未能建立一个统一的、准确的、具有说服力、普适的标准形式路面性能变化规律模型，这也是困扰道路设计和养护管理工作者的难题，实际上这个问题的成功解决是极其困难的，因为：

（1）路面性能受路面年龄、建筑质量、交通荷载、环境因素、路面材料、路面结构、路基状况、维修活动等诸多因素影响，由于这些因素的交叉作用才行了个各条路面不同的变化规律，统计分析的变量越多，则需要的样本量也越大，没有充足的满足一致性要求的样本量作保障，必然模型的精度难以满足。因此仅靠几条、几十条路的观测数据进行路面性能分析是十分牵强的。

（2）要获得准确的路面性能变化规律，还需要长期、大量的连续观测，而且这些观测结果必须在一致的实验条件下进行，这在现实中根本无法保障。比如修补、加铺、罩面等养护措施必然对路面性能产生很大影响，意味着实验对象本身已经发生了很大变化，此时观测的数据将不能满足一致性要求。同时大量道路的长期的路面性能观测数据的获得，在我国当前条件也难以实现。

（3）许多影响因素难以量化，如施工水平、建筑质量、路面结构、路基结构、养护措施、养护水平等，其中许多因素是逻辑变量，常规的数值分析模型根本无法解决，直接影响了模型的预测精度。

综上所述，建立通用的、准确的、标准形式的路面性能变化规律模型是十分困难的，在我国当前也是不现实的。

在 3-2-3 节中介绍的孙立军等人提出的路面性能衰变方程，综合考虑了交通荷载、环境条件、地区差异、路面结构组成、路面材料、路面结构强度等多

第3章 路面性能变化规律研究

个路面性能影响因素，相对于其他预测模型考虑因素较为全面，具有一定的应用深度及广度。故本书将以该模型为基础，针对课题研究内容的具体特点，对该预测模型进行动态修正，从而建立路面使用性能的实用预测方法。

3-4-2 动态修正预测方法

实际上，前述开展的路面性能预测模型研究主要从道路设计者的角度考虑，用以在道路修筑前预估道路的可能变化，从而指导修正道路设计。本书研究则主要针对道路养护者、针对已有的道路来进行预测，主要目的用于指导道路的养护，因此本书对路面性能预测的建模，可充分利用已有检测数据，对未来路面性能进行预测，因此即可有效规避上述难题又可大幅提高模型精度，其基本思路如下图：

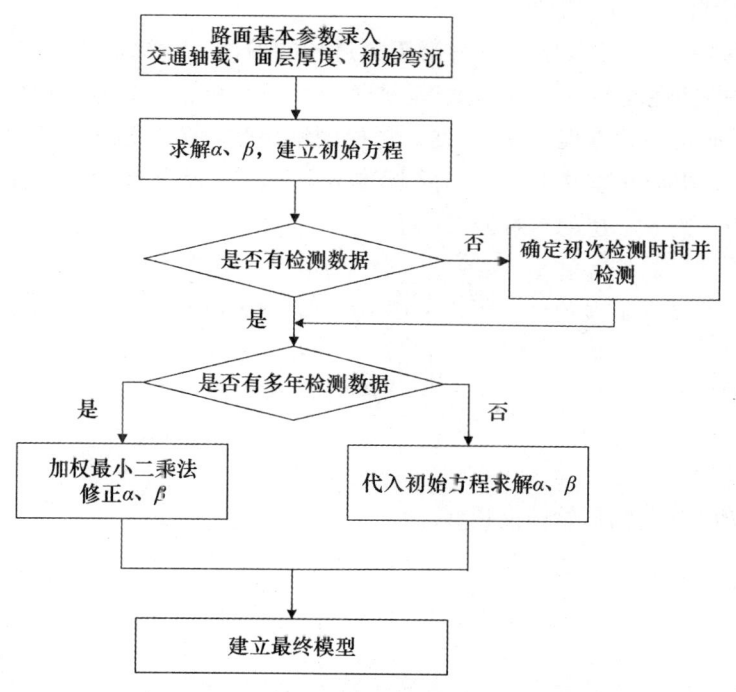

图 3.12 动态修正预测流程

上述路面性能变化规律预测流程中以下步骤需要详细介绍：

1. 路面初始方程的确定

根据前文分析，初始方程采用孙立军等人提出的路面性能衰变方程，根据交通荷载、环境条件、地区差异、路面结构组成、路面材料、路面结构强度等道路参数，利用表3.2～表3.8，查表确定路面性能变化模型参数 α、β，并依据式3.20~式3.29确定路面主要性能初始变化方程。

2. 确定路面首次检测时机

应根据路面性能变化规律确定路面性能首次检测时机，而且首次检测时间必须在路面实施大修（罩面加铺后）之前进行，否则就失去了检测的意义，同时大修后分析对象发展结构变化后，建立的修正方程也不会准确。

具体方法详见第6章研究结果，首次检测时机的确定应在考虑路面性能变化规律基础上，结合路面性能可靠性分析结果来确定，但是考虑到路面性能方程由于缺少实际数据的修订，方程的精确性难以保证，因此此时应采用较高的可靠度阈值。

3. 利用检测结果，动态修正模型参数

只有一年检测数据

当只有一年检测数据（设为第T年进行的检测，检测数据PPI_T）时，应综合考虑路面性能初始方程和检测数据对模型进行修正，具体步骤如下：

（1）固定初始方程中α_0不变，将检测结果带入方程求解出新的参数β'，然后，固定初始方程中β_0不变，将检测结果带入方程求解出新的参数α'；根据式3.19，则α'、β'的求解公式如下：

$$\alpha' = T \cdot \left[\ln\left(\frac{PPI_C}{PPI_C - PPI_T}\right) \right]^{\frac{1}{\beta_0}} \quad (3.32)$$

$$\beta' = \frac{\ln\left[\ln\left(\frac{PPI_C}{PPI_C - PPI_T}\right)\right]}{\ln\left(\frac{\alpha_0}{T}\right)} \quad (3.33)$$

式中，PPI_C为路面初始性能指标。

（2）令：

$$\alpha_n = \frac{\alpha' + \alpha_{n-1}}{2} \quad \beta_n = \frac{\beta' + \beta_{n-1}}{2} \quad (3.34)$$

将α_n、β_n代入式（3.19），并将T代入公式，求解出第T年路面性能预测值PPI_T^n得：

$$PPI_T^n = PPI_C \left\{ 1 - EXP\left[-\left(\frac{\alpha_n}{T}\right)^{\beta_n} \right] \right\} \quad (3.35)$$

（3）给定允许误差值ε，

$$|PPI_T - PPI_T^n| \leq \varepsilon \quad (3.36)$$

若PPI_T与PPI_T^n差值小于ε，则以α_n、β_n为参数建立的路面性能模型为路

第3章 路面性能变化规律研究

面性能预测模型。否则，转入（1）步，α_n 取代 α_0，β_n 取代 β_0。

（4）举例分析

以京秦高速 PCI 检测数据为例，根据京秦高速的具体结构形式（详见5-2 京秦高速公路概况）查表3.2和表3.3得到 PCI 初始衰变方程中：

$$\alpha_0 = 8.778, \quad \beta_0 = 0.97, \quad PCI_C = 100$$

则初始预测方程为：

$$PCI_T = 100\{1 - \exp[-(8.778/y)^{0.97}]\} \tag{3.37}$$

假设只有第5年检测数据 $PCI_5 = 91.24$，按上述步骤进行修正：

① 将 $PCI_5 = 91.24$，代入式3.37中，首先固定 α_0 不变，按式3.33求解出 β'；

$$\beta' = \frac{\ln\left[\ln\left(\frac{PPI_C}{PPI_C - PPI_T}\right)\right]}{\ln\left(\frac{\alpha_0}{T}\right)} = \frac{\ln\left[\ln\left(\frac{100}{100 - 91.24}\right)\right]}{\ln\left(\frac{8.778}{5}\right)} = 1.581$$

再固定 β_0 不变，按式3.32求解出 α'：

$$\alpha' = T \cdot \left[\ln\left(\frac{PPI_C}{PPI_C - PPI_T}\right)\right]^{\frac{1}{\beta_0}} = 5 \times \left[\ln\left(\frac{100}{100 - 91.24}\right)\right]^{\frac{1}{0.97}} = 12.514$$

② 令 $\alpha_1 = \frac{\alpha' + \alpha_0}{2} = 10.646 \quad \beta_1 = \frac{\beta' + \beta_0}{2} = 1.276$

将 α_1、β_1 代入式（3.20），并令 $T=5$ 代入公式，求解第5年路面性能预测值 PPI_5^1 得：

$$PPI_5^1 = PPI_C\left\{1 - EXP\left[-\left(\frac{\alpha_1}{T}\right)^{\beta_1}\right]\right\}$$

$$= 100 \times (1 - EXP(-(10.646)^{1.276})) = 92.737$$

③ 给定允许误差值 $\varepsilon = 0.05$，

$$|PPI_5 - PPI_5^1| = |91.24 - 92.737| = 1.5 > \varepsilon$$

④ 连续循环3次得到，$\alpha_3 = 13.72$，$\beta_3 = 1.673$，$PPI_5^3 = 91.259$

$$|PPI_5 - PPI_5^3| = |91.24 - 91.259| = 0.019 < \varepsilon$$

最后以 $\alpha_3 = 13.556$，$\beta_3 = 1.242$ 为参数代入式3.20得到京秦高速公路 PCI 预测模型：

$$PCI = 100\left\{1 - EXP\left[-\left(\frac{13.72}{T}\right)^{1.673}\right]\right\}$$

当有2年的检测数据时

（1）已知初始路面性能指数值 PPI_C，第 T_1 年路面性能检测数据为 PPI_1，

第 T_2 年路面性能检测数据为 PPI_2，则根据式 3.19 可建立联立方程如下式所示。

$$\begin{cases} PPI_1 = PPI_C \left\{ 1 - EXP\left[-\left(\dfrac{\alpha_0}{T_1}\right)^{\beta_0} \right] \right\} \\ PPI_2 = PPI_C \left\{ 1 - EXP\left[-\left(\dfrac{\alpha_0}{T_2}\right)^{\beta_0} \right] \right\} \end{cases} \tag{3.38}$$

(2) 根据式 3.28 得到 α_0，β_0 的求解公式如下：

$$\alpha_0 = e^{\dfrac{\ln\left(\ln\frac{PPI_C}{PPI_C - PPI_1}\right)\ln T_2 - \ln\left(\ln\frac{PPI_C}{PPI_C - PPI_2}\right)\ln T_1}{\ln\left(\ln\frac{PPI_C}{PPI_C - PPI_1}\right) - \ln\left(\ln\frac{PPI_C}{PPI_C - PPI_2}\right)}} \tag{3.39}$$

$$\beta_0 = \dfrac{\ln\left(\ln\dfrac{PPI_C}{PPI_C - PPI_2}\right) - \ln\left(\ln\dfrac{PPI_C}{PPI_C - PPI_1}\right)}{\ln T_1 - \ln T_2} \tag{3.40}$$

(3) 最后将求解出的 α_0，β_0，代入式 3.19 中得到路面性能预测模型：

$$PPI = PPI_C \left\{ 1 - \exp\left[-(\alpha_0/t)^{\beta_0} \right] \right\}$$

(4) 举例分析

已知京秦高速公路第 5 年 PCI 检测数据为 91.24，第 6 年 PCI 检测数据为 83.04，PCI 初始值 $PCI_C = 100$ 建立联立方程：

$$\begin{cases} 91.24 = 100 \left\{ 1 - EXP\left[-\left(\dfrac{\alpha_0}{5}\right)^{\beta_0} \right] \right\} \\ 83.04 = 100 \left\{ 1 - EXP\left[-\left(\dfrac{\alpha_0}{6}\right)^{\beta_0} \right] \right\} \end{cases} \tag{3.41}$$

根据式 3.41，按式 3.39 和式 3.40 求解出 α_0，β_0 值：

$$\alpha_0 = e^{\dfrac{\ln\left(\ln\frac{100}{100-91.24}\right)\ln 6 - \ln\left(\ln\frac{100}{100-83.04}\right)\ln 5}{\ln\left(\ln\frac{100}{100-91.24}\right) - \ln\left(\ln\frac{100}{100-83.04}\right)}} = 8.348$$

$$\beta_0 = \dfrac{\ln\left(\ln\dfrac{100}{100-83.04}\right) - \ln\left(\ln\dfrac{100}{100-91.24}\right)}{\ln 5 - \ln 6} = 1.736$$

将 α_0，β_0 代入式 3.19 中得到京秦高速公路 PCI 预测模型为：

$$PCI = 100 \left\{ 1 - \exp\left[-(6.736/t)^{1.10} \right] \right\}$$

当有多年（>2 年）的检测数据时

(1) 已知初始路面性能指数值 PPI_C，并有（T_1，PPI_1），（T_2，PPI_2），（T_3，PPI_3），…，（T_n，PPI_n）组检测数据，考虑到最近年份的检测结果最能体现路面性能的变化趋势，故让（T_n，PPI_n）分别与（T_i，PPI_i）($i \leq n-1$) 建立联立方程如式 3.42 所示；

第3章 路面性能变化规律研究

$$\begin{cases} PPI_i = PPI_C\left\{1 - EXP\left[-\left(\dfrac{\alpha_0}{T_i}\right)^{\beta_0}\right]\right\} & (i \leq n-1) \\ PPI_n = PPI_C\left\{1 - EXP\left[-\left(\dfrac{\alpha_0}{T_n}\right)^{\beta_0}\right]\right\} \end{cases} \quad (3.42)$$

（2）根据式3.42 按式 3.39 和 3.40 的形式求解出 $n-1$ 组 α_0，β_0 值，令

$$\alpha_0' = \frac{1}{n-1}\sum_{i=1}^{n-1}\alpha_0^i, \qquad \beta_0' = \frac{1}{n-1}\sum_{i=1}^{n-1}\beta_0^i$$

（3）将求解出的 α_0'，β_0' 代入式 3.19 中得到路面性能预测模型：

$$PPI = PPI_C\{1 - \exp[-(\alpha_0'/t)^{\beta_0'}]\}$$

（4）举例分析

已知京秦高速公路 PCI 初始值 $PCI_C = 100$，且第3、4、5、6年的检测数据依次为 99.28、96.3、91.24、83.04，建立如下三个联立方程，并求解出 α_0，β_0。

①将第6年检测数据及第3年检测数据带入式 3.42 中建立联立方程

$$\begin{cases} 99.28 = 100\left\{1 - EXP\left[-\left(\dfrac{\alpha_0}{3}\right)^{\beta_0}\right]\right\} \\ 83.04 = 100\left\{1 - EXP\left[-\left(\dfrac{\alpha_0}{6}\right)^{\beta_0}\right]\right\} \end{cases}$$

按式 3.39 及式 3.40 解得：$\alpha_0^1 = 8.250$，$\beta_0^1 = 1.475$

②将第6年检测数据及第4年检测数据带入式 3.42 中建立联立方程

$$\begin{cases} 96.3 = 100\left\{1 - EXP\left[-\left(\dfrac{\alpha_0}{4}\right)^{\beta_0}\right]\right\} \\ 83.04 = 100\left\{1 - EXP\left[-\left(\dfrac{\alpha_0}{6}\right)^{\beta_0}\right]\right\} \end{cases}$$

按式 3.39 及式 3.40 解得：$\alpha_0^2 = 8.732$，$\beta_0^2 = 1.528$

③将第6年检测数据及第5年检测数据带入式 3.42 中建立联立方程

$$\begin{cases} 91.24 = 100\left\{1 - EXP\left[-\left(\dfrac{\alpha_0}{5}\right)^{\beta_0}\right]\right\} \\ 83.04 = 100\left\{1 - EXP\left[-\left(\dfrac{\alpha_0}{6}\right)^{\beta_0}\right]\right\} \end{cases}$$

按式 3.39 及式 3.40 解得：$\alpha_0^3 = 8.348$，$\beta_0^3 = 1.736$

令：$\alpha_0' = \dfrac{1}{3}\sum_{i=1}^{3}\alpha_0^i = 8.643$，$\beta_0' = \dfrac{1}{3}\sum_{i=1}^{3}\beta_0^i = 1.580$

将 α_0'，β_0' 代入式 3.20 中得到京秦高速公路 PCI 预测模型为：

$$PCI = 100\{1 - \exp[-(8.643/t)^{1.580}]\}$$

4. 利用模型进行路面性能预测

根据所研究道路的实际检测数据动态修正模型参数，建立各个路面性能指标预测模型，利用模型对道路未来几年的使用性能进行预测。

3-4-3 模型精度验证

为验证本书所建立路面性能预测方法的准确性，下面以京秦高速公路检测数据为例进行分析。

表 3.10 为京秦高速公路路面 RQI 和 PCI 两个性能指标的部分检测数据，按照上述动态修正方法进行模型精度检验计算结果分别利于表 3.11、表 3.12 及表 3.13 中，并以精度误差 Δ 作为具体的量化指标：

$$\Delta = （实测值 - 模型计算值）/ 实测值$$

Δ_1 表示实测值与标准衰变方程计算值的误差，Δ_2 表示实测值与动态修正模型计算值的误差。

表 3.10 京秦高速公路路面性能指标检测数据

第 T 年 性能指标	RQI	PCI
第 3 年	99.8	99.28
第 4 年	98.8	96.3
第 5 年	97.1	91.24
第 6 年	95.8	83.04

（1）首先根据前述分析，当只有第 3 年的检测数据

表 3.11 利用第 3 年检测数据修正

性能指标	第 T 年	动态修正模型预测值	标准衰变方程预测值	实际检测值	Δ_1	Δ_2
RQI	第 4 年	99.83	98.694	100	0.013	0.0017
	第 5 年	96.76	95.983	97.1	0.0115	0.0035
	第 6 年	95.64	94.112	95.8	0.0176	0.00167
PCI	第 4 年	95.38	88.274	96.3	0.0841	0.0095
	第 5 年	89.42	82.204	91.24	0.101	0.0199
	第 6 年	80.73	76.459	83.04	0.0815	0.0278

第 3 章 路面性能变化规律研究

（2）当有第 3 年和第 4 年的检测数据

表 3.12 利用第 3 年和第 4 年检测数据修正

性能指标	第 T 年	动态修正模型预测值	标准衰变方程预测值	实际检测值	Δ_1	Δ_2
RQI	第 5 年	96.95	96.162	97.1	0.00968	0.00154
	第 6 年	95.11	93.53	95.8	0.0238	0.0072
PCI	第 5 年	91.03	82.204	91.24	0.0993	0.0023
	第 6 年	84.55	76.459	83.04	0.0778	-0.018

（3）当有第 3、4、5 年的检测数据时

表 3.13 利用第 3、4、5 年检测数据修正

性能指标	第 T 年	动态修正模型预测值	标准衰变方程预测值	实际检测值	Δ_1	Δ_2
RQI	第 6 年	90.79	88.64	91.02	0.0262	0.0025
PCI	第 6 年	82.96	76.458	83.04	0.0793	0.00096

由上述对比分析可知 $\Delta_1 > \Delta_2$，结合路面的实际检测数据进行预测模型动态修正，比直接利用标准衰变方程进行预测的精度高，故本研究提出的路面使用性能预测模型在保证路面性能衰变规律的基础上，并能科学、准确的反映出实际检测数据的影响。

第4章 路面性能变化可靠性分析方法

路面结构处于自然环境的影响中,经受着持续变化的各种因素的综合作用。这些因素包括路面结构、路基强度、路面强度和厚度、行车荷载、环境因素、养护类型和等级、施工水平、路面材料、投入使用的时间及以上因素的综合作用等。由于这些因素的多变性和随机性,路面使用性能的变化并非与人们预期的模式一致。因此,我们在道路设计、检测、养护时都需考虑路面性能在这些随机因素影响下还能达到某一标准的概率即路面性能的可靠性。而现有的基于结构抗力-荷载效应的路面结构可靠性模型脱开了路面检测数据,主要以荷载的随机作用作为可靠性计算参数,理论与实际脱节,而且不能灵活计算出各种状态下的可靠值。本研究在对路面使用性能参数及规律进行充分调查和科学分析基础上进行路面使用性能及方差的预估,通过多条高速公路的数据回归分析找出最优的均值-方差模型。在验证数据分布的基础上,最终确定基于方差的可靠性模型。基于方差分析的可靠性理论充分考虑了路况数据的概率分布形式和变异性,更显科学、全面和先进。

4-1 可靠性理论提出的意义

IEEE 可靠性协会 1998 年年度报告指出:在传统的可靠性教科书里,可靠性被定义为"产品在某个给定时期内和特定环境中执行其预期功能(没有失效)的概率"。今天,可靠性工程已发展到包括其他各种的问题,一些是定性分析多过定量分析,一些是难以估计其成功率。现行趋势建议可靠性工程朝着预防失效的方法重点发展,而不仅仅是描述或建立失效发生或失效率的模型。

传统维修观念认为路面使用年限越长病害越多,路面病害与使用时间直接相关,但按照 RCM 原理,路面使用年限长,病害不见得多;路面使用年限短,病害不见得少。路面使用性能与使用时间并没有直接的关系。与此同时,传统维修观念常夸大维修的作用,认为只要维修及时,就能保证路面具有良好的使用性能甚至达到比维修前更好的状态。而 RCM 理论正好相反,认为路面使用性能的可靠性状态是路面设计和施工时就确定的一种属性,这种属性在路面是

第4章 路面性能变化可靠性分析方法

无法通过路面养护与维修改变的。根据 RCM 理论，沥青路面初始可靠性状态是由设计和施工阶段决定的。因此，要确保路面具有一个良好的使用状态，必须对影响路面初始可靠性的因素进行分析。

4-2 路面性能可靠性分析研究现状

关于路面性能可靠性分析的相关研究，主要集中体现在以可靠性为中心的维修（RCM：Reliability-centered Maintenance）中，RCM 是近二十年来从众多的维修理论中脱颖而出并被广泛接受的一种全新的维修方法，它是建立在设备的设计特点、运行功能、失效模型和后果分析的基础上，以最大限度提高设备的使用可靠性为目的，应用可得到的安全性和可靠性数据，判别哪些子系统和零部件处于临界状态，哪些需要修复、改进和重新设计，确定维修的必要性和可行性，对维修要求进行重新评估，最终制定出实用、合理的维修计划或大纲。过去，人们过分强调控制大修周期以达到良好的可靠性水平，然而多年来人们发现，无论这种大修进行得多么充分，很多故障还是不能防止和有效地减少，即预定大修对复杂设备（整个设备、子系统或零部件）的整体可靠性影响甚微。同时，研究还发现无有效预定维修形式可适用的设备大量存在，除航空界之外的其他工业领域也对 RCM 应用产生了兴趣。20 世纪 70 年代后期 RCM 引起美国军方的重视，并进行了大量的理论与应用研究。美国国防部认识到民航界已找到了规划维修的革命性方法，并委托诺兰和希普撰写了《RCM》一书。一旦国防部发行了诺兰和希普的著作，美国军方即可着手研究提出一套 RCM 方法为其所用。到 80 年代中期，美国陆、海、空三军分别颁布了其应用 RCM 的标准。例如：1985 年 2 月美空军颁布的 MIL-STD-1843，1985 年 7 月美陆军颁布的 AMCP750-2，1986 年 1 月美海军颁布的 MIL-STD-2173 等都是关于 RCM 应用的指导性标准或文件。美国国防部指令和后勤保障分析标准中，也明确把 RCM 分析作为要求的计划预防性维修大纲的方法。目前美军几乎所有重要的军事装备（包括现役与新研装备）的预防性维修大纲都是应用 RCM 方法制定的。

80 年代早期，电力研究协会（系美国针对发电设备的工业研究团体）在美国核电厂进行了两项 RCM 应用试点。他们认为其资产已达到了适度的可靠性与安全性水平，主要问题是维修任务繁重。因此，他们着重从降低维修费用入手，而非提高可靠性。为此，他们对 RCM 程序作了相应的修改。1987 年，修订后的 RCM 方法被美国核发电企业普遍接受，然后，又被其他的发电、输电企业以及部分石油工业所采纳。

进入 90 年代早期,已有大批企业提出了自己的 *RCM* 方法。其中,也包括一些还保留原方法未作修改的,如美国海军航空司令部《海军航空以可靠性为中心的维修方法指南》(NAVAIROO-25-403),以及英国皇家海军的《面向 RCM 的海军航空工程标准》(NES45)。1999 年 8 月,美国汽车工程师协会(*SAE*)发布了以可靠性为中心的维修(*RCM*)标准用于有形资产的维修管理,旨在帮助人们应用 *RCM*,评估供应商和承包商提供的方法。在 *RCM*·研究及应用中,JohnMoubray 也作过突出的贡献。JohnMoubray 及其合作者在诺兰的指导下,首先在南非采矿业及加工业应用 *RCM* 方法。随后,他们转到英国。他们的应用研究覆盖了几乎英国所有的工业部门,并拓展到其他 40 多个国家。他们还发展了 *RCM* 方法。如将环境问题纳入决策的程序当中;使设备功能定义的方法更加清晰;在选择维修任务及任务间隔方面提出了更精确的规则;并在故障探索(failure-finding)工作的间隔期设定上,引入了定量的风险准则。1991 年,作为英国 Aladon 维修咨询有限公司的创始人,JohnMoubray 在多年实践 *RCM* 的基础上出版了系统阐述 *RCM* 的专著《以可靠性为中心的维修》,由于这本专著与以往的 *RCM* 标准、文件有较大区别,JohnMoubray 又把这本书称为《RCMll》。1997 年《RCMll》第二版出版发行。尽管 *RCM* 模式具有其先进性,并且在欧美等发达国家被广泛应用于各行各业的设备管理中,特别是军事装备部门更是日臻完善。但受多种因素制约,*RCM* 在我国的应用研究起步较晚,目前还仅限于一些军事部门、大型矿山、电力行业、交通行业内部摸索阶段。

20 世纪 80 年代中后期,我国军事科研部门开始跟踪研究 *RCM* 理论和应用。1992 年国防科工委颁布了由军械工程学院为主编单位编制的我国第一部 *RCM* 国家军用标准 GJB1378《装备预防性维修大纲的制定要求与方法》,该标准在海军、空军及二炮部队有关装备上的初步应用取得了显著的军事、经济效益。

山东省公路系统已于 1997 年引入 *RCM* 模式管理,江苏省公路局也在机械设备维修工作中引入 *RCM* 模式,并从 1998 年 5 月起,由江苏省交通厅直属的一家子公司对省交通系统有关单位使用的工程机械提供 *RCM* 服务。2001 年,山西省公路系统部分试行了 *RCM* 模式服务,并由戴飞、胡玉麟等人在 2001 年完成了《在山西省公路系统对工程机械设备实行 *RCM* 模式的可行性研究及实施方案》的课题研究。课题对工程机械设备诊断检测和状态评估这两个问题进行了研究,并且考虑了实施方案的可操作性。*RCM* 在我国的大亚湾核电站项目也有应用。

4-3 沥青路面结构可靠性分析的基本原理

4-3-1 沥青路面结构可靠度的定义

结构的可靠问题，用可靠性来描述。结构可靠性定义为："结构在规定的时间内，在规定的条件下，完成预定功能的能力"。一般来说，结构应满足下列各项功能：（1）能够承受在正常施工作用和正常使用期间可能出现的各种作用；（2）在正常使用时，结构及其组成构件具有良好的工作性能；（3）在正常维护下具有足够的耐久性；（4）在发生规定的偶然事件情况下，结构能保持必要的整体稳定性。结构的可靠度性量度量指标用可靠度来描述。基于这种理论，可将沥青路面结构可靠度定义为：对于正常设计、正常施工和正常使用的路面结构，在达到规定的设计累计标准轴载作用次数的时间内，路面表面弯沉和层底弯拉应力分别不超过其容许值的概率。

结构可靠度定义为："结构在规定的时间内，在规定的条件下，完成预定功能的概率"。"规定时间"是指分析结构可靠度时考虑各项基本变量与时间关系所取的时间参数，即在这个时间域内所计算的可靠度结果有效，也可以说是在这个时间域内所计算的完成预定功能的概率不会改变。因此，设计基准期与结构的寿命有一定关系，但是不能简单的把两者等同起来，若结构的使用时间超过了设计基准期，只能说明所计算的完成预定功能的概率改变了，但是，并不等于结构丧失了功能或不能使用了。设计的基准期是根据结构的重要性和使用情况等因素综合而定。"规定的条件"是指结构设计时所确定的正常设计、正常施工和正常使用的条件。"预定功能"是指上述的四项功能。完成各项功能的标志用"极限状态"来衡量。

结构功能的极限状态定义为"整个结构或结构的一部分超过某一特定状态就不能满足设计规定的某一功能要求，此特定状态称为该功能的极限状态"。对于结构的各种极限状态，一般可靠性分析中规定了明确的标志和限值。在结构可靠度分析中，结构的功能通常以"极限状态"作为标志，从统计数学的观点看"极限状态"可用功能函数来描述。

这样，路面结构的可靠度可分别按各类路面设计方法采用的设计标准和指标给予不同的定义。例如，以控制荷载和温度应力综合作用下的疲劳断裂为设计标准时，可靠度的定义可为"荷载应力和温度应力不超出混凝土疲劳强度的概率"；而在控制服务能力下降量为设计标准时，可靠度的定义可为"路面服务性能指数的下降量低于预定最低限的概率"等等。然而，按这些定义分别分析不同路面、不同设计方法和指标得到的可靠度,它们之间很难进行比较。

路面在设计使用期内要经受该期间交通荷载的累计作用,各种路面或各种设计方法和指标,都可将路面服务能力表示为达到某一预定的使用性能(结构的或功能的)最低要求之前(可以称之为路面使用性能寿命期),路面结构所能承受的交通荷载的累计作用。而交通荷载的累计作用,可以转换为某一选定的标准轴载的当量累计作用次数。这样,采用不同设计方法或指标的各种路面结构,可以采用统一的可靠度定义:路面使用性能退化到预定的最低水平时,路面结构所能承受的标准轴载作用次数 n 个概率,或者表示为下式:

$$P_s = P(N > n) \tag{5.1}$$

采用上述定义分析路面结构的可靠度,就有可能使不同路面类型或者采用不同设计方法和指标的可靠度计算值具有了可比性,从而有利于路面结构方案的比较和选择,也有利于多指标路面结构设计方法中各设计指标间的平衡设计。

4-3-2 沥青路面的可靠度分析

1)影响结构抗力的因素

在路面结构老化阶段,结构抗力随时间的变化是一个非常复杂的不可逆过程(经大规模的维修除外)。影响结构抗力的因素大致分为三个方面,荷载作用、环境作用和结构材料内部因素。

(1)行车荷载的作用

行车荷载是对路面结构的安全和使用性能有着直接影响的一种主要作用。荷载对结构的作用方式有两种,一种是直接影响结构的安全,在结构设计使用期内,任意一点的荷载效应大于结构抗力都会使结构失效;另一种是荷载对结构的累积损伤作用,累计损伤作用的后果是使结构抗力降低,从而降低结构的可靠度。

(2)环境作用的影响

环境因素对路面结构可靠性有明显的影响,在环境作用的诸要素中,温度和湿度对路面性能的影响最为严重。在不同地区具有相同质量、相同路面结构的道路在基本相同的荷载作用下,损坏的快慢也不一样。这与当地的气候环境有着直接的关系,尤其是对沥青路面而言,因沥青材料的温度敏感性很强,环境因素对路面结构性能的影响表现的就更为明显。

路面体系的温度和湿度状况随周围温度和湿度的变化而变化,从而使路面材料的力学性质和结构强度发生变化。温度和湿度条件对路基路面材料物理状态的改变，使路面结构即便在没有收到行车荷载的作用下也会逐渐损坏，在车辆荷载的叠加作用下，路面损坏更为迅速。

(3) 材料内部影响

在自然环境下，结构的材料随着时间的增长会逐渐老化，老化的结果是使材料的性能下降，强度降低。除此之外，结构中一些活性的材料也会与其他组成材料发生缓慢的化学反应，这种反应不仅使材料的化学成分发生变化，而且生成物质所产生的膨胀压力会导致混凝土破坏。

2）可靠度模型的分析

可靠性分析模型包括以下三个功能模块：可靠性统计目标选择、可靠性数据统计原则制定和可靠性特征函数（或参数）计算。各功能模块的基本功能如下：

(1) 可靠性统计目标选择模块。选择、确定计算维修病害费用所需的可靠性特征函数（或参数）。可靠性特征函数主要包括：可靠度、病害率或风险函数以及路面性能下降速度分布函数；特征参数主要包括潜在病害发展到功能病害的时间，可修复病害的维修效果评价系数。

(2) 可靠性数据统计原则制定模块，即研究目标函数统计样本的建立原则。根据所选择的维修效果评价模型，拟定运行病害记录和大、小修技术记录中历史数据整理原则。

(3) 可靠性特征函数（或参数）计算模块。根据统计样本，利用参数法或非参数法计算可靠性特征函数（或参数）。

在结构使用过程中，受荷载作用、环境作用及结构材料作用的影响，结构性能随时间的变化是一个复杂的物理、化学和力学损伤的过程。因此，路面结构抗力随时间的变化是上述过程的函数，而且每一种影响因素都是一个复杂的随机过程。基于以上可靠度模型的分析，建立路面结构抗力随时间的变化模型。

同现行的工程结构可靠度设计统一标准一样，考虑结构抗力随时间变化时结构承载力的不确定性可分为材料性能的不确定性、几何参数的不确定性和计算模式的不确定性。路面结构承载力的随机过程可表示为：

$$R(t) = K_p R_p(t) \tag{4.2}$$

式中，K_p 为描述计算模式不确定性的随机变量，$R_P(t)$ 为结构的计算承载力，可以表述为：

$$R_P(t) = R[f_m(t), a_i(t)] \tag{4.3}$$

式中，$f_m(t)$ 和 $a_i(t)$ 为第 i 种材料的材料性能和相应的几何参数，是时间 t 的函数。

综上所述，高速公路沥青路面的使用性能受多种因素影响，其中路面结构可靠性是其中最重要的因素，路面结构性能的衰变与其结构安全性直接相关。而路面结构的安全性又有公路建设质量和养护管理水平有着密切的关系，因此路面合理检测周期的确定必须充分考虑路面性能变化的可靠性。

4-4 路面性能均值和方差变化规律

道路检测中常以路面性能指标均值反映路况的好坏，路面性能指标的变化反映了道路实际状况的趋势。道路建成初期路况良好，路面结构强度较高，路面性能影响因素的作用未充分体现，因此路面性能的变异性较小即方差较小。随着时间推移，路面在长期的行车荷载和环境因素共同作用下，路面性能下降，结构强度降低，影响因素的随机性充分显现，此时路面性能方差变大且其变化速率随之增大。指标均值与方差的变化趋势均反映了路面使用性能的变化，因此研究路面性能均值和方差的关系显得尤为重要。

4-4-1 路面性能均值和方差变化调查

路面性能指标均值反映了道路的整体状况及水平，路面方差则反映了路面状况的沿线的差异性（性能指标的离散程度），在道路使用过程中，两者均不断变化。如对京秦高速结构强度指数 PSSI 的检测值分析发现，随着时间的推移，PSSI 指标值呈衰减趋势，指标方差也随之有变大趋势如图 4.1 所示。为了进一步研究和量化分析路面性能指标均值与方差关系，项目组分别对京秦高速公路、青银高速公路、石安高速公路、京石高速公路等高速公路近几年路面 PSSI 检测结果进行了统计分析，为了获得充足的统计样本量，分析中对各高速公路分路段统计。统计结果如图 4.1～图 4.4 所示。

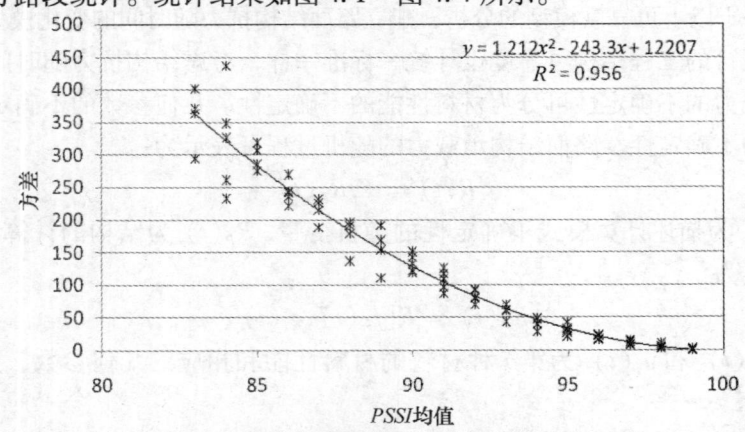

图 4.1 京秦高速公路路面性能指标值与方差关系图

第4章 路面性能变化可靠性分析方法

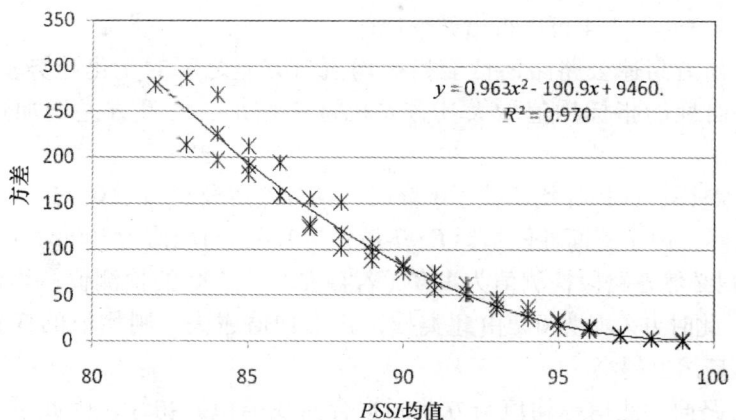

图 4.2 青银高速公路路面性能指标值与方差关系图

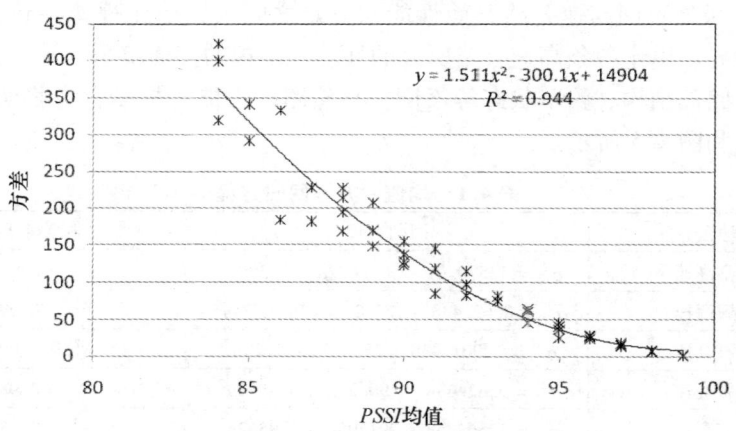

图 4.3 京石高速公路路面性能指标值与方差关系图

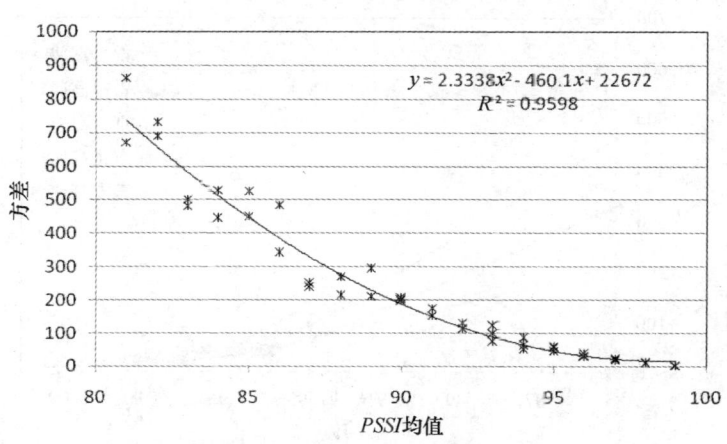

图 4.4 石安高速公路路面性能指标值与方差关系图

从图 4.1～图 4.4 可以得出如下规律：

（1）所有高速公路路面性能指标均值与方差之间的变化趋势基本一致，即随着路面性能指标均值增大其方差也逐渐增加，而且方差增加速率越来越大。

（2）路面性能指标均值接近 100 时，其方差逐渐趋向于 0。这一点显然符合客观实际，由于路面性能指标 PSSI 最大为 100，当均值为 100 时（假设理想状态），则必然各路段检测值为 100（若存在小于 100 的检测值，均值就不能为 100），此时方差必为 0。由此类推，路面均值越大，则均值的变化空间越小，方差自然也越小。

（3）路面性能指标均值与方差间拟合曲线类似抛物线，因此可以用二次多项式拟合其相关关系，二次多项式也正好服务（1）点所述方差变化规律。

（4）虽然不同高速公路路面性能与方差之间大致变化规律一致，但仍存在明显差异。由于各条高速公路所处的环境、承担的交通负荷、施工材料及建筑水平、路面结构、路基状态等不同，自然路面性能指标变化也将明显不同。如表 4.1 和图 4.5 所示。

表 4.1 均值 – 方差回归方程

高速公路	回归方程	相关系数
京秦高速	$\sigma^2 = 13570.21 - 260.672\mu + 1.356\mu^2$	$R^2 = 0.993$
青银高速	$\sigma^2 = 8062.438 - 161.25\mu + 0.80625\mu^2$	$R^2 = 0.994$
京石高速	$\sigma^2 = 12901.438 - 258.75\mu + 1.29\mu^2$	$R^2 = 0.995$
京张高速	$\sigma^2 = 9562.438 - 190.25\mu + 0.9562\mu^2$	$R^2 = 0.989$
石安高速	$\sigma^2 = 19562.58 - 391.95\mu + 1.9562\mu^2$	$R^2 = 0.984$

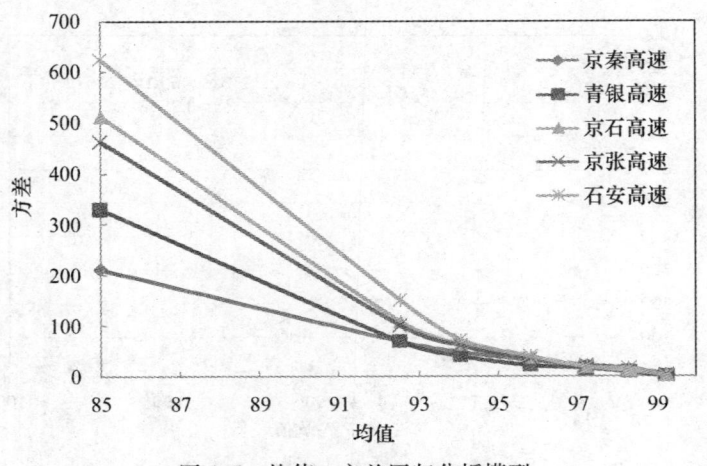

图 4.5 均值 – 方差回归分析模型

第4章 路面性能变化可靠性分析方法

综上所述，以上各条道路路面性能指标均值－方差的回归关系曲线均与二次多项式曲线一致，而且回归分析结果也进一步证明这一规律。显然这与人们的主观认识一致，即在道路建成初期路面性能指标均值较高，路面性能影响因素的作用未充分体现，路面变异小，方差较小，而随着时间推移，路面老化，影响因素的随机充分显现，方差不仅变大，而且方差变化速率增大，这与二次多项式规律基本一致，因此本研究假定路面性能均值与方差之间符合二次多项式变化规律。

4-4-2 模型参数的标定

基于上述分析，假定路面性能均值与方差间为二次多项式关系，其通式如下：

$$\sigma^2 = A\mu^2 - B\mu + C \tag{4.4}$$

由于路面检测数据的特殊性，该二次多项式符合以下特征：

（1）若路面评价指标采用百分制，则知指标上限为100，若某次检测中指标均值为100，则方差必为0，即有下式成立：

$$A \times 100^2 - B \times 100 + C = 0 \tag{4.5}$$

（2）二次抛物线在其对称轴处取得极值点，其对称轴坐标 $\mu = \dfrac{B}{2A}$，而方差存在极小值时对应的均值约为100，即：$\mu = 100$，则有下式成立：

$$\frac{B}{2A} = 100 \tag{4.6}$$

（3）通式中含有三个未知参数，则在保证以上两个推论成立的前提下，在将某条高速某年某指标的具体数据代入，通式即可求解。如将某道路的某年具体检测值 σ_0，μ_0 代入式（4.4），则有下式成立：

$$\sigma_0^2 = A\mu_0^2 - B\mu_0 + C \tag{4.7}$$

注：为了不失路段代表性，σ_0，μ_0 取道路运营3年后的数据为宜。

综上，联合式（4.5）、式（4.6）、式（4.7），可标定出路面性能指标均值－方差模型的参数，该参数的标定既保证了路面性能指标的一般性规律，又考虑了道路所处环境的差异性。因此该均值－方差模型即为科学合理的反映路面性能指标均值、方差关系的标准模型。

4-4-3 模型验证

为了充分验证该模型的科学、合理性，本研究以京秦高速公路路面行驶质量指数 *RQI* 历史数据对其准确定加以验证分析，具体过程如下：

如已知京秦高速公路 2010 年的监测数据，路面行驶质量指数 RQI 的均值 $\mu_{2010} = 94.83$，$\sigma_{2010}^2 = 30$，则有下式成立

$$\sigma_{2010}^2 = A\mu_{2010}^2 - B\mu_{2010} + C \tag{4.8}$$

即：
$$A \times 93.87^2 - B \times 93.87 + C = 30$$

将式（4.8）与式（4.5）、式（4.6）联立，解得：$A = 0.79$，$B = 158$，$C = 7900$

故京秦高速公路路面行驶质量指数 RQI 的均值-方差模型为：

$$\sigma^2 = 0.79\mu^2 - 158\mu + 7900 \tag{4.9}$$

将各年均值代入均值方差模型，求得 2005～2012 年的方差并计算与实测值的精度误差，比较结果见表 4.2。

表 4.2 比较结果

年份	均值	方差模型计算值	实测值	精度误差 Δ
2005 年	92.47	38.26	37.03003	-0.03322
2006 年	96.97	20.06	18.26263	-0.09842
2007 年	94.08	55.74	53.02147	-0.05127
2008 年	92.6	36.7	38.20158	-0.01615
2009 年	90.1	38.931	37.10467	-0.04922
2010 年	94.83	29.68	29.59332	-0.00293
2011 年	92.31	28.44	28.33992	-0.00353
2012 年	92.47	63.70	62.72931	-0.01547

注：Δ =（实测值 - 模型计算值）/实测值。

由以上对比分析可知，在对多条高速历史数据回归模型分析基础上，结合路面性能数据的一般性特征，综合确定的均值-方差模型与实际拟合度较高，如图 4.6 所示，实测值曲线与模型计算值曲线几乎完全吻合，故本研究提出的均值-方差模型既保证了路面性能指标的一般性规律，又考虑了道路所处环境的差异性并能科学、准确地反映数据的变化规律。因此该均值-方差模型即为科学合理的反映路面性能指标均值、方差关系的的标准模型。

图 4.6 方差对比分析

第4章 路面性能变化可靠性分析方法

4-5 基于指标方差的可靠性模型

基于方差的路面性能可靠性即路面使用性能检测指标值达到规范规定可接受的指标值的概率。该概率的求解过程包括：对检测数据的分布拟合检验，确定出各年检测的指标值所服从的分布，确定分布函数，并预估出预测年限的分布函数；求出各检测年的方差 σ^2，并找出方差 σ^2 的变化规律，预估出预测年的方差值；将由衰变方程计算得到的预测年的指标预估值作为预测年的期望值；进而由以确定的分布函数和方差、期望值确定各指标值达到规范要求可接受的指标值的概率即为该年限的可靠度。

1. 确定路面性能衰变方程

路面使用性能的变化是许多因素的函数，这些因素包括路面结构、路基强度、路面强度和厚度、行车荷载、环境因素、养护类型和等级、施工水平、路面材料、投入使用的时间及以上因素的综合作用等。目前许多国家和地区依据各自的需求和条件提出了多种方法，并建立了相应的模型。要使所建立的路面衰变模型能够真正的反应路面的衰变过程，选择一个简洁、合理的是至关重要的。

本研究在对大量检测数据的分析研究基础上，对已有的各种方程形式进行比较分析，认为最符合路面使用性能变化规律的标准衰变方程如下：

$$PPI = PPI_0 \{1 - \exp[-(\alpha/t)^\beta]\} \tag{4.10}$$

式中　PPI——使用性能指数（PCI、RQI 等）；

　　　PPI_0——初始使用性能指数；

　　　t——路龄；

　　　α, β——模型参数。

2. 对检测数据的分布拟合检验

数据总体概率分布检验方法很多，包括 χ^2 检验法、W 检验法、D 检验法、K-S 检验法，W 检验法、D 检验法是基于正态分布的对称性进行判别，不适合其他分布类型的概率检验；K-S 检验法是利用小于样本值 X 的各样本出现的频率数为判断依据，一般情况下不受样本大小的限制，这里介绍 χ^2 拟合检验法。

这是在总体的分布未知的情况下，根据样本 X_1, X_2, X_3, $\cdots$, X_n 来检验关于总体分布的假设的一种方法。

H_0：总体 X 的分布函数为 $F(x)$

H_1：总体 X 的分布函数不是 $F(x)$

若总体 X 为离散型则 H_0：总体 X 的分布律为 $P\{X=t_i\}=p_i$，$i=1$，2，…

先设 H_0 中所假设的 X 的分布 $F(x)$ 不含未知参数。将在 H_0 下，X 可能取值的全体区间分成 k 个两两不相交的子集，A_1，A_2，…，A_k。以 f_i（$i=1$，2，…，k）即样本观察值 x_1，x_2，…，x_n 中落入 A_i 的个数，这表示在 n 次试验中事件 A_i 发生的频率为 f_i/n。另一方面，当 H_0 为真时，我们可以根据 H_0 所假设的 X 的分布函数来计算事件 A_i 的概率，得到 $p_i=P(A_i)$，$i=1$，2，…，k 频率和概率会有差异，但一般来说，若 H_0 为真，且试验次数又甚多是时这种差异不应太大，我们采用形如

$$\sum_{i=1}^{k} h_i \left(\frac{f_i}{n} - p_i\right)^2 \tag{4.11}$$

的统计量来度量样本与 H_0 中所假设的分布的吻合度，皮尔逊证明，

$$h_i = n/p_i \quad (i=1,2,\cdots) \tag{4.12}$$

我们采用

$$\chi^2 = \sum_{i=1}^{k} \frac{n}{p_i}\left(\frac{f_i}{n} - p_i\right)^2 = \sum_{i=1}^{k} \frac{f_i^2}{np_i} - n \tag{4.13}$$

作为检验统计量。当 H_0 中所假设的 X 的分布函数 $F(x)$ 中包含未知参数时，需先利用样本求出未知参数的最大似然估计值，以估计值作为参数值，然后根据 H_0 中假设的分布函数，求出 p_i 的估计值，以估计值代替 p_i。

若 n 充分大（$n \geq 50$），则当 H_0 为真时，统计量近似的服从 $\chi^2(k-r-1)$ 分布；其中 r 是被估计的参数的个数。当 H_0 真时，χ^2 不应太大，如 χ^2 过分大就拒绝 H_0，因而拒绝域的形式为：

$$\chi^2 \geq G \quad (G \text{ 为正常数}) \tag{4.14}$$

对于给定的显著水平 α，确定 G 使

$$P\{\text{当 } H_0 \text{ 为真拒绝 } H_0\} = P_{H_0}\{\chi^2 \geq G\} = \alpha \tag{4.15}$$

拒绝域为

$$\chi^2 \geq \chi^2(k-r-1) \tag{4.16}$$

则在显著水平 α 下拒绝 H_0，否则就接受 H_0。

2. 方差的求解

以上研究建立了路面性能指标的均值－方差模型，则在给定某年均值时即能求得该年的方差。

3. 可靠度的确定

当已知数据总体服从的分布，综合规范及实际路况得出某一性能指标的限值 N，则可靠度 P_s 由下式得出：

$$p_s = p(x \geq N) \tag{4.17}$$

式中　x——某性能指标的实测值；

　　　N——规范规定的某性能指标最低可接受限值。

注：根据《公路沥青路面养护技术规范》（JTJ 073.2—2001）规定：高速公路在不满足强度要求的前提下，即路面的结构强度系数为中等以下时，应采取相应补强措施以提高其承载能力；高速公路的行驶质量指数（RQI）评价为中或中以下时，应采取罩面等措施改善路面的平整度。

本研究在对大量数据进行分布拟合检验的基础上得出：路面使用性能指标值服从正态分布则：

$$p_s = p(x \geq N) = 1 - \phi\left(\frac{N - \mu}{\sigma}\right) \tag{4.18}$$

具体流程图如图 4.7 所示。

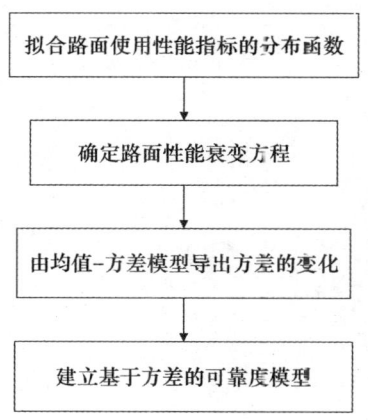

图 4.7　可靠性模型流程图

4-6　京秦高速路面结构强度指数 PSSI 可靠度实例分析

基于预防性养护的路面检测时机应在路面出现破损之前，即检测的指标限值应大于路面出现破损维修的指标值。本研究基于规范规定，结合京秦高速的服务等级要求，综合确定该路面结构强度指数 PSSI 的检测指标限值 $N = 80$。依据动态路面衰变预估模型计算京秦高速 2013 年的路面结构强度指数 PSSI，

得 $\mu_{2013}=89.74$,将其代入式 5.12 得 $\sigma^2_{2013}=21.36$,则 2013 年 *PSSI* 的可靠度确定如下:

$$p_{2013}=p(x\geqslant 80)=1-\phi\left(\frac{80-89.74}{4.62}\right)$$
$$=\phi(2.12)$$
$$=98.2\%$$

  考虑路面结构影响因素的变异性,本研究在对路面使用性能参数及规律进行充分调查和科学分析基础上进行路面使用性能及方差的预估,通过多条高速公路的数据回归分析找出最优的均值 – 方差模型。在验证数据分布的基础上,最终确定基于方差的可靠性模型。而现有的基于结构抗力 – 荷载效应的路面结构可靠性模型脱开了路面检测数据,主要以荷载的随机作用作为可靠性计算参数,理论与实际脱节,而且不能灵活计算出各种状态下的可靠值。因此本研究提出的基于路面指标方差的可靠度分析模型克服了常规可靠性分析的弊端,充分考虑了路况数据的概率分布形式和变异性,更显科学、全面和先进,从而为路面的设计,检测,养护提供可靠的依据。

第5章 路面性能检测时机确定方法

路面性能检测是为道路养护服务的,因此检测时机的确定必须与养护要求一致,必须提前预报路面大范围的隐患和病害(区别于局部小范围的日常养护),必须为大中修提供依据,因此应确定路面各指标使用性能下限值(即低于该值时路面需要进行大范围养护维修),因此路面检测时机应该保证在路面性能达到下限前,否则就失去了检测的意义。

但是受众多随机因素影响,路面性能变化具有一定的随机性(行车荷载、气候状况、养护方式等众多随机因素),预测方程本身也具有一定的误差和不确定性,因此单纯以路面性能预测值作为检测时机确定指标存在很大风险,为此本书提出了基于可靠性来进行检测时机的确定方法,即依据检测指标值大于指标下限的概率值(概率阈值)来确定养护时机。

5-1 路面性能可靠度限值的确定

基于路面性能可靠性的道路检测周期模型除了要求建立路面每年各个指标的可靠度以外,还要求一个具体的判断指标即:路面性能可靠度限值。若某年的可靠度低于该限值则需进行相应的检测。因此该可靠度限值是本研究中检测周期优化技术的关键,我们需考虑道路等级、服务水平、交通组成、环境、寿命周期费用等各种因素的影响,科学合理地评定出某一指标的可靠度限值,作为检测周期优化的依据。

AASHTO《路面设计指南》对于不同功能等级的公路提供了所建议的可靠度水平,见表5.1。

表5.1 对不同功能等级公路所建议的可靠度水平

功能等级	建议的可靠度(%)		功能等级	建议的可靠度(%)	
	市区	郊区		市区	郊区
州际或其他高速公路	85~99.9	80~99.9	集散道路	80~95	75~95
主要干线	80~99	75~95	地方线	50~80	50~80

参考相关研究可知,当采用现行的相关规范进行沥青路面设计研究时,隐含的可靠度一般都在90%~94%之间,而目前国内已建成通车的高等级沥青

路面，它们的可靠度基本在 90%～99% 之间，并且模糊可靠度不小于 85%，这样的设计标准足以保证路面结构在所要求的设计年限内具有并保持良好的工作状态。然而根据目前公路建设的实际情况，相当一部分高等级沥青路面在设计年限早期，路面结构就已经破坏失效。调查表明，路基和基层的水分状况对其表面的影响很大，一些高速公路虽然弯沉已经超过了设计弯沉，但是因为经费关系，只进行了加铺沥青层处理或者只进行了微表处理，暂时把水封住了，但是过一段时间后弯沉又变小了，还有一些高速公路，即使路面已经明显开始出现破坏，可是对路面进行弯沉测定的时候会发现弯沉往往并没有预想那么大，基层也基本保持完好，但是经过分析可以发现有不少纵向裂缝和龟裂都是由横向裂缝发展形成的。这就充分说明目前规范采用的设计指标有时并不能够有效地控制路面损坏的发生。因此，在目前现行设计指标下计算的的沥青路面结构模糊可靠度结果，只能认为是比传统的计算可靠度结果更合理一些。现实中须依据各个道路的不同影响因素来确定路面结构行为的指标体系。

基于以上可靠度模型的建立，经大量研究调查，依据 AASHTO《路面设计指南》，考虑多方面因素，结合规范得出京秦高速公路基于寿命的周期优化模型的可靠度限值。再由建立的基于指标方差的可靠度模型，确定道路的最佳检测时机。

5-2 最佳检测时机的动态确定方法

图 5.1 为高速公路检测时机确定流程图：

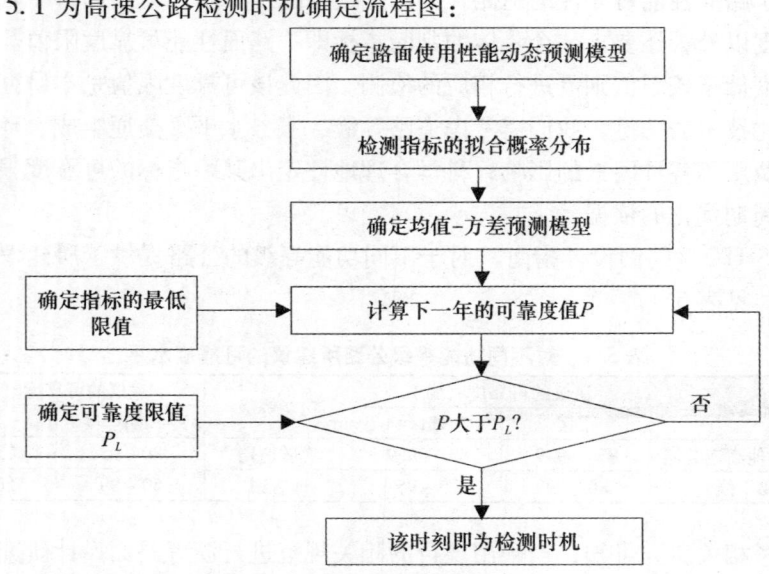

图 5.1 动态检测周期优化流程图

第5章 路面性能检测时机确定方法

上述流程图中的各步骤都在前面章节中进行了详细阐述,路面性能动态预估模型详见第3章;检测指标的拟合概率分布详见第5章;均值-方差预估模型详见第4章;路面性能可靠度计算详见第5章;性能指标最低限制和可靠度限值见本章前两节;路面性能检测时机优化案例。

5-2-1 京秦高速公路概况

1. 设计的概况

京秦高速公路宝山段按高速公路平原微丘标准设计,全封闭、全立交,双向六车道一次建成。设计路基宽度为33.5m,路面宽度为2m×14.5m,施工中将上面层摊铺宽度调整为1270cm,中央分隔带宽度为3m。桥涵设计荷载汽-超20,挂-120。1996年9月20日开工建设,1999年9月1日竣工通车。北戴河连接线长17.63km,其中全封闭、全立交一级汽车专用公路为13.99km,路基宽度为27.0m,中央分隔带宽度为5.0m,路面宽度为2m×10.5m,于2000年6月15日通车。

2. 路面结构

京秦高速公路路面上面层为4cm调整的多碎石沥青混凝土(SAC-16),中面层为中粒式沥青混凝土(JTJ 032—94《公路沥青路面施工技术规范》中AC-20I型),底面层为粗粒式沥青混凝土(AC-30I型)。其中在六、七合同和十合同段分别做了两段双幅合计27km的SMA-16沥青玛蹄脂碎石路面试验路段。沥青材料中下面层采用加德士70#重交通道路沥青,上面层采用了壳牌SBS改性沥青。矿料:中、下面层为石灰岩集料,上面层为玄武岩或安山岩类集料,细集料采用天然砂。

路面结构为:

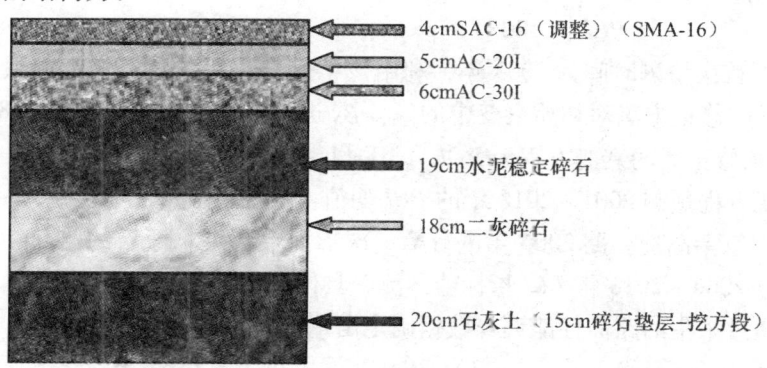

图5.2 京秦高速公路路面结构示意图

3. 交通量状况

由于京秦高速公路是东北三省连接华北最重要的经济干线,所以自通车以来其交通量日益增长，日平均交通量数据在通车几年来统计如下：1999年9月~12月为7383辆/昼夜；2000年为13858辆/昼夜；2001年为17671辆/昼夜；2002年为21504辆/昼夜；2003年为26967辆/昼夜；2004年1月~8月为30382辆/昼夜；其中大型和中型车辆比例超过半数，超载现象极为普遍。

京秦高速公路的交通量迅速增长，大大高于设计时的预测值，大型货车的数量逐年急剧增加而且超载现象普遍。路面长期处于超负荷的状态下，路面使用性能衰减较快。

5-2-2 京秦高速公路路面性能指标的预测

京秦高速公路1999年9月通车，为准确掌握公路路面的技术状况，并对历年来的技术指标进行比较分析，为公路养护管理和维修决策以及确定日常养护工作内容提供依据，河北省道路桥梁养护监测中心对京秦高速公路的弯沉、平整度、摩擦系数三项技术指标进行检测与评价。此论文中以路面行驶质量指数 RQI、路面状况指数 PCI、路面结构强度指标 $PSSI$、路面性能抗滑指数 SRI 以及路面车辙深度指数 RDI 为例，介绍最佳检测周期优化方法。

1. 路面使用性能指标均值的预测

利用第3章动态修正预测模型进行路面使用性能指标均值预测，以 PCI 为例具体预测过程如下：

（1）根据前文分析，初始方程采用孙立军等人提出的路面性能衰变方程，根据5-1所述的京秦高速公路的交通荷载、路面结构组成等道路参数，利用表3.4和表3.5，查表得到确定出 $\alpha_0 = 8.778$、$\beta_0 = 0.97$，并依据式3.20确定出 PCI 初始衰变方程为

$$PCI = 100\{1 - \exp[-(8.778/y)^{0.97}]\} \tag{5.1}$$

（2）首次检测时间为2003年，利用该年检测数据按照第3章中只有一次检测数据的修正方法对初始衰变中的 α_0、β_0 进行修正，得到 $\alpha_1 = 8.048$、$\beta_1 = 1.716$，则修正后的衰变方程为 $PCI = 100\{1 - \exp[-(8.048/y)^{1.716}]\}$，并利用该衰变方程预测2001~2018年的 PCI 均值。

（3）京秦高速公路2006年进行第一次罩面，利用罩面后的路面性能变化规律进行2006~2018年 PCI 指标值预测，具体步骤如下：

① 通过采集的路面性能调查数据确定出罩面后路面有效厚度系数 $f = 0.66$；

② 将 $f = 0.66$ 代入式（3.23）解得等效厚度 $h = 13.9$，并与式（3.21）、式（3.22）、式（3.23）、式（3.24）、式（3.25）联立得罩面后初始衰变方程 α_0、β_0 中分别为：8.02、0.72，得到罩面后 PCI 初始衰变方程为：

$$PCI = 100\{1 - \exp[-(8.02/y)^{0.72}]\} \tag{5.2}$$

式中 y——距罩面时间点的年限，取 1，2，3，…

③利用 2006 年的检测数据按照第 3 章中只有一次检测数据的修正方法对初始衰变中的 α_0、β_0 进行修正，得到 $\alpha_1 = 7.4717$、$\beta_1 = 0.5273$，则修正后的衰变方程为 $PCI = 100\{1 - \exp[-(7.4717/y)^{0.5373}]\}$，并利用该修正方程对 2006~2018 年 PCI 均值。

（4）同步骤（3）利用 2010 年的检测数据得到修正后的衰变方程为 $PCI = 100\{1 - \exp[-(9.446)^{0.448}]\}$，并利用该修正方程对 2010~2018 年 PCI 均值。

综上所述，最终得到京秦高速公路 2001 年~2018 年的 PCI 均值，同理，也可得到路面行驶质量指数 RQI、路面结构强度指标 $PSSI$、路面性能抗滑指数 SRI 以及路面车辙深度指数 RDI 的预测值，各个性能指数动态预测曲线见图 5.3~图 5.7，并将计算结果汇总于表 5.2。

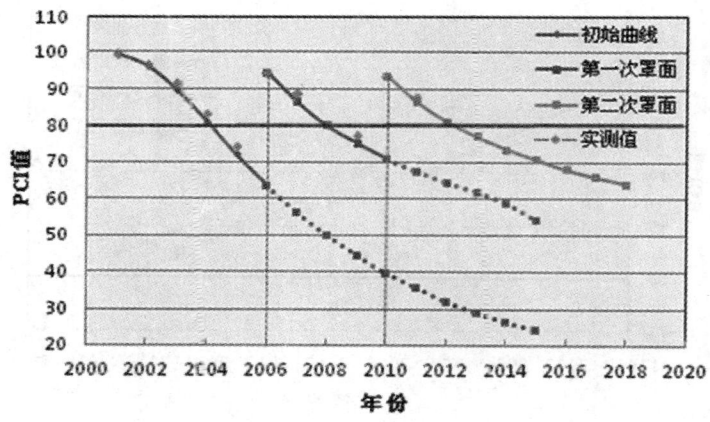

图 5.3 PCI 动态预测曲线

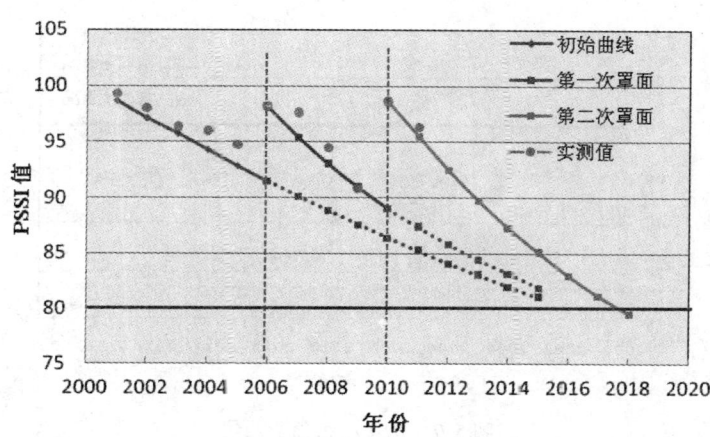

图 5.4 $PSSI$ 动态预测曲线

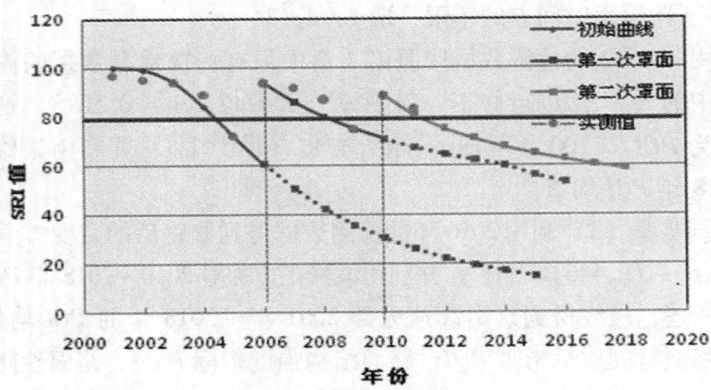

图 5.5　SRI 动态预测曲线

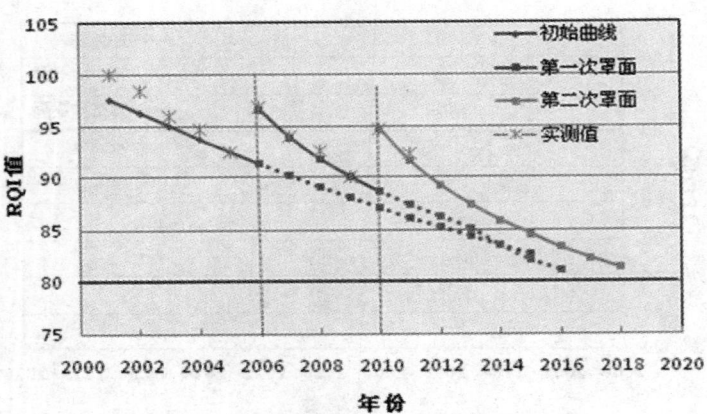

图 5.6　RQI 动态预测曲线

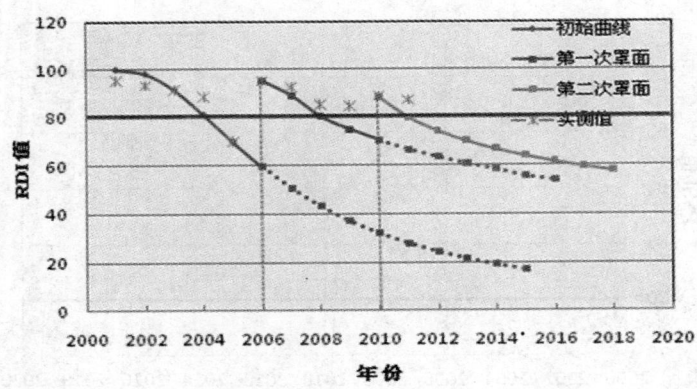

图 5.7　RDI 动态预测曲线

第5章 路面性能检测时机确定方法

表5.2 路面性能指标预测均值

年份 \ 路面性能	PCI	RQI	PSSI	SRI	RDI
2001年	99.57	98.55	98.70	99.99	99.93
2002年	96.38	97.82	97.09	99.18	98.10
2003年	89.60	97.10	95.71	94.10	91.50
2004年	80.89	96.39	94.29	84.09	81.21
2005年	71.93	96.67	92.87	72.10	70.00
2006年（罩面）	94.43	96.67	98.10	94.00	95.00
2007年	86.52	93.95	95.41	86.12	88.89
2008年	80.17	91.83	92.99	79.92	80.20
2009年	75.10	90.09	90.87	75.00	74.80
2010年（罩面）	93.51	94.83	98.55	88.79	88.20
2011	86.53	91.60	95.51	80.71	79.89
2012	81.21	89.26	92.49	75.17	74.24
2013	77.00	87.40	89.74	70.99	70.00
2014	73.55	85.85	87.26	67.67	66.64
2015	70.64	84.52	85.03	64.92	63.87
2016	68.14	83.35	83.02	62.59	61.52
2017	65.95	82.31	81.18	60.58	59.49
2018	64.01	81.36	79.50	58.81	57.71

2. 京秦高速路面指标均值方差的预测

在第4章中已建立了路面性能指标均值方差模型并验证了该模型的适用性及精度，本节以路面状况指数 PCI 为例，阐述方差标定过程。

如已知京秦高速公路 2005 年的监测数据，路面状况指数 PCI 的均值 $\mu_{2005}=94.03$，$\sigma^2_{2005}=48.96$，则有下式成立

$$\sigma^2_{2005} = A\mu^2_{2005} - B\mu_{2005} + C \tag{5.3}$$

即：$A \times 94.03^2 - B \times 94.03 + C = 48.96$

将式（5.3）与式（4.2）、式（4.3）联立，解得：$A=1.36$　$B=272$　$C=13600$
故京秦高速公路路面状况指数 PCI 的均值方差模型为：

$$\sigma^2 = 1.36\mu^2 - 272\mu + 13600 \tag{5.4}$$

将各年均值代入均值方差模型，求的预测年的方差。
同理，利用 2010 年 SRI 和 RDI 实际检测数据的均值及方差，可得到京秦

高速公路路面行驶质量指数 RQI、路面结构强度指标 PSSI、路面性能抗滑指数 SRI 以及路面车辙深度指数 RDI 各年的方差，最终求得 2001～2018 年各个性能指标的预测均值及方差见表 5.3：

表 5.3 2001～2018 年指标均值与方差

指标 年份	RQI		PCI		PSSI		SRI		RDI	
	均值	方差	均值	方差	均值	方差	均值	方差	均值	方差
2001	98.55	1.66	99.57	0.26	98.70	2.26	99.99	0.00	99.93	0.00
2002	97.82	3.74	96.38	17.82	97.09	11.34	99.18	0.86	98.10	3.71
2003	97.10	6.66	89.60	147.14	95.71	24.68	94.10	44.21	91.50	74.46
2004	96.39	10.32	80.89	496.41	94.29	43.71	84.09	321.34	81.21	363.81
2005	95.47	16.21	71.93	1071.53	92.87	68.05	72.10	988.61	70.00	927.30
2006（罩面）	96.67	8.73	94.43	42.20	98.10	4.83	94.00	45.74	95.00	25.75
2007	93.95	28.91	86.52	247.28	95.41	28.28	86.12	244.64	88.89	127.08
2008	91.83	52.69	80.17	534.81	92.99	65.83	79.92	511.97	80.20	404.00
2009	90.09	77.54	75.10	843.33	90.87	111.78	75.00	793.82	74.80	654.12
2010（罩面）	94.83	21.10	93.51	57.31	98.55	2.83	88.79	159.71	88.20	143.44
2011	91.60	55.70	86.53	246.76	95.51	26.99	80.71	472.55	79.89	416.49
2012	89.26	91.15	81.21	480.30	92.49	75.53	75.17	783.17	74.24	683.68
2013	87.40	125.45	77.00	719.60	89.74	141.10	70.99	1068.52	70.00	927.02
2014	85.85	158.20	73.55	951.76	87.26	217.40	67.67	1327.36	66.64	1146.43
2015	84.52	189.37	70.64	1172.51	85.03	300.03	64.92	1562.43	63.87	1344.78
2016	83.35	219.05	68.14	1380.85	83.02	386.54	62.59	1776.91	61.52	1525.12
2017	82.31	247.35	65.95	1576.99	81.18	474.70	60.58	1973.69	59.49	1690.08
2018	81.36	274.39	64.01	1761.67	79.50	563.40	58.81	2155.20	57.71	1841.85

5-2-3 检测数据的分布拟合检验

路面性能参数的大小是路面材料、各结构层厚度和刚度、路基土类型和状态、温度和湿度、交通状况及路面龄期等因素综合作用的反映。由于影响变量众多，可以预料各测点性能参数测定值会有较大的变异。路面可靠性分析中设计和施工参数的随机性是用随机变量的概率分布模型来描述的。测定大量路面数据，统计分析路面性能参数的概率分布及变异水平，将为路面性能的概率化预测、评价及可靠性分析，提供有价值的前期基本参考依据。

第5章 路面性能检测时机确定方法

为了适应确定各参数的概率分布模型和变异水平的要求,本研究在分析时利用 SPSS 统计分析采用 K-S 检验,根据样本的统计量来推断总体是否服从正态、对数正态、威布尔或伽马分布,并在 K-S 检验的基础上,利用 Q-Q 图进一步说明拟合分布的适用性。

选取2004年(罩面前)和2010年(罩面后)两年部分检测数据见表5.2及表5.3对路面行驶质量指数 *PCI*、路面状况指数 *RQI*、路面结构强度指数 *PSSI*、路面性能抗滑指数 *SRI* 以及路面车辙深度指数 *RDI* 进行分布拟合。

表5.4 2004年京秦高速公路路面使用性能检测数据(北京到秦皇岛方向)

	PCI	*RQI*	*PSSI*	*SRI*	*RDI*
K100~K101	76.8	96.1	99.8	94.5	90.80
K101~K102	81.2	98.2	99.7	95.8	91.30
K102~K103	72.4	95.6	99.9	94.4	91.70
K103~K104	76.1	93.7	99.8	95.0	88.60
K104~K105	73.5	96.2	99.6	94.8	88.40
K105~K106	58.8	96.8	99.6	94.7	85.00
K106~K107	42.7	96.5	99.2	93.9	87.50
K107~K108	69.1	97.1	99.4	93.6	88.40
K108~K109	56.6	95.2	99.6	94.3	86.70
K109~K110	69.7	94.8	99.4	94.6	87.00
K110~K111	67.8	93.1	99.5	94.4	86.80
K111~K112	68.3	91.5	99.6	93.8	89.30
K112~K113	74.8	96.4	99.7	94.2	88.70
K113~K114	78.7	96.7	99.6	93.1	89.90
K114~K115	74.8	97.9	99.5	92.9	87.30
K115~K116	80.6	95.2	99.7	93.0	90.40
K116~K117	64.3	96.7	99.3	92.0	89.40
K117~K118	79.2	97.3	99.8	95.4	90.50
K118~K119	78.4	96.7	99.6	93.5	93.40
K119~K120	77.5	95.3	99.9	93.7	90.40

表5.5 2010年京秦高速公路路面使用性能检测数据(北京到秦皇岛方向)

	PCI	*RQI*	*PSSI*	*SRI*	*RDI*
K124~K125	82.4	94.8	45.4	77.62	92.48
K125~K126	73.7	96.1	75.1	81.69	91.45
K126~K127	71.3	94.8	82.5	84.00	93.79
K127~K128	67.3	94.5	76.6	85.21	94.49
K128~K129	73.7	94.3	89.7	82.74	94.12
K129~K130	40.8	93.5	47.3	79.44	94.46
K130~K131	39.0	93.6	58.7	72.32	94.57

续表

	PCI	RQI	PSSI	SRI	RDI
K131~K132	67.0	93.8	66.6	77.62	94.85
K132~K133	58.9	94.7	79.4	84.32	94.46
K133~K134	59.2	92.6	70.8	84.98	94.42
K134~K135	73.3	90	57.4	62.03	93.69
K135~K136	62.1	92.9	49.3	70.84	94.85
K136~K137	72.8	94.8	45.3	75.59	93.75
K137~K138	78	96.3	57.3	84.13	94.67
K138~K139	64.4	94.9	51.8	85.23	93.79
K139~K140	60.7	95.2	59.1	86.54	94.79
K140~K141	84.3	95.3	78.8	70.68	94.41
K141~K142	71.3	94.3	44.8	84.40	95.08
K142~K143	59.4	95.7	64.6	66.01	96.01
K143~K144	61.1	96.3	35.7	70.65	97.17

1. 路面行驶质量指数 RQI 的分布拟合

（1）2004 年（罩面前）RQI 值的分布拟合检验

对 2004 年 RQI 检测值进行正态分布拟合，如图 5.8 所示。

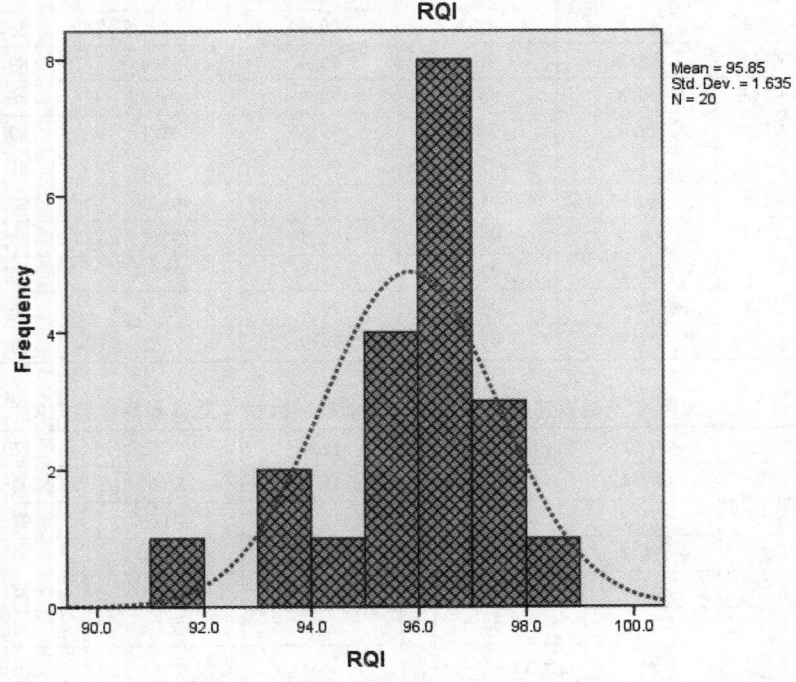

图 5.8　2004 年 RQI 值正态分布拟合

第5章 路面性能检测时机确定方法

对抽样总体在置信度为95%的情况下是否服从正态分布进行K-S检验，检验结果见表5.6。

表5.6 2004年 RQI 正态分布 K-S 检验

样本容量 N	均值 (0.01mm)	标准差 (0.01mm)	K-S检验		
			S_{ig}	P 值	检验结果
20	95.85	1.635	0.187	0.05	是

利用K-S检验，绘制该抽样总体对应于正态分布的Q-Q图，其中由标准正态分布的分位数为横坐标，样本值为纵坐标。

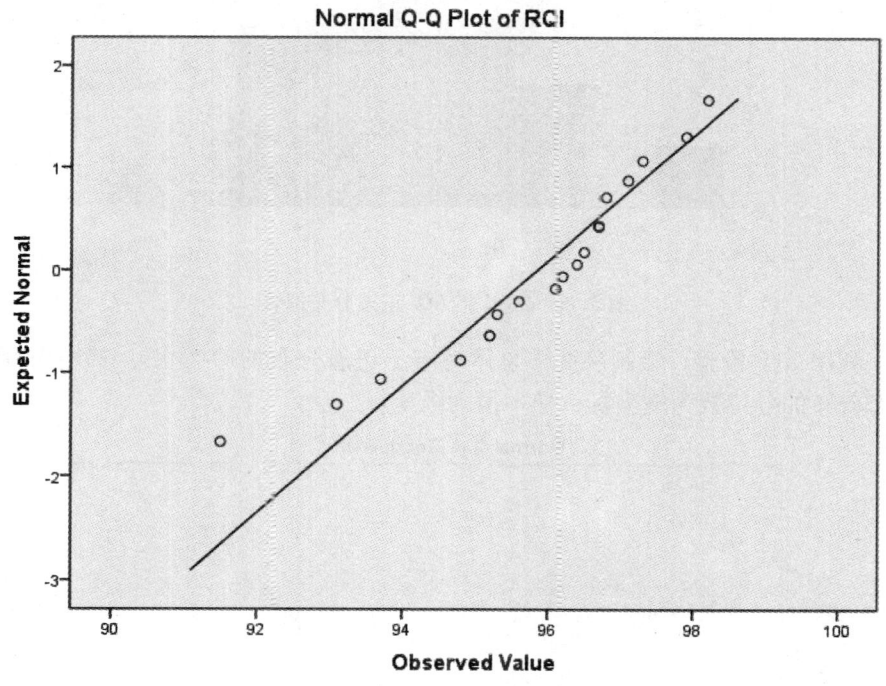

图5.9 2004年 RQI 值正态分布 Q-Q 图

（2）2010年（罩面后）RQI 值的分布拟合检验

对2010年 RQI 检测值进行正态分布拟合，如图5.10所示。

对抽样总体在置信度为95%的情况下是否服从正态分布进行K-S检验，检验结果见表5.7。

表5.7 2010年 RQI 正态分布 K-S 检验

样本容量 N	均值 (0.01mm)	标准差 (0.01mm)	K-S检验		
			S_{ig}	P 值	检验结果
20	94.42	1.465	0.144	0.05	是

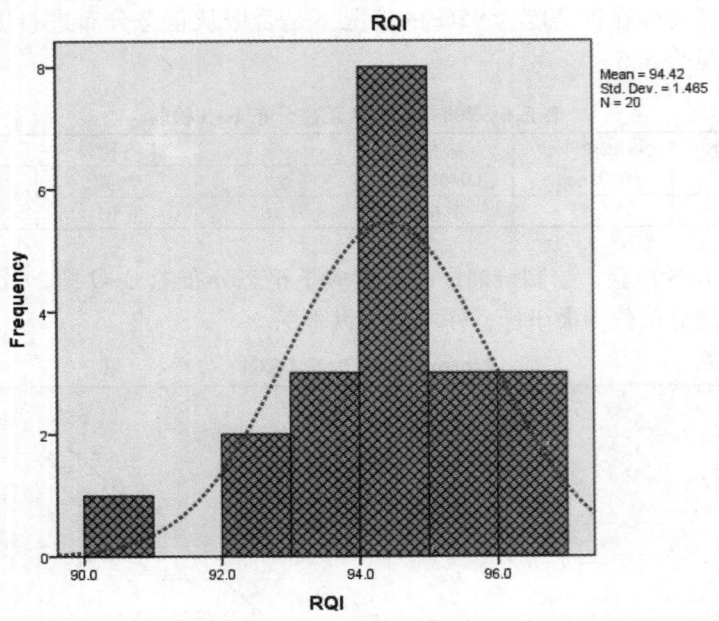

图 5.10　2010 年 *RQI* 正态分布拟合

利用 K-S 检验，绘制该抽样总体对应于正态分布的 Q-Q 图，其中由标准正态分布的分位数为横坐标，样本值为纵坐标。

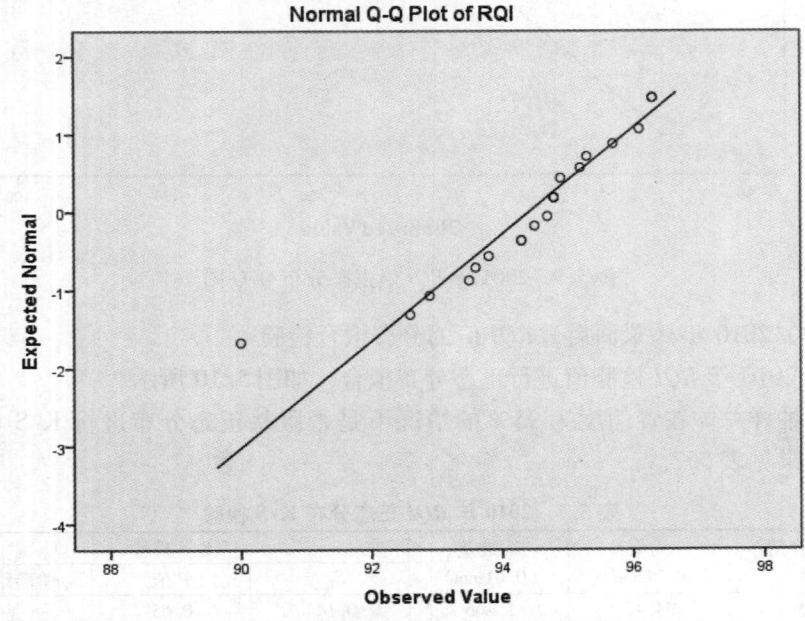

图 5.11　2010 年 *RQI* 值正态分布 Q-Q 图

第5章 路面性能检测时机确定方法

由上述拟合结果可知，2004年（罩面前）及2010年（罩面后）RQI检测数据均服从正态分布，故在确定路面行驶质量指数可靠度时认为RQI值服从正态分布

2）路面状况指数PCI的分布拟合

（1）2004年（罩面前）PCI值的分布拟合检验

对2004年PCI检测值进行正态分布拟合，如图5.12所示。

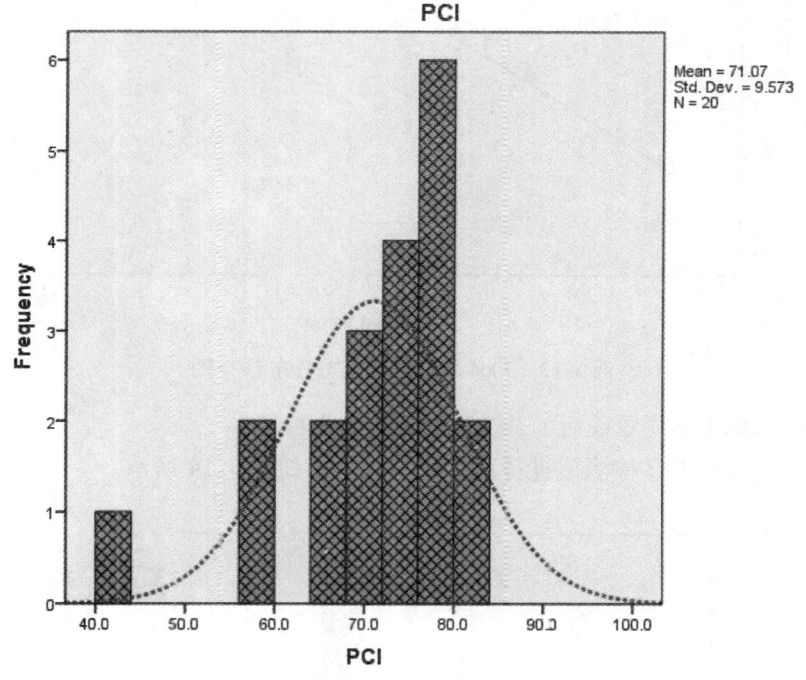

图5.12　2004年PCI正态分布拟合

对抽样总体在置信度为95%的情况下是否服从正态分布进行K-S检验，检验结果见表5.8。

表5.8　2004年PCI正态分布K-S检验

样本容量 N	均值 (0.01mm)	标准差 (0.01mm)	K-S检验		
			$S_{ig.}$	P值	检验结果
20	71.07	9.573	0.148	0.05	是

利用K-S检验，绘制该抽样总体对应于正态分布的Q-Q图，其中由标准正态分布的分位数为横坐标，样本值为纵坐标。

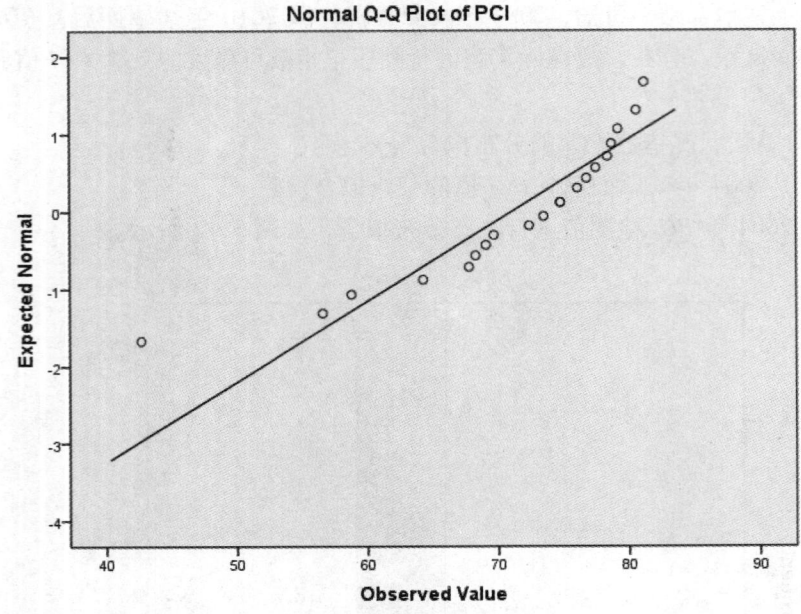

图 5.13　2004 年 PCI 值正态分布 Q-Q 图

（2）2010 年（罩面后）PCI 值的分布拟合检验

对 2010 年 PCI 检测值进行正态分布拟合，如图 5.14 所示。

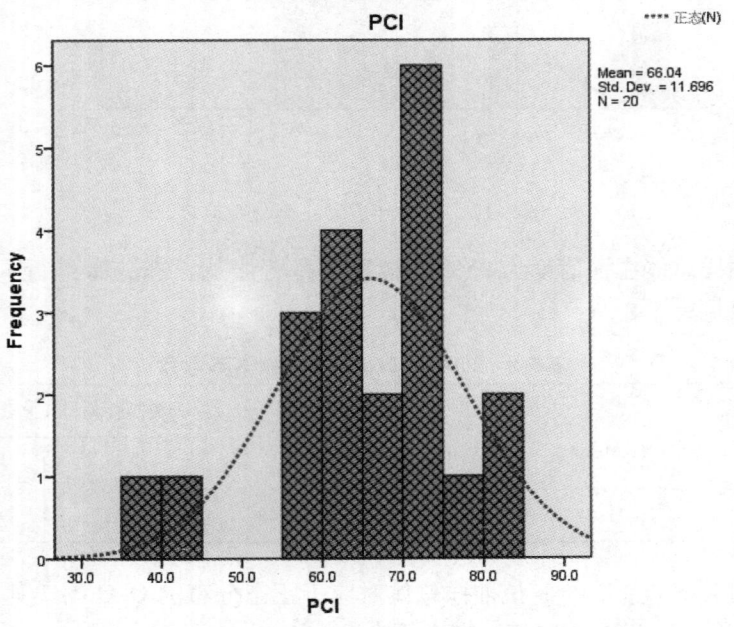

图 5.14　2010 年 PCI 正态分布拟合

第5章 路面性能检测时机确定方法

对抽样总体在置信度为95%的情况下是否服从正态分布进行K-S检验，检验结果见表5.9。

表5.9 2010年 *PCI* 正态分布 K-S 检验

样本容量 N	均值 (0.01mm)	标准差 (0.01mm)	K-S 检验		
			S_{ig}	*P* 值	检验结果
20	66.04	11.696	0.128	0.05	是

利用 K-S 检验，绘制该抽样总体对应于正态分布的 Q-Q 图，其中由标准正态分布的分位数为横坐标，样本值为纵坐标。

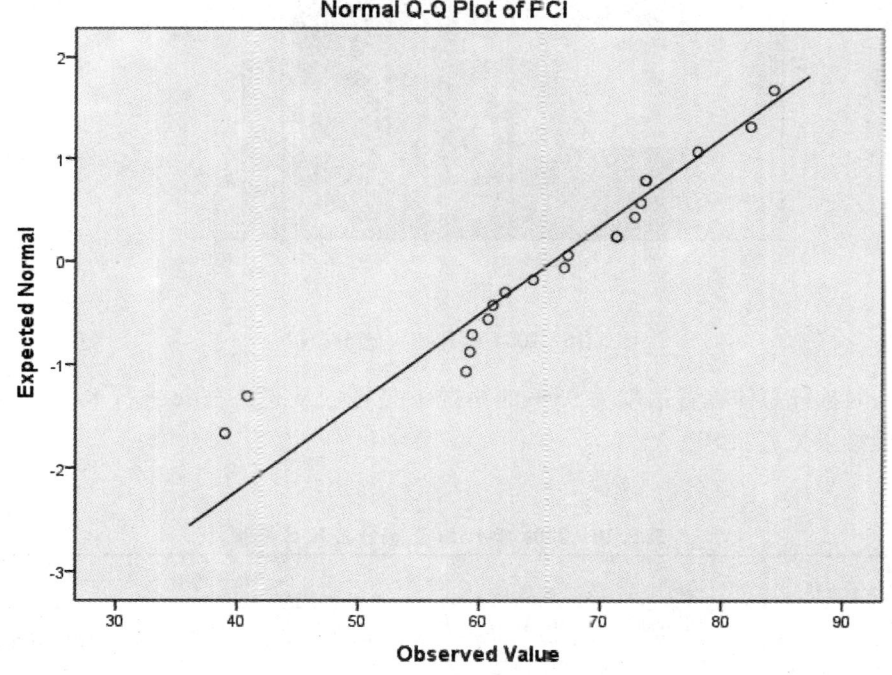

图5.15 2010年 *PCI* 值正态分布 Q-Q 图

由上述拟合结果可知，2004年（罩面前）及2010年（罩面后）*PCI* 检测数据均服从正态分布，故在确定路面行驶质量指数可靠度时认为 *PCI* 值服从正态分布。

3. 路面结构强度指数 *PSSI* 的分布拟合

（1）2004年（罩面前）*PSSI* 值的分布拟合检验

对2004年 *PSSI* 检测值进行正态分布拟合，如图5.16所示：

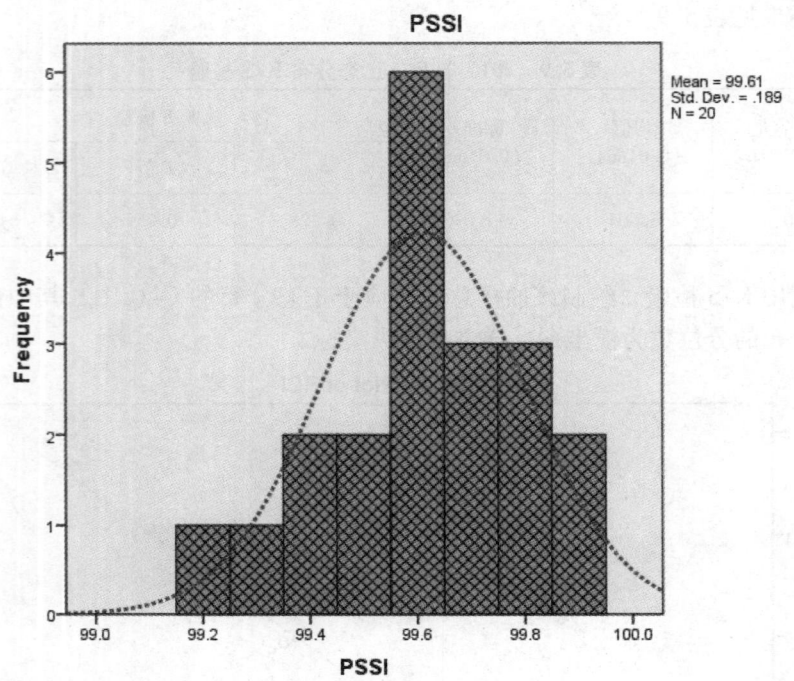

图 5.16　2004 年 PSSI 正态分布拟合

对抽样总体在置信度为 95% 的情况下是否服从正态分布进行 K-S 检验，检验结果见表 5.10。

表 5.10　2004 年 PSSI 正态分布 K-S 检验

样本容量 N	均值 (0.01mm)	标准差 (0.01mm)	K-S 检验		
			$S_{ig.}$	P 值	检验结果
20	99.61	0.189	0.093	0.05	是

利用 K-S 检验，绘制该抽样总体对应于正态分布的 Q-Q 图，其中由标准正态分布的分位数为横坐标，样本值为纵坐标。

(2) 2010 年（罩面后）RQI 值的分布拟合检验

对 2010 年 RQI 检测值进行正态分布拟合，如图 5.18 所示。

对抽样总体在置信度为 95% 的情况下是否服从正态分布进行 K-S 检验，检验结果见表 5.11。

第 5 章 路面性能检测时机确定方法

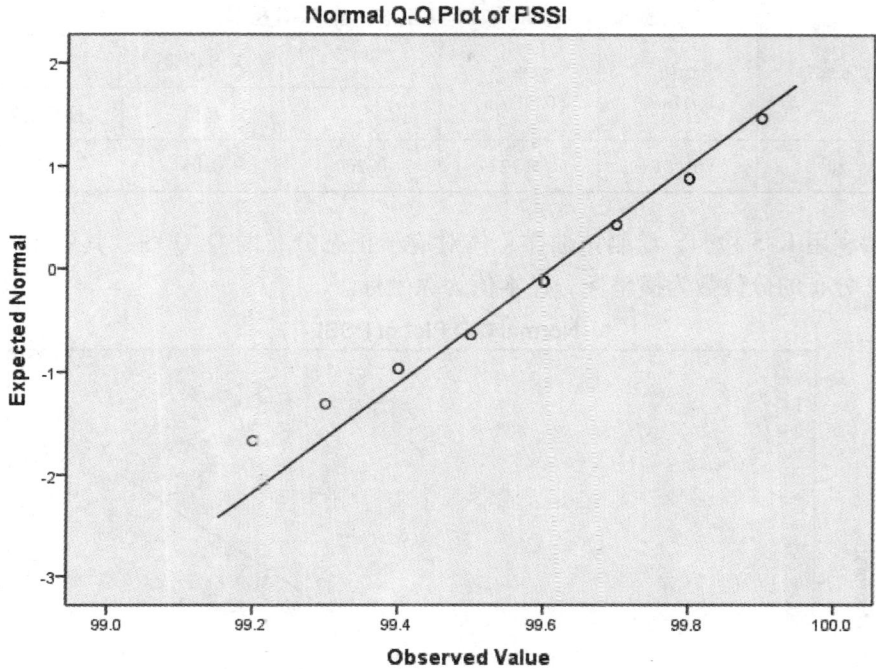

图 5.17　2004 年 PSSI 值正态分布 Q-Q 图

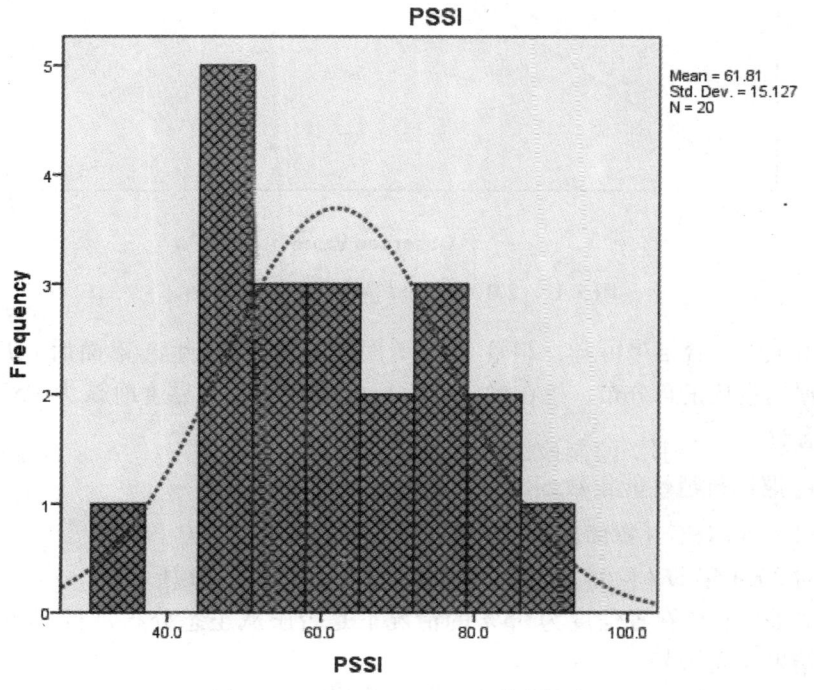

图 5.18　2010 年 PSSI 正态分布拟合

表 5.11 2010 年 PSSI 正态分布 K-S 检验

样本容量 N	均值 (0.01mm)	标准差 (0.01mm)	K-S 检验		
			$S_{ig.}$	P 值	检验结果
20	61.81	15.127	0.200	0.05	是

利用 K-S 检验，绘制该抽样总体对应于正态分布的 Q-Q 图，其中由标准正态分布的分位数为横坐标，样本值为纵坐标。

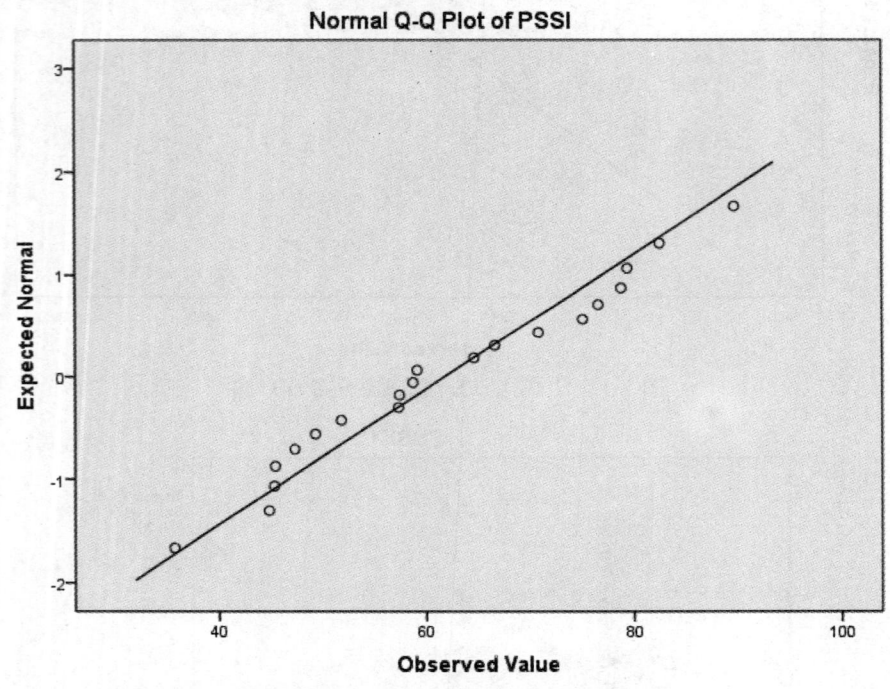

图 5.19 2010 年 PSSI 值正态分布 Q-Q 图

由上述拟合结果可知，2004 年（罩面前）及 2010 年（罩面后）PSSI 检测数据均服从正态分布，故在确定路面行驶质量指数可靠度时认为 PSSI 值服从正态分布。

4. 路面抗滑性能指数 SRI 的分布拟合

（1）2004 年（罩面前）SRI 值的分布拟合检验

对 2004 年 SRI 检测值进行正态分布拟合，如图 5.20 所示。

对抽样总体在置信度为 95% 的情况下是否服从正态分布进行 K-S 检验，检验结果如表 5.12 所示：

第 5 章 路面性能检测时机确定方法

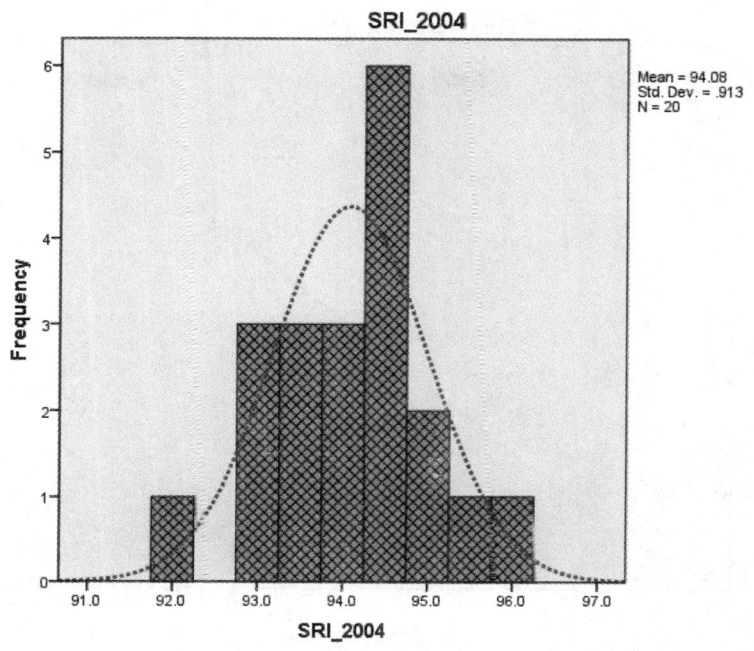

图 5.20 2004 年 SRI 正态分布拟合

表 5.12 2004 年 SRI 正态分布 K-S 检验

样本容量 N	均值 (0.01mm)	标准差 (0.01mm)	K-S 检验		
			S	P 值	检验结果
20	94.08	0.913	0.20	0.05	是

利用 K-S 检验,绘制该抽样总体对应于正态分布的 Q-Q 图,其中由标准正态分布的分位数为横坐标,样本值为纵坐标。

(2) 2010 年(罩面后)SRI 值的分布拟合检验

对 2010 年 SRI 检测值进行正态分布拟合,如图 5.22 所示。

对抽样总体在置信度为 95% 的情况下是否服从正态分布进行 K-S 检验,检验结果见表 5.13。

表 5.13 2010 年 SRI 正态分布 K-S 检验

样本容量 N	均值 (0.01mm)	标准差 (0.01mm)	K-S 检验		
			$S_{ig.}$	P 值	检验结果
20	78.3	7.301	0.08	0.05	是

利用 K-S 检验,绘制该抽样总体对应于正态分布的 Q-Q 图,其中由标准正态分布的分位数为横坐标,样本值为纵坐标。

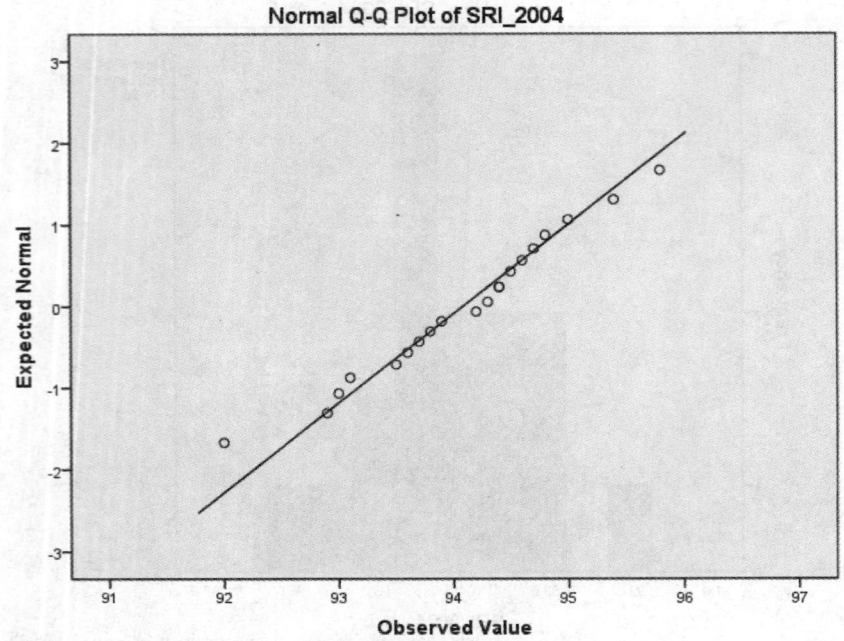

图 5.21 2004 年 SRI 值正态分布 Q-Q 图

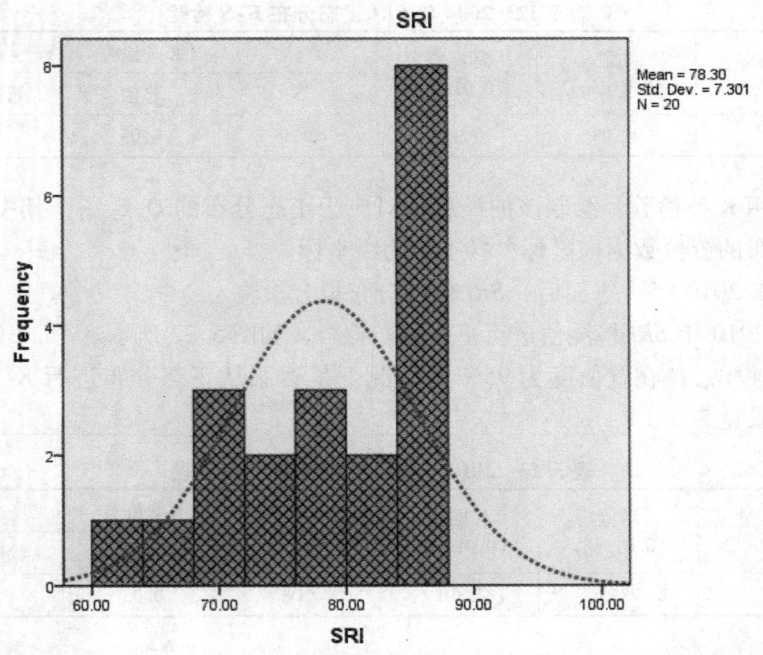

图 5.22 2010 年 SRI 正态分布拟合

第5章 路面性能检测时机确定方法

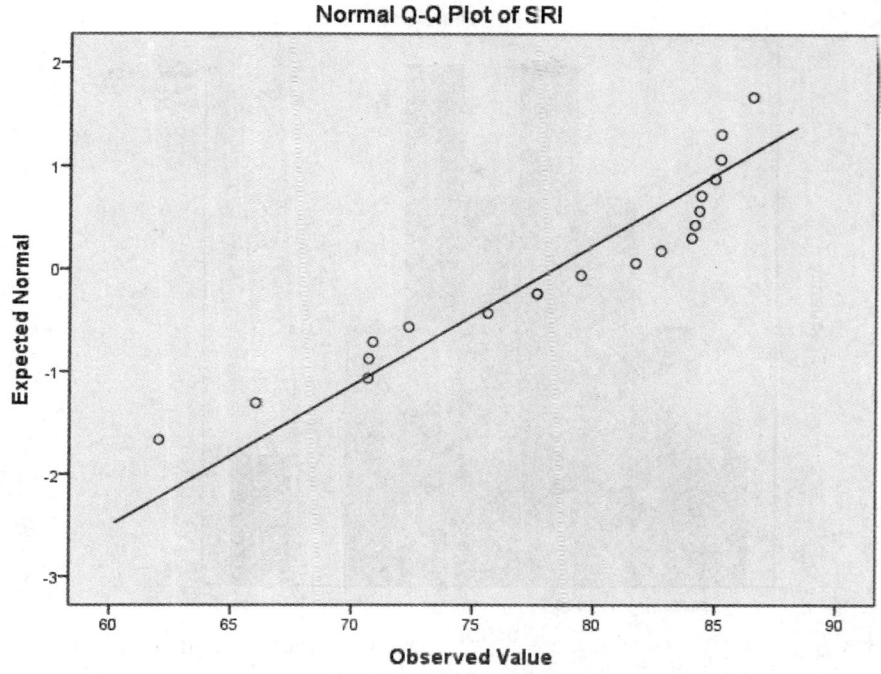

图5.23 2010年 *SRI* 值正态分布 Q-Q 图

由上述拟合结果可知,2004年(罩面前)及2009年(罩面后)*SRI* 检测数据均服从正态分布,故在确定路面行驶质量指数可靠度时认为 *SRI* 值服从正态分布。

5. 路面抗滑性能指数 RDI 的分布拟合

(1) 2004年(罩面前) *RDI* 值的分布拟合检验

对2004年 *RDI* 检测值进行正态分布拟合,如图5.24所示。

对抽样总体在置信度为95%的情况下是否服从正态分布进行 K-S 检验,检验结果如表5.14所示:

表5.14 2004年 *RDI* 正态分布 K-S 检验

样本容量 N	均值 (0.01mm)	标准差 (0.01mm)	K-S 检验		
			S	P 值	检验结果
20	89.08	2.033	0.20	0.05	是

利用 K-S 检验,绘制该抽样总体对应于正态分布的 Q-Q 图,其中由标准正态分布的分位数为横坐标,样本值为纵坐标。

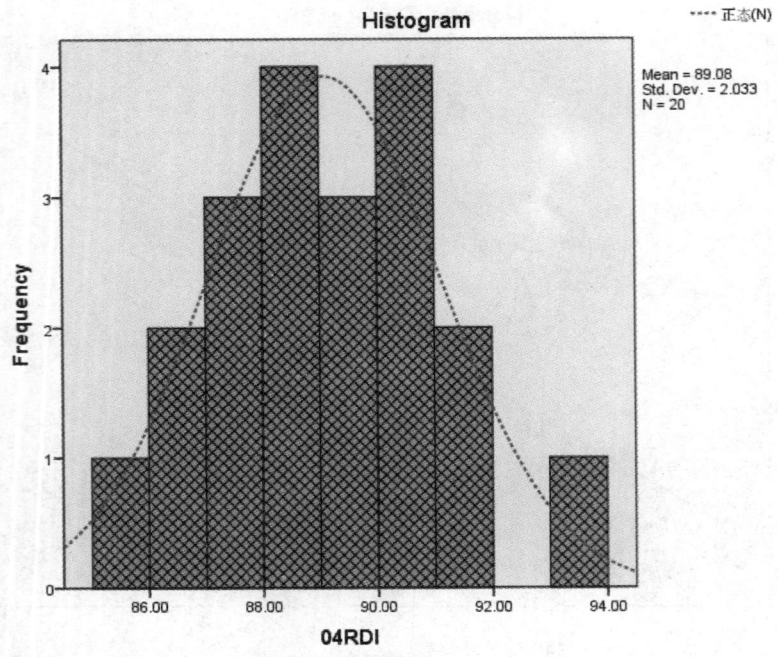

图 5.24　2004 年 RDI 正态分布拟合

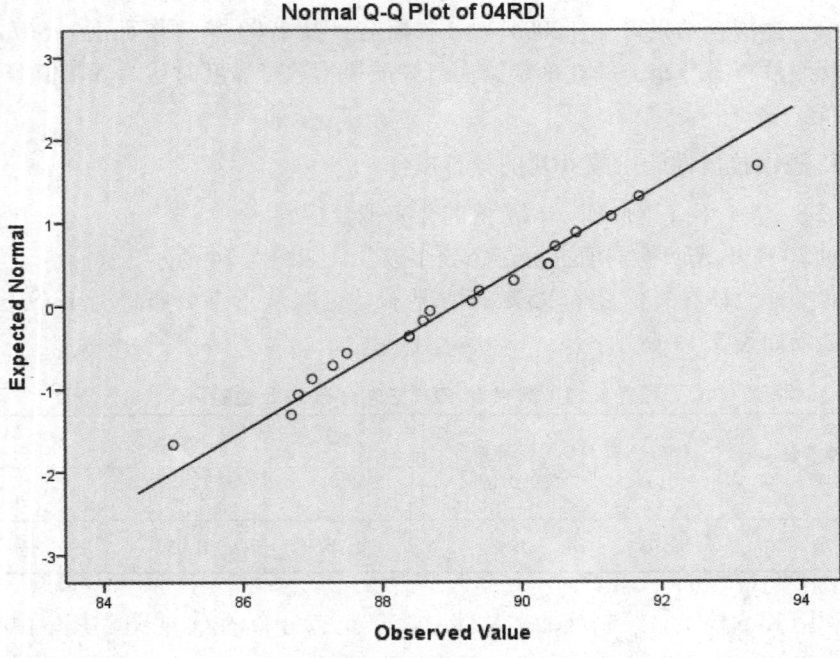

图 5.25　2004 年 RDI 值正态分布 Q-Q 图

（2）2010 年（罩面后）RDI 值的分布拟合检验

对 2010 年 RDI 检测值进行正态分布拟合，如图 5.26 所示。

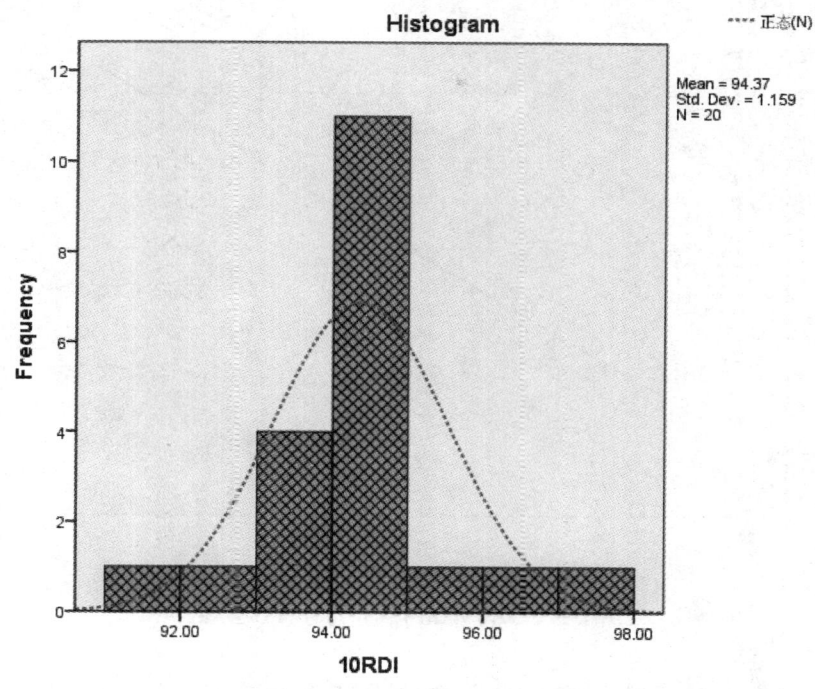

图 5.26　2010 年 RDI 正态分布拟合

对抽样总体在置信度为 95% 的情况下是否服从正态分布进行 K-S 检验，检验结果见表 5.15。

表 5.15　2010 年 RDI 正态分布 K-S 检验

样本容量 N	均值 (0.01mm)	标准差 (0.01mm)	K-S 检验		
			S_{ig}	P 值	检验结果
20	94.37	1.159	0.056	0.05	是

利用 K-S 检验，绘制该抽样总体对应于正态分布的 Q-Q 图，其中由标准正态分布的分位数为横坐标，样本值为纵坐标。

由上述拟合结果可知，2004 年（罩面前）及 2009 年（罩面后）RDI 检测数据均服从正态分布，故在确定路面行驶质量指数可靠度时认为 RDI 值服从正态分布。

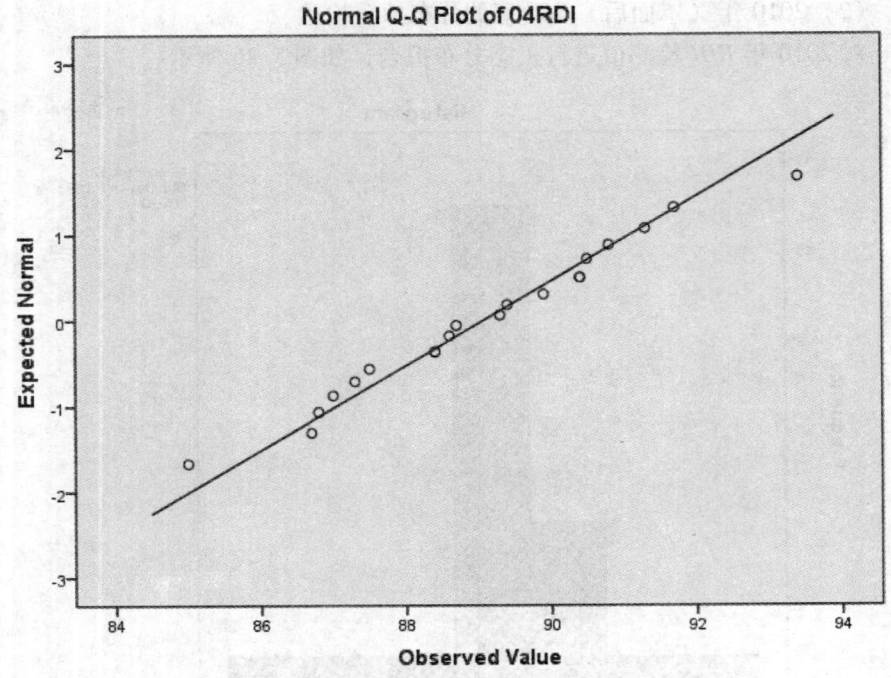

图 5.27　2010 年 RDI 值正态分布 Q-Q 图

5-2-4　基于路面性能指标方差的路面可靠性确定

根据 AASHTO《路面设计指南》对于不同功能等级的公路所建议的可靠度水平，综合京秦高速公路的实际状况、道路等级、服务水平、环境等综合因素，在保证道路寿命的前提下，考虑经济因素，最终确定在京秦高速公路的周期优化过程中路面行驶质量指数 RQI、路面状况指数 PCI、路面结构强度指标 PSSI、路面性能抗滑指数 SRI 以及路面车辙深度指数 RDI 的可靠度限值取 80% 为宜。

以路面状况指数 PCI 为例，2001~2018 年 PCI 可靠度值的确定过程如下：

1. 2001 年 PCI 值的可靠度确定

已知 2001 年的路面状况指数服从正态分布，$\mu = 99.57$　$\sigma^2 = 0.7$，则 2001 年的路面状况指数的可靠度

$$P_{2001} = P(x \geq 80) = 1 - P(x \leq 80) = 1 - \phi\left(\frac{80 - 99.57}{0.84}\right) = 1$$

2. 2002 年 PCI 值的可靠度确定

已知 2002 年的路面状况指数服从正态分布，$\mu = 99.38$　$\sigma^2 = 18.61$，则

第5章 路面性能检测时机确定方法

2002 年的路面状况指数的可靠度

$$P_{2002} = P(x \geqslant 80) = 1 - P(x \leqslant 80) = 1 - \phi\left(\frac{80 - 97.23}{4.31}\right) = 1$$

3. 2003 年 PCI 值的可靠度确定

已知 2003 年的路面状况指数服从正态分布，$\mu = 89.6$，$\sigma^2 = 147.14$，则 2003 年的路面状况指数的可靠度

$$P_{2003} = P(x \geqslant 80) = 1 - P(x \leqslant 80) = 1 - \phi\left(\frac{80 - 89.6}{12.13}\right) = 0.812$$

以此类推，可求得路面状况指数 PCI 可靠度其他年限的可靠度值，以及在可靠度为 80% 的情况下路面状况指数 RQI、路面结构强度指数 PSSI、路面性能抗滑指数 SRI 以及路面车辙深度指数 RDI 的可靠度，最终计算结果见表 5.16。

表 5.16 可靠度限值为 80% 时性能指标各年可靠度

年份 \ 性能指标	PCI	RQI	PSSI	SRI	RDI
2001	1.0	1.0	1.0	1.0	1.0
2002	1.0	1.0	1.0	1.0	1.0
2003	0.812	1.0	1.0	1.0	0.909
2004	0.559	0.980	0.998	0.690	0.525
2005	0.282	0.996	0.999	0.362	0.415
2006（罩面）	0.987	1.000	1.000	1.000	0.998
2007	0.878	0.969	0.993	0.903	0.875
2008	0.508	0.832	0.967	0.497	0.504
2009	0.267	0.947	0.887	0.350	0.419
2010（罩面）	0.995	0.997	1.000	0.934	0.894
2011	0.869	0.985	1.000	0.842	0.497
2012	0.573	0.877	0.998	0.390	0.413
2013	0.422	0.820	0.982	0.275	0.371
2014	0.343	0.756	0.922	0.231	0.347
2015	0.293	0.698	0.824	0.204	0.330
2016	0.249	0.646	0.704	0.185	0.318
2017	0.213	0.598	0.577	0.172	0.309
2018	0.199	0.557	0.468	0.161	0.302

5-2-5　确定最佳检测周期

1. 京秦高速公路路面行驶质量指数 RQI 的检测周期的确定

根据 2001~2018 年的路面行驶质量指数值 RQI 的可靠度值,以年份为横坐标,可靠度值为纵坐标,做出 2001~2018 年的路面状况指数 PCI 的可靠度变化趋势见图 5.28。该图反映了路面行驶质量指数值 RQI 的可靠度随时间变化趋势,因罩面后路面性能得到一定的提升,故动态的周期检测更具科学、合理性。以上分析得可靠度限值取 85% 为宜,则可靠度值低于该限值的点即为最佳检测点。

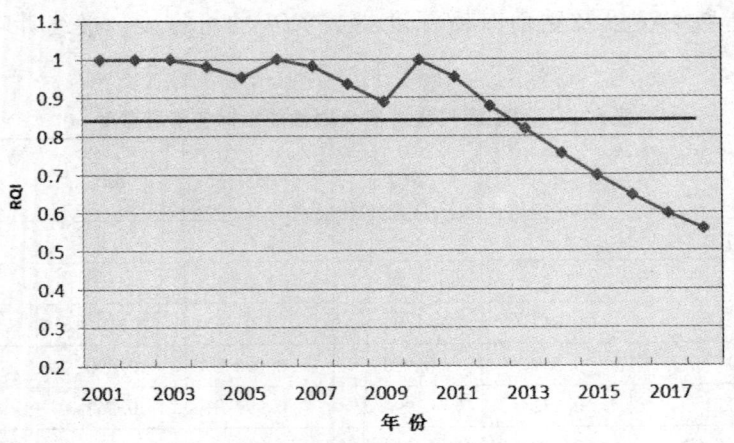

图 5.28　RQI 最佳检测时机确定

经验表明夏季气温过高,冬季温度过低,对检测不利,因此一般在一年的春季、秋季进行路面检测,结合以上周期优化图表得出基于最优寿命周期费用,及以可靠度为约束的路面行驶质量指数值 RQI 的最佳检测周期见表 5.17。

表 5.17　路面行驶质量指数值 RQI 的最佳检测周期

检测次序	第一次	罩面	罩面	第二次
时间	2003	2005	2009	2013

2. 京秦高速公路路面状况指数 PCI 的检测周期的确定

路面状况指数 PCI 的可靠度变化趋势,如图 5.29 所示。

第5章 路面性能检测时机确定方法

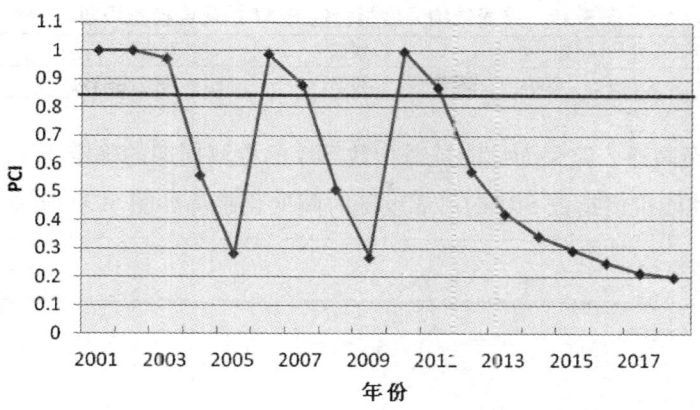

图 5.29 PCI 最佳检测时机确定

同样有以上分析夏季气温过高，冬季温度过低，对检测不利，因此一般在一年的春季秋季进行路面检测，结合以上周期优化图表得出基于最优寿命周期费用，及以可靠度为约束的路面状况指数 PCI 的最佳检测周期见表 5.18。

表 5.18 路面结构强度指标值 *PCI* 的最佳检测周期

检测次序	第一次	第二次	罩面	第三次	第四次	罩面	第五次	第六次
时间	2003	2004	2005	2007	2008	2009	2011	2012

3. 京秦高速公路路面结构强度指标值 *PSSI* 的检测周期的确定

路面结构强度指标值 PSSI 的可靠度变化趋势如图 5.30 所示。

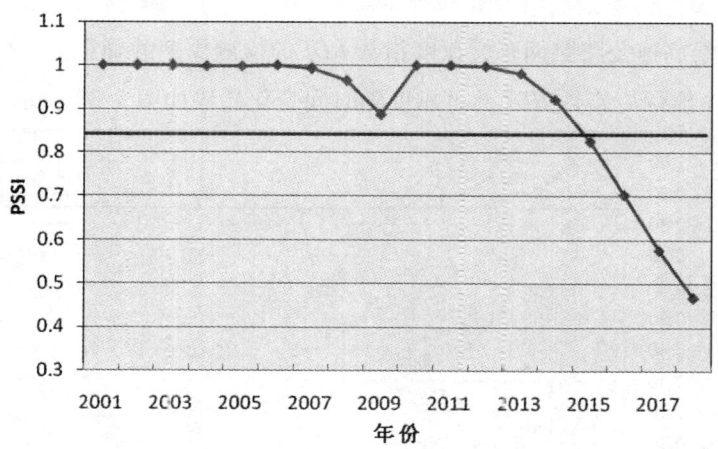

图 5.30 最佳检测时机确定

路面结构强度指标值 *PSSI* 的最佳检测周期见表 5.19。

表 5.19　路面结构强度指标值 $PSSI$ 的最佳检测周期

检测次序	第一次	罩面	罩面	第二次
时间	2003	2005	2009	2015

4. 京秦高速公路路面性能抗滑指数 SRI 的检测周期的确定

路面性能抗滑指数 SRI 的可靠度随时间变化趋势如图 5.31 所示。

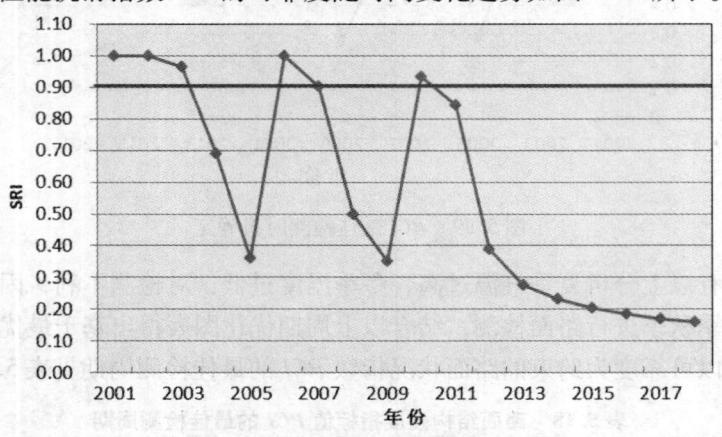

图 5.31　SRI 最佳检测时机确定

路面性能抗滑指数 SRI 的最佳检测周期见表 5.20。

表 5.20　路面性能抗滑指数 SRI 的最佳检测周期

检测次序	第一次	第二次	罩面	第三次	第四次	罩面	第五次	第六次	第七次
时间	2003	2004	2005	2007	2008	2009	2010	2011	2012

5. 京秦高速公路路面车辙深度指数 RDI 的检测周期的确定

路面车辙深度指数 RDI 的可靠度随时间变化趋势如图 5.32 所示。

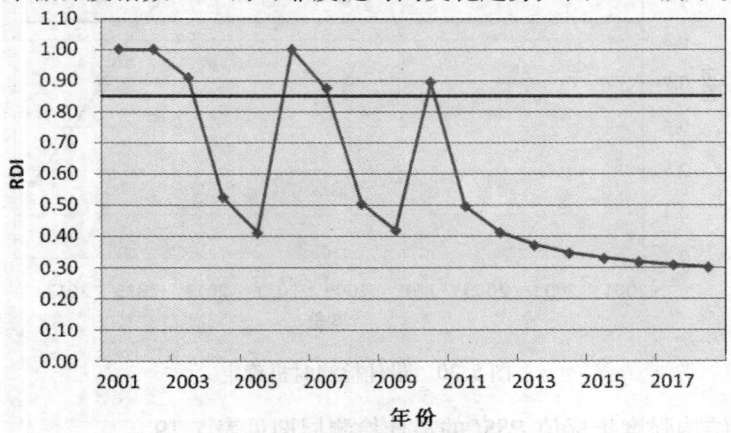

图 5.32　RDI 最佳检测时机确定

第5章 路面性能检测时机确定方法

路面车辙深度指数 RDI 的最佳检测周期见表5.21。

表5.21 路面车辙深度指数 RDI 的最佳检测周期

检测次序	第一次	第二次	罩面	第三次	第四次	罩面	第五次	第六次	第七次
时间	2003	2004	2005	2007	2008	2009	2010	2011	2012

5-2-6 基于可靠性的周期优化模型与定周期检测的比较

以路面结构强度指数 $PSSI$ 为例介绍本研究阐述的周期优化结果与定周期检测结果的比较：

（1）采用潘玉利推荐频率确定 $PSSI$ 的检测周期见表5.22。

表5.22 潘玉利推荐频率

检测次序	第一次检测	第二次检测	第三次检测	第四次检测	第五次检测	第六次检测	第七次检测
检测时间（年）	2001	2003	2005	2007	2009	2011	2013

（2）按《高速公路沥青路面养护技术规范》规定的检测时机建议值确定的 $PSSI$ 的检测周期见表5.23。

表5.23 《高速公路沥青路面养护技术规范》推荐频率

检测次序	第一次检测	第二次检测	第三次检测	第四次检测	第五次检测	第六次检测
检测时间	2001年	2002年	2003年	2004年	2005年	2006年
检测次序	第七次检测	第八次检测	第九次检测	第一次检测	第十一次检测	第十二次检测
检测时间	2007年	2008年	2009年	2010年	2012年	2013年

（3）若道路不进行罩面处理，道路处于自然衰变下的检测频率如下：

按现行《公路技术状况评定标准》（JTG H20）评定，当高速公路及一级公路的路面损坏状况指数评价为中及中以下，或者二级及二级以下公路的路面损坏状况指数评价为次及次以下时，应采取中修罩面措施。在此，我们将 $PSSI=80$ 作为指标下限，则路面结构强度指数 $PSSI$ 的可靠度随时间变化趋势如图5.33所示，由图得检测频率见表5.24。

表5.24 周期优化所得检测周期

检测次序	罩面	罩面	第一次
时间	2005	2009	2015

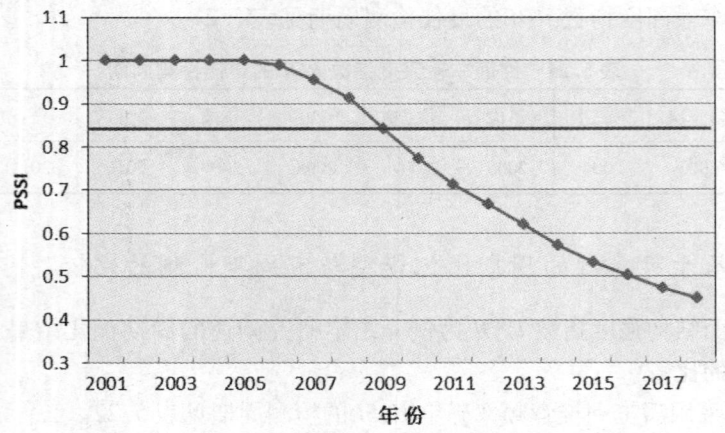

图 5.33　未经罩面的 PSSI 可靠度变化曲线

（4）基于可靠性的 PSSI 检测周期优化结果

以上比较结果显示，常规的定周期检测方案与路面性能变化并不一致，如 2001 年～2004 年通车初期路面状况良好状态，检测过于频繁造成人力和经费的浪费，而道路寿命中后期路面状况恶化迅速状态下，检测频率又过于稀疏造成不能及时养护而形成安全隐患，影响道路寿命。罩面前后道路检测频率的对比很好地反映了罩面处理对路面性能的影响，如路面结构强度指数 PSSI 值，假设从通车至今未进行过罩面处理，道路处于自然衰变状态下的第一个检测点为 2009 年，且之后每年都需检测。已知，京秦高速于 2005 年、2009 年分别进行了大规模罩面，从而改善道路使用性能，增加道路寿命，模型计算得首次检测应在 2015 年，比自然状态衰变下的道路延长了 6 年之久，足以证明道路的罩面维修对提高路用性能，延长道路寿命有着重要的意义。

综上所述，本研究阐述的基于可靠度的周期优化模型正是以路面性能变化规律为基础，以使道路检测与路面性能变化规律相一致，从而减少不必要的路面性能检测次数，并提高路面性能检测准确度，从而提高路面的使用寿命，降低公路的养护运营成本，大大提高公路的使用效益，带来巨大的经济和社会效益。

第6章 预防性养护技术综述

6-1 预防性养护基本概念

2000年AASHTO在描述预防性养护（Preventive Maintenance）时对其的定义是："公路预防性养护是一种有成本效益的处治计划策略，它针对已建的公路系统以及其附属设施，延缓其发生破坏的时间，并保持或提高系统功能性能状况，但不增加结构承载力。"通俗地讲，预防性养护实质上就是早期防御性养护，它的作用在于通过一些前置的措施方法，使道路及其构造物内部和外部的病害隐患与不利的条件得到遏制、改善，保证其在正常的运营条件下，实现或延长设计使用寿命。必须明确的是，预防性养护仅仅适用于路面表面层的修复，而不能解决结构上已经存在的问题。

美国联邦公路管理局对预防性养护措施的定义如下：为了防止路面早期破坏和延迟路面破坏的进程而采取的措施，其目的是延缓路面的破坏，增加路面的使用寿命。我国的沥青路面预防性养护的定义就是通过定期的路况调查，及时发现路面轻微破损与病害迹象，分析研究其产生原因，对症采取保护性养护措施，以防止微小病害进一步扩大，减缓路面使用性能的恶化速度，使路面始终保持良好的服务状态的一种养护方法、养护理念。预防性养护可以延长路面的使用寿命，提高路面的服务效能，节约养护维修资金，是一项费用—效益比非常可观的养护技术方法，通常用于尚未发生损坏或只有轻微病害的路面。

在预防性养护中使用的材料，其性能好坏，直接关系到养护寿命的长短与资金投入的多少。因此，预防性养护材料是研究预防性养护技术的切入点，然而材料必须借助于一定的施工技术手段去实施。目前国内外应用的预防性养护技术概括起来主要有裂缝填封（crack sealing）、表面封层（surface sealing）、薄层罩面（thin overlay）三种类型。

裂缝填封针对于原路面的局部裂缝，如果没有伴随出现较大范围的轻微网裂，只有少数几条可以比较明显区分的裂缝，裂缝填封可保持沥青路面良好状况，防止因水的渗透使路面裂缝扩大，从而避免造成更加严重的唧浆、坑槽等病害，裂缝填封是常用的养护措施。根据工程养护实践，对沥青路面产生的裂缝及时选用性能优越的灌缝密封材料进行有效的填封处理相当重要。及时对沥青路面裂缝实施有效的填封可大大减少坑槽的形成和裂缝的进一步发展，有效地减缓道路使用功能的退化，防止路面状况指数指数（PCI）迅速下降，从而使道路的使用寿命延长。

在已有路面上铺设一层防护层来保护原有路面的方法是预防性养护采取的主要手段，根据路况的破损情况、要求恢复的表面功能，可以将铺设的保护层分为表面封层类和薄层罩面类两种。铺设保护层应该是在原路面上大面积实施，表面封层和薄层罩面可以同时处治路面的多种病害，达到综合治愈的目的。

表面封层类根据实施的材料不同可以分为：雾封层（fog seal）、石屑封层（chip seal）、还原剂封层（reducing agent seal）、稀浆封层（thin slurry seal）、微表处（microsurfacing）等。雾封层是将雾状的乳化沥青喷洒到原沥青路面上，其目的是更新表面被氧化的沥青、填封微小裂缝和空隙、路面防水以及抑制松散，一般期望使用寿命约 3~4 年；石屑封层是在路面表面上喷洒一层沥青材料（通常使用乳化沥青），紧接着撒布砂、单粒径或适当级配的集料来覆盖，并紧跟着进行碾压的一种表面处治技术。它一般应用在低交通量的道路上，通常作为无荷载型裂缝路面的封层或者改善抗滑阻力，主要起到防止水分的渗入，改善路面抗滑性和耐磨性，提高路面使用性能的作用；还原剂封层是将具有使老化沥青的性能部分回复或者全部回复的还原剂喷洒到老化的沥青路面上，通过还原剂的渗透作用，深入沥青面层一定深度处，与已经老化的沥青膏体发生聚合反应，使得老化沥青的组分发生逆向变化，回复柔韧性减少脆性，同时保护尚未老化的沥青，使之延缓老化，适用于原路面在使用过程中由于光照、温度、行车荷载等作用造成的沥青路面老化明显，路面出现大范围的轻微网裂，局部松散现象的路面；稀浆封层技术作为微表处技术的基础，主要应用于较低等级的公路，而微表处技术则广泛应用于高等级公路的养护中，在欧美发达国家的高等级公路维修中得到推广，可以有效地防止路表水的下渗，提高路面抗磨耗性能和抗滑性能，并同时完成对原路面车辙的修复，可在施工后 1~2h 内开放交通，减少施工对交通的影响；同步碎石封层技术近几年也有很大的发展，它是对石屑封层技术的改良，采用专用设备即同步碎石封层车将碎石及粘结材料（改性沥青或改性乳化沥青）同步铺撒在路面上，通过自然行车碾压作用，形成单层沥青碎石磨耗层，这种技术能有效治愈路面松散、轻微网裂、车辙、沉陷等病害，使路面具有良好的抗滑性能和防渗水性能。

薄层罩面按照实施方法的不同可分为冷薄层罩面和热薄层罩面两类。冷薄层罩面就是在常温下就可以实现施工，不需要对材料进行加热，具有施工方便、快捷、中断交通时间短等优点，目前应用较多的冷薄层罩面工艺的技术主要是乳化沥青或乳化改性沥青混合料。热薄层罩面相对于冷薄层罩面而言需要对材料进行加热，方可施工。热薄层罩面按照级配类型不同可以分为开级配、密级配、间断级配；按照实施的材料不同又可分为普通沥青混凝土（AC）薄层罩面、沥青玛蹄脂碎石结合料（SMA）罩面、多碎石沥青混凝土（SAC）罩面、超薄橡胶粉改性沥青罩面等。热薄层罩面可以防止路面品质下降、恢复路面的抗滑阻力、修复路面的缺陷和轮廓，用于处治综合病害，这种养护的成本一般较高。

以上三种预防性养护方法如果从材料和工艺角度分类，进一步分为以下四种类型：裂缝填封类、表面涂刷型封层、封层类、罩面类，并分四个小节分别对其阐述。这是因为，预防性养护技术实施中所用的预防性养护材料的性能以及预防性养护技术的施工工艺的先进合理与否，直接决定养护效果的好坏。

6-2　裂缝填封类预防性养护方法

裂缝填封是常用的养护措施，能有效实现裂缝填封，防止因水的渗透导致路面裂缝扩大，避免造成更加严重的唧浆、坑槽等病害，从而减缓道路使用功能的退化，防止路面状况指数指数 PCI 迅速下降，延长道路使用寿命。

裂缝是沥青路面常见的一种病害，从养护工艺的角度来看，裂缝可按其缝宽分为微裂缝或发裂（2mm 以下）、微小裂缝（2～6mm）、小裂缝（6～12.7mm）、中裂缝（12.7～25mm）、大裂缝（>25mm），其中 6mm 以内的裂缝属于预防性养护的范围。裂缝填封是道路养护最经济的方法之一，为避免由于水的渗透对道路造成的损坏，填封裂缝是绝对必要的，使用恰当的技术能确保裂缝填封的有效性，从而大大延长道路的使用寿命。

对于发裂来说一般不需作处理，除非在单位面积内的发裂十分多，则可以在其上作表面封层的处理。2～6mm 的微小裂缝由于尚未发生结构性损坏，通常不对裂缝作更多的处理。只在表面上作贴封式的封面，其目的是防止由于雨水、冰雪通过裂缝向下渗入而继续扩大。6mm 以下的微小裂缝，尤其是 2mm 以下的微裂缝用普通的热沥青或乳化沥青进行密封处理，由于很难渗入裂缝深处，封层的厚度又很薄，不易取得良好效果，因而通常不作任何处理，但是这又存在潜在危害。因此，研究微小裂缝处理技术是个关键性问题。

微小裂缝处理技术的新进展主要得力于裂缝密封材料的不断改进，由于橡胶沥青技术的发展，出现了许多高黏度高粘弹性的裂缝密封胶，它们具有非常高的承受弹塑性变形的能力，这就使得微小裂缝的贴封式处理成为可能。许多国家的经验表明对微小裂缝，特别是低温裂缝在裂缝形成初期就用高黏度的密封胶作贴封式处理是非常有效的，它可以防止雨雪渗入裂缝，避免水分侵入混合料内部发生冻胀或沥青剥落而导致病害的进一步扩大和更为严重的路面损坏。2003年,山东省的17个地级市统一配备了先进的灌缝设备和材料,当年完成沥青路面灌缝260余万延米,经历了连续两年的强降雨的考验,并未发现灌缝材料失效迹象,这表明灌缝材料能够有效遏制路面病害的出现和发展。

目前普遍采用的裂缝填封材料可分成三种类型。第一类是热灌式橡胶地沥青,因其价格最为低廉,对施工人员的要求不苛刻而受到广泛采用,主要工艺包括普通热沥青灌缝,改性热沥青灌缝。近年来,美国CRAFCO公司也研制了适用于不同场合的改性沥青密封胶,有加热施工的,也有只需冷施工的,有适合寒、温、热三种不同气候带使用的,灌缝效果优于普通热沥青和改性热沥青的灌缝效果,但是价格较高;第二类是有机硅树脂,由于其黏度太大,不宜充分渗入裂缝,且对施工条件要求高,既费时又昂贵,故大多用于密封新建混凝土路面的接缝;第三类是冷灌式填缝料,是以乳化地沥青为基本物质的填缝料,其受限制条件较少,不需加热使用,可用在潮湿的路面、有灰尘的壁面,其性能影响较小,典型材料是乳化沥青材料和改性乳化沥青。近些年,随着沥青改性技术的发展,以改性沥青为基本物质的新型填缝料不断地被研制出来,如1995年美国公路部门研究出一种CRF-PM聚合物改性乳液,具有很好的弹性、流动性和粘结力,不受季节和气候的影响,填缝后能牢牢地粘附在沟缝壁上,和路面连成一体。施工时,只要将CRF-PM聚合物改性乳液放到一个专用壶中,由人工浇入裂缝中,再铺砂子,即可开放交通。此外,沥青路面裂缝填封材料还包括抗裂贴、压缝带等,不同的材料,施工方法和有效寿命也不同,一般来说都是采用灌缝的方式,使用寿命从几个月到几年不等。

6-2-1 普通热沥青或改性热沥青灌缝

沥青具有粘弹特性,可以保证封堵裂缝,防止水分的侵入,灌缝的沥青通常采用重交通AH-90号基质沥青,有时为保证较好的封堵效果,也可采用软化点较高、粘附性较好、温感性较好的改性沥青,如SBS改性沥青。具体做法为,将沥青加热(150℃~160℃)后直接灌入裂缝中,待沥青温度降至常温后即可开放交通。此种方法操作简单,投入的设备和人员较少,修补费用较低,速度较快。但存在以下缺点:(1)由于裂缝未清扫,裂缝面两侧粘结不牢固,通常第二年需重新灌缝,造成投入养护的累计费用增加;(2)夏季高温时,沥青体积膨胀溢出路面被行车带走,既污染路面影响路面美观又使得封缝材料容易流失;(3)冬季低温时,沥青容易发生脆断而失去封缝作用;(4)未经过开槽处理,不能保证沥青的灌入深度;(5)施工作业面广、离散且作业时间长,增加了作业的危险性。总体来看,这类灌缝材料易发生老化而失去粘弹性质，养护效果不佳。

6-2-2 溶剂型常温改性沥青材料灌缝

溶剂型改性沥青就是在普通沥青中加入 SBR 等改性剂改性而成的，常温下具有流动性（施工时不需加热），具有良好的低温稳定性和渗透性，这种方法优点是设备比较简单。每套设备每天可完成 300～1000m 灌缝，灌缝效果较好，使用寿命一般在 3～5 年。缺点是材料较贵，约为 8000～10000 元/t，折合 10 元/m 左右。具体方法是将溶剂型改性沥青盛入改装过的煤气罐（不超过其体积的 2/3）中，气泵加压至 4MPa，向裂缝中灌入，一般灌缝 2～3 遍，撒细砂抹平，即可开放交通。

6-2-3 灌缝胶处理裂缝

灌缝胶（又称密封胶）绝大多数是从国外引进的，如美国科莱福公司的密封胶产品和美国爱特易国际公司的 DF 系列产品等，根据材料组成和性质可将灌缝胶分为两类：一类为沥青改性类；另一类为化工胶类。在选择材料时，应根据产品特点及所在地区的气候条件、养护道路的情况等综合考虑选定，以获得最佳的使用效果。比较常用的灌缝胶选用多种高分子聚合物等成分加工而成的沥青橡胶类灌缝胶。具有粘结能力强、弹性好、拉伸量大、不溶于水、不渗水、高温时不流淌、低温时不脆断和耐久性好等性能，由于我国目前还没有针对沥青路面灌缝材料的技术标准，技术性能指标控制可参考美国 ASTM D6690-01 规范要求，见表 6.1。

灌缝胶处理裂缝方法的工艺概括为：半幅封闭交通→施工放样→裂缝开槽→清槽→加热灌缝胶→灌缝→贴封→失粘→养护修善→清理现场→开放交通。由于增加了开槽清槽步骤，使得缝面更加规整，增加了与灌缝材料的粘结性能，灌缝胶处理裂缝效果好，因而应用很广。

表 6.1 美国密封胶技术性能指标

试验项目	试验方法	技术要求	
		Ⅰ型	Ⅱ型
针入度，25℃，0.01mm，最大	ASTM D 5329	90	90
弹性恢复，25℃，%，最小	ASTM D 5329	—	60
流动度，60℃，mm，最大	ASTM D 5329	5	3
沥青兼容性	ASTM D 5329	通过	通过
粘结拉伸试验，-18℃	ASTM D 5329	-18℃拉伸50% 5循环通过	-29℃拉伸50% 3循环通过

6-2-4 抗裂贴处理裂缝

抗裂贴为 1.3mm 厚的聚合防水膜涂在 0.3mm 厚的抗皱重载型聚丙烯机织物上,两种材料经严格工艺碾压制成宽度 97.8mm 的卷材。抗裂贴适于裂缝病害已发展,面层边部一定范围内混合料已发生松动,但结构层尚好,单纯灌缝处理不能较好地解决水分浸入的情况。该方法是将病害处切槽清出,灌缝后进行抗裂贴处理,加铺新面层,其施工工艺可以概括为:切槽→清缝→清槽→灌密胶→涂底层油→铺抗裂贴→加铺新面层。聚合防水膜涂层、底层油处治以及灌缝处理,有效地防止了水分的浸入,聚合防水膜涂层与下部结构层的有效联结,以及其较小的厚度,保证上面层不会发生荷载疲劳破坏,相当宽度上的聚合防水膜涂层的存在,一定程度上分散了裂缝发展可能产生的应力集中。聚丙烯机织物有效地分散了由于聚合防水膜涂层(厚度较小)的存在,加铺层下缘可能出现的拉应力。

6-2-5 压缝带处理裂缝

压缝带是一种以沥青、改性剂为主要成分的宽度不等的带状产品,其上有一层塑料薄膜保护压缝带的上表面不受污染,可分为自粘型和热粘型两种。目前市场上使用的主要是深圳魁道公司 2005 年从欧洲引进的新型裂缝处治材料。自粘型压缝带黏度较大,粘结力强,在常温下就可以使用;热粘型压缝带使用前要用液化气喷枪烧烤缝面,并用余温烧烤压缝带使其软化后方可使用。魁道压缝带按照丹麦 DIN4062 测试标准,进行了以下测试,技术数据见表 6.2。

表 6.2 魁道压缝带按照丹麦 DIN4062 测试标准技术数据表

性能	测试结果	推荐值	方法
抗老化质量的改变率(%)	+0.011	最大 2.0	U12DIN1995
软化点(℃)	103	最小 100	PANK1112
抗冷性 0±1℃ 1. 用测试球进行降落测试 2. 测试球加热后进行降落测试(100℃/15 小时)	在降落测试中,3 个测试球都没有开裂	2/3 的测试球不会裂开	DIN1996 Teil 18
加热改变球的形状(50℃/24 小时),测试球 D/H	1.43	最大 4.0	DIN1996 Teil 17
弯曲 0±1℃,弯曲棒的直径 50mm,弯曲度 180℃,5s	2 个测试棒(长度 400mm)没有裂开	测试样品不会裂开	DIN 53152

第6章 预防性养护技术综述

用魁道压缝带处理过的裂缝，在裂缝之间的有很强的粘结力，裂缝两边区域强度得到了补充；弹性好（低温下仍具备）允许周围环境的移动；防水能力强；防止生物化学品的侵蚀能力强，封缝效果优于传统的灌缝措施，再加上使用魁道压缝带无需设备投入，只要一只液化气灌和一支喷枪；无需扩缝，不会在裂缝两边形成更细微的裂缝；施工简便，只需将标准宽度为 12cm 的压缝带，根据路面裂缝的实际宽度，裁剪成需要宽度即可；安装快捷，只需用工具轻压撒砂，实现即时开放交通，经长期观测和试验观测发现其耐久性良好，可以很好的推广使用。

6-3 表面涂刷（喷洒）型预防性养护方法

雾封层和还原剂封层从施工角度来看，主要是采用喷洒（涂刷）的施工方法，在沥青路面表面增加一个薄薄的养护层以达到防水、封缝、抗老化等预防性养护的目的，只不过是喷洒（涂刷）的材料不同。因此，这里将采用这种工艺的材料统称为表面涂刷（喷洒）型预防性养护材料，相应的技术方法就称为表面涂刷（喷洒）封层技术。

这种表面涂刷（喷洒）型预防性养护材料目前在市场上有很多产品，比如美国的沥青面层养护再生剂，简称沥再生；TL-2000 聚合路面强化剂；深圳魁道公司的魁道沥青复原剂 CAP；常州东泰交通公司代理的 ERA-C 沥青再生剂；上海敬诚公司代理的美国 STAR-SEAL 公司生产的 SUPREME 牌路面封涂层（又称美国一号）、沥青再生剂 PDC、添再生、沥青路面养护剂 PS 等等，这类产品具有一些共同特点：

1. 抗老化性能

能使经过受紫外线长时间照射已经部分老化的沥青路面恢复柔韧性，并能够保护未老化部分的沥青，起到延缓或防止其老化的作用。

2. 防渗水功能

由于沥青路面在设计、施工方面的不合理以及使用过程中又是露天，受雨水、雪等自然环境的作用及行车荷载的碾压，路面表面层的空隙率加大，会形成许多微小裂缝，路面上的积水如果不能及时排走必然会通过这些微小裂缝或混合料空隙进入路面结构层内部，侵蚀结构层，造成结构层强度降低，形成所谓的水损害。因此，预防性养护材料必须能够起到保护路面结构，防止水分进入的作用。

3. 耐油污性能

检修中或行驶中的车辆因漏油而污染路面，腐蚀沥青混合料，使路面耐久性受到严重影响，对于这种油污污染，预防性养护材料要能够起到不同程度的防护作用，提高路面的耐油污性能。

4. 抗滑耐磨耗性能

已建成的路面，由于车轮的磨耗、冲击等作用，会使路面的构造深度降低，车轮和路面结构层的摩擦力降低，从而影响行车的安全性。表面涂刷（喷洒）型预防性养护材料由于在涂层硬化前撒了一层砂，有的产品甚至直接将耐磨性好的砂与封涂层材料共同搅拌均匀后再涂刷或喷洒，因而大大提高了原有路面的抗滑性能。

表面涂刷（喷洒）型预防性养护材料使用方便，所用施工机械也可以适当降低要求，施工机械条件不受限制时最好采用机械喷洒的方法，这样可以保证所喷洒材料的均匀性，在施工条件受到限制时也可以采用人工用橡胶滚刷涂刷的方法，但是这种方式没有采用机械喷洒的效果好，这是因为在喷洒过程中，要想使材料从喷嘴里喷出必须有一定的初始压力，这样尚保持有初始压力的材料喷出后在惯性作用下到达路表面，在重力作用下能够渗透到路表面一定深度内，典型表面涂刷类型介绍如下。

6-3-1 雾封层

简单地说雾封层就是利用专用雾封层洒布车在沥青面层上喷洒一层薄薄的、高渗透性乳化沥青或改性乳化沥青，以形成一层严密的防水层将路面封闭，起到隔水、防渗、保护路面功能的作用，能够最大限度地减少路面的水损坏造成的不利影响，加大沥青路面集料间的粘结力，由此达到延长路面使用寿命和节约养护资金的目的。雾封层采用沥青洒布车一次性施工，为一超薄喷洒层，要求喷洒层与下面层接触紧密、均匀，并具有良好的抗磨耗能力。雾封层一般用于轻度到中度细料损失或松散的道路，对于开级配混合料出现松散时，雾封层可有效地解决，无论低交通量道路还是高交通量道路均可使用雾封层。

雾封层技术主要用来处理沥青路面的渗水问题，沥青路面的绝大多数病害都是由于水的原因造成的，有效的预防路面进水是非常必须的，而路面雾封层技术是一种很直接、有效和经济的预防性养护措施。当沥青路面产生较密集的细微裂纹时，可选用 G21 型或 G22 型乳液喷洒，使乳液填充裂纹缝隙，以增强路面的防水性。经雾封层处理后，由于所用材料流动性比较大，可通过空隙

第6章 预防性养护技术综述

或者裂缝渗入到混合料中去,对路面进行"输血",从而恢复路表沥青粘附力,填补微小裂缝和空隙,防止路表水下渗,更新和保护旧氧化沥青路面,使低温下的路面免受损害;加深沥青路面的颜色;加大沥青路面与标线的对比度;防止开级配路面的松散。将路面性能维持2～3年时间,推迟造价更高的养护工程,提高了道路的经济效益。

6-3-2 还原剂封层

还原剂封层通常应用在沥青路面老化严重的路段上。众所周知,随着沥青路面的使用,路龄在不断增长,面层中的沥青在温度、光照、水、大气等自然因素作用和行车荷载作用下要逐渐发生老化。沥青的老化是一个很复杂的过程,存在有害介质(如大气中的紫外线的照射)和车辆的机械重压的作用,有多种物理和化学反应同时发生,例如:氧化,渗出硬化、物理硬化、挥发物的损失,这些因素导致沥青性能的改变:影响程度较轻时沥青变得无弹性、影响较大时沥青呈现明显的脆性,沥青层的抗低温开裂、抗疲劳破坏、抗松散能力、抗水损坏能力都会逐渐减弱,沥青面层上的破坏现象就会逐渐增多,路面的结构就会逐渐形成坑槽、松散、开裂、剥落、碎裂种种现象,给正常的行车带来极大地不变,严重降低了沥青路面的使用功能。

还原剂封层就是将专门研制的还原剂或再生剂通过一定的技术手段喷洒在已经老化的沥青路面上,其目的是更新和还原表面已经发生老化的沥青膏体,同时保护尚未被老化的那部分沥青,使其维持原有性能,减缓老化的时间。还原剂封层主要有 TL-2000 聚合路面强化剂、沥再生 RejuvaSeal™、魁道沥青复原剂 CAP、ERA-C 型再生剂、STAR-SEALSUPREME 封涂层等,下面简要介绍如下。

1. TL-2000 聚合路面强化剂

TL-2000 聚合路面强化剂是一种黑色液态单一成分的微沥青聚合物,TL-2000 聚合路面强化剂中的活性气体成分渗透入大块沥青混凝土中4cm的深处,并与沥青发生化合作用,形成具有一定弹性和塑性的共聚沥青聚合物,有效阻止水进入沥青路面,抑制水损坏的发生,能很好地保护沥青路面,且对老化的沥青路面有还原再生的作用,防止紫外线对沥青路面的辐射,延长沥青路面的使用寿命。TL-2000 聚合路面强化剂在常温下可以施工,固化后形成一层高强度的具有防水作用、耐紫外线作用和耐酸碱及耐油作用的反应膜,1～2h 就可以开放交通,使用方便,TL-2000 聚合路面强化剂单位用量在 $0.8～1.3 kg/m^2$,根据路面的类型和破损状况不同有所调整,可应用于将要产生或已经出现水损害征兆的沥青路面以及有一定使用年限、沥青层已经老化的沥青路面和桥面铺装的表面层的防水等。

2. 沥再生 RejuvaSeal™

沥再生 RejuvaSeal™是由美国首先研究开发应用的，最初用在军用机场后来军用转民用，并逐步推广到加拿大、巴西等发达国家。它是一种新型的高效渗透性的沥青再生密封剂，呈黑色油状，是由多种成分按一定比例合成的，其中煤沥青35%～50%，石油蒸馏液32%～42%，再生剂15%～40%，表观密度>1.04g/m³，它能在沥青路表面形成密封层，抵御水、阳光、化学物品等对沥青路面的侵蚀，将其涂涮于路面表层后，路面被黝黑的沥再生覆盖，一个月后沥再生的渗透深度可达1.5cm以上，与原沥青结构层融为一体，补充沥青所需的极性物质，恢复老化沥青活性，起到再生作用，从而缓解了路面的硬化脆裂程度，恢复了路面的弹性、柔韧性和粘结力。同时，沥再生具有较强的温度适用性、抗腐蚀能力和耐久性，且基本上不影响路面的抗滑性能，是一种充满活性的，能渗透沥青表层并将沥青激活的结合剂，应用沥再生使路面长期处于较佳的工作状态。

3. 魁道沥青复原剂（CAP）

魁道沥青复原剂（CAP）（又名沥青再生王）是深圳魁道实业有限公司采用丹麦高新专利配方和生产技术与丹麦CREDONE公司共同投资生产的道路路面、桥面养护新材料。魁道沥青复原剂CAP是一种含活化物的冷混合沥青还原剂，具有双组分，可根据路况来决定两种组分的掺配比例，CAP对老化的沥青路面、桥面进行渗透和粘结，激活老化沥青胶质恢复其原有活性、粘结性和弹性，使老化沥青路面或桥面形成新的保护层，从而提高了沥青路面的抗疲劳性能，改善沥青路面的使用功能，延长路面或桥面的使用寿命。CAP的工作过程可以概括为以下几步：材料渗透进入到沥青中——激活老化胶质——恢复老化胶质弹性——改善沥青的粘结性能和内聚力——形成一个新的保护膜。工作过程的示意图如图6.1所示：

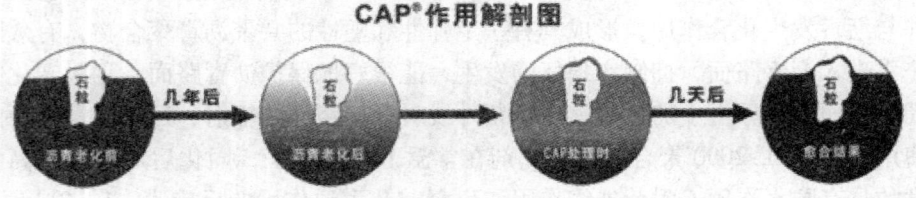

图6.1 魁道沥青复原剂CAP的作用原理

CAP的用量一般为0.25～0.50kg/m²，对于沥青路面老化、水损坏、微裂缝等病害有比较明显的实施效果，无论是开级配还是密级配的路面类型，都可以处理，对于开级配，由于沥青层的结构是很开放的，CAP能完全渗透进入耐磨层。对密级配沥青层，CAP的渗透是有限度的，但微细裂缝能得到充填和愈合，暴露的石料重新粘结在一起，形成紧密的结构。

4. ERA-C型沥青再生剂

ERA-C型沥青再生剂（以下简称 ERA-C）是碳氢树脂，妥尔油树脂及精心挑选的石化沥青经特殊配方而形成的混合乳化液。ERA-C作为沥青路面养护材料，在美国已经使用了三十余年，是由化学专家约翰·布伦特在多年实践中数次完善、改进研制成的，ERA-C是通过与沥青的化学反应来改善老化沥青的性能，使老化沥青再生来延长整个沥青混合料的耐久性。ERA-C的作用机理是通过妥尔油树脂渗透沥青表层 5~13mm，给表层的沥青重新注入由于氧化而丢失的极性化合物，从而使路面沥青混凝土恢复原有的性能，延长沥青路面的使用寿命。它有别于一般的养护材料，一般的养护材料仅依靠覆盖、补强来完成路面的维护。ERA-C具有高强的粘结性、良好的流动性、高度的渗透性、以及密致的的防水性，可以在材料重力作用下深入路面一定深度的范围内，有效期长，只要温度高于0℃就可以施工，适应性强。用量根据路况而定，ERA-C的稀释比例一般在1.5份（原液）：1份（60℃热水），每 m^2 用量在0.5mL（稀释液）左右。调整标准是以横向力系数（或磨擦系数）达标，并在路面干燥、干净、气温15℃以上施工。

5. STAR-SEAL Supreme 封涂层

STAR-SEAL Supreme是一种以精制煤焦油沥青乳液为主，添加有橡胶类高分子聚合物和表面活性剂的混合物，其混合料又称为"美国1号配方"。一般来说，煤焦油具有抵抗汽油、柴油等轻质油分的侵入和改善集料湿润性的能力，因而STAR-SEAL Supreme改善了它们之间的粘附性能，高分子聚物则增强了粘结剂的粘韧性，而表面活性剂则改善了附着表面的抗水性。将此种乳液与细的石英砂（粒径0.425~0.212mm）搅拌混合后将其喷洒、涂刷在沥青路面上2~3遍可形成一层极薄的坚韧的耐用的富有弹性的精炼煤焦油沥青乳胶保护层，这层保护层起到隔离破坏性因素的屏障的作用，同时将沥青中极其重要的油分和增塑剂锁定在沥青混凝土中，使得沥青路面可以抵抗阳光、空气对沥青粘结剂的老化，阻止水分侵入沥青路面而导致的水损害，保护路面沥青不受泄漏的汽油、柴油、机油等轻质油分的软化作用，防止冬天防冻盐、融雪剂或其他化学品对沥青路面的侵蚀。因此，高粘附性的粘结材料和事先与高耐磨性集料（例如石英砂）的充分裹覆，保证了表面必要的抗滑性能以及它的耐久性。

表6.3　STAR-SEALSupreme封涂层物理特性及常数

特性		类型 STAR-SEALSupereme	ASTM规格5727—95
固体，质量百分比（%）		50最小	47~53
灰分，固体质量百分比（%）		36~38	30~40
二硫化碳中非挥发物溶解性（g）		29~31	最小20
表观密度25℃（g/mL）		1.22~1.25	最小1.2
干燥时间（h）	可接触	1	—
	完全定型	6	最多8
外表，湿度		巧克力棕色半液体	—
干燥后的颜色		蓝黑色	—

STAR SEAL Supreme 封涂层的优点可归纳如下：（1）具有优良的的韧性和耐久性；（2）硬化速度快，短时间内干燥至深炭黑色；（3）优良的耐燃料、耐汽油、耐柴油和耐化学制品腐蚀性能；（4）填充微小的空间，同时提供一层耐磨耗的表面防止路面品质下降；（5）保留路面中沥青同时美化了沥青路面。

雾封层和还原剂封层都有一些共同的特点：施工后需要经历一定时间才能开放交通；必须严格掌握单位面积的喷洒量，过多的喷洒量会在路表面形成一层薄膜而使路面丧失摩擦阻力，必要时需用铺砂的方法来改善其抗滑阻力。撒砂虽然可以提高抗滑阻力，但它与路面的粘结力较差，即便经过碾压，在高速行驶的车轮的作用下仍会被带出，因而导致抗滑能力的很快衰减。为了改进雾封层和还原剂封层的上述缺点，公路工作者所作的努力一直在沿着这两个方向取得进展，一方面是从材料上采用粘附性更高的粘结料；另一方面是从工艺上改善粘结剂与砂粒之间的裹覆性能，例如将砂粒与粘结剂事先拌和后再喷洒至路面，比如砂型沥再生、美国 STAR SEAL 公司的"Supreme"牌封涂层等产品就是很好的例子。

6-4　封层类预防性养护方法

石屑封层、同步碎石封层、稀浆封层、微表处等作为表面封层类，从施工方法上讲区别于前面所述的表面涂刷型预防性养护材料，是将预先设计好的配合比通过专门的拌和摊铺等机械将砂石粘结材料组成的混合料铺设在原沥青路面上，形成一层沥青磨耗层，一般摊铺厚度不大，主要起到增加沥青

第6章 预防性养护技术综述

路面的抗滑耐磨耗性能、提高平整度、提高路面防渗水性能等的作用。这里将同步碎石封层、稀浆封层、微表处封层归纳在一起，统称为封层型预防性养护措施。

6-4-1 石屑封层

单层的石屑封层是最早出现的预防性养护技术。其施工方法是在路面上喷洒一层沥青材料（热沥青、轻制沥青、乳化沥青等），紧接着撒布砂、单粒径或适当级配的集料，并紧跟着进行碾压。石屑封层是一种铺设简单、易行，价格低廉的养护方法。它的缺点是要有较长的初期养护时间，高速行驶时噪音过大，路面上的松散集料还会被高速行驶的车轮带出而撞击、粘附在车身和挡风玻璃上，集料的损失还会导致抗滑能力的衰减，所以一般很少用在大交通流量和高速行驶的道路上。石屑封层的新发展是围绕着减缓抗滑性能的衰减速率所作的努力，这种努力同样表现在从材料和工艺两方面对粘结剂和集料之间粘附性能所取得的改善上。材料方面的改善，主要是更多地采用改性沥青和改性乳化沥青，以及改善它们与集料之间的相容性。在工艺方面的改善，同步碎石封层的出现就是一个典型的例子。

6-4-2 同步碎石封层

同步碎石封层技术作为一种路面养护新技术，已在欧美各国被广泛采用。该技术80年代起源于法国，90年代传播到整个欧洲各国及美国。所谓同步碎石封层，就是用专用设备即同步碎石封层车将碎石及粘结材料（改性沥青或改性乳化沥青）同步铺洒在路面上，通过自然行车碾压形成单层沥青碎石磨耗层，主要作为路面表面处理层使用。同步碎石封层技术的最大优点是同步铺洒粘结材料和石料，实现喷洒到路面上的高温粘结料在不降温的条件下即时与碎石结合的效果，它将粘结剂的喷洒和集料撒布两道工序集中在一台车辆上同步进行。这样做的好处是促使碎石颗粒立即与刚喷洒的粘结剂相接触，由于热沥青或乳化沥青的流动性较好而使石屑能更深地埋入粘结剂内，并更好地渗入到路面的裂缝中。对于热沥青来说，在温度尚未下降之前沥青的黏度较低，而对于乳化沥青来说则在尚未破乳前，喷洒的粘层油具有更厚的铺层，这些都有利于增加石屑埋入的深度和由于毛细管作用而增加石屑颗粒间粘结剂吸附的高度。同时，较好的流动性也有助于粘结剂更好地渗入到原路面的裂缝中而改善它的封水性能。

同步碎石封层技术最主要的特点是：同步碎石封层实质是靠一定厚度的沥青膜粘结的超薄沥青碎石表面处治层，能增加路面抗裂性能、治愈路面龟网裂、减少路面反射裂缝、提高路面防渗水性能，用于道路养护可延长路面使用寿命；同步碎石封层可以大大提高原路面的摩擦系数，即增加路面防滑性能，并使路面平整度得到一定程度的恢复；通过采用局部多层摊铺不同粒径石料的施工方法，同步碎石封层能有效治愈深达10cm以上的车辙、沉陷等病害，这一点是其他养护方法无法比拟的。同步碎石封层技术缩短了粘结剂喷洒与集料撒布之间的间隔，增加了集料颗粒与粘结剂的裹覆面积，更易保证它们之间的稳定的比例关系，提高了作业效率，减少了设备配置，降低了施工成本，可以应用于各种等级的沥青路面上。沥青路面经过同步碎石封层处理后，使路面具有良好的抗滑性能和防渗水性能，能有效治愈路面松散、轻微网裂、车辙、沉陷等病害，主要用于道路的预防性养护和修复性养护中。据记载，在美国，同步碎石封层可延长路面使用寿命10年以上，澳大利亚有关机构研究表明，同步碎石封层技术能使损坏比较严重的道路寿命增加10～15年。

同步碎石封层的主要特点有：

（1）同步碎石封层实质是靠一定厚度沥青膜（1～2mm）粘结的超薄沥青碎石表面处治层，其整体力学特征是柔性的，能增加路面抗裂性能、治愈路面龟网裂、减少路面反射裂缝、提高路面防渗水性能，用于道路养护可延长路面使用寿命10年以上，若使用聚合物改性粘结料效果更佳；

（2）同步碎石封层粗糙表面大大提高了原路面的磨擦系数即防滑性能，并能使路面平整度得到一定程度的恢复；

（3）通过采用局部多层摊铺不同粒径石料的施工方法，同步碎石封层能有效治愈深达10cm以上的车辙、沉陷等病害，这一点是其他养护方法无法比拟的；

（4）同步碎石封层作为低等级公路过渡路面，以缓解公路建设资金严重不足的矛盾；

（5）同步碎石封层工序简单、施工速度快、可即时限速开放交通；

（6）无论用于道路养护还是作为过渡型路面，同步碎石封层的性能（使用年限）价格比明显优于其他表处方法，可以大大降低道路的维修养护成本。

6-4-3 乳化沥青稀浆封层

乳化沥青稀浆封层，是以乳化沥青为结合料，加粉料（水泥、石灰、粉煤灰、矿粉等）、添加剂和水按一定的配合比拌和而成的流动状态的沥青混合料，均匀摊铺在路面上而形成的沥青表面处治薄层。我国习惯上将稀浆封层分为普通稀浆封层和慢裂快凝稀浆封层。稀浆封层在水分蒸发干燥硬化成型后，其外观与细粒式沥青混凝土相似，可以使磨损、老化、裂缝、光滑、松散等病害迅速得到修复，具有耐磨、抗滑、防水、平整等技术性能，施工快、造价低、用途广、能耗省，是一种沥青路面养护用的新材料、新工艺、新结构。

稀浆封层技术 20 世纪 40 年代后期兴起于德国，在美国，稀浆封层的应用占全国黑色路面的 60%，其使用范围得到了拓展，对新旧路面的老化、裂缝、光滑、松散、坑槽等病害起到了预防和维修的作用，使路面的防水、抗滑、平整、耐磨性迅速提高。乳化沥青稀浆封层技术在公路养护中主要有以下作用：

1. 防水作用

稀浆混合料的集料粒径较细，并具有一定的级配，乳化沥青稀浆封层在路面铺筑成型后，能与原路面牢固地粘附在一起，形成一层密实的表层，从而防止雨水或雪水通过裂缝渗入路面基层，保持了基层和土基的稳定。从透水系数测定结果看，铺筑稀浆封层后的路面基本不再透水。

2. 防滑作用

由于稀浆混合料摊铺厚度薄，沥青在粗、细集料中分布均匀，沥青用量适当，没有多余的沥青，从而使铺筑稀浆封层后的路面不会产生光滑、泛油等病害，具有良好的粗糙面，路面的摩擦系数明显增加，抗滑性能显著提高。

3. 填充作用

由于稀浆混合料中有较多的水分，拌和后成稀浆状态，具有良好的流动性，可封闭沥青路面上的细微裂缝，填补原路面由于松散脱粒或机械性破坏等原因造成的不平，改善路面的平整度。

4. 耐磨作用

乳化沥青对酸、碱性矿料都有着较好的粘附性，所以稀浆混合料可选用坚硬的优质抗磨矿料，以铺筑有很强耐磨性能的沥青路面面层，延长路面的使用寿命。

5. 恢复路面外观形象

对使用年限很久，表面磨损发白、老化干涩，或经养护修补，表面状态很不一致的旧沥青路面，采用稀浆封层进行处理，遮盖破损与修补部位，使旧沥青路面外观形象焕然一新，形成一个新的沥青面层。

稀浆封层的寿命取决于原路面的状况、现有的交通荷载、当地的自然气候条件、稀浆封层决策阶段计划投入的资金等因素。施工完成后，由于车辆的作用，当稀浆封层完全磨损后，原路面上的空隙和裂缝已经被乳化沥青稀浆封层混合料所填补。因此，可以说稀浆封层被完全磨损后，其作用继续存在。

6-4-4 微表处封层

微表处封层作为一种预防性养护手段，可以有效防止路表水的下渗，提高路面的抗磨耗性能和抗滑性能并同时完成对车辙的修复，微表处施工后可在1～2小时内开放交通，最大限度地减少施工对交通地影响。改性乳化沥青稀浆封层在国外亦称为聚合物改性稀浆精细表面处治，简称PSM，在法国和美国的工程中应用广泛。我国有时也称为微表处封层，它是在乳化沥青稀浆封层的基础上发展起来的，由慢裂快凝的高分子聚合物改性乳化沥青、100%破碎的集料、矿粉、水和添加剂组成的稀浆混合物。微表处封层的厚度可达10～15mm，抗滑阻力和抗耐久性也比普通的稀浆封层要好并具有某些修复性功能，如可用于修补车辙、轻度松散、泛油等病害的校正等。

在国外，微表处被定义为一种预防性的养护方法，即在路基路面结构强度充足，仅仅出现了表面功能衰减，轻微车辙和不平整时，为恢复路面服务功能而采取的一种养护方法。被认为是修复道路车辙及其他多种病害的最有效、最经济的手段之一，在欧美和澳大利亚已经普及。我国从2000年开始进行微表处技术研究和推广应用，已经在京沪高速公路、沪嘉高速公路上海段、沪宁高速公路等10多条高速公路的路面养护中得到应用。据不完全统计，从2000年我国首次使用微表处技术以来，截止到2005年底全国微表处累计摊铺面积将超过4000万m^2。微表处的主要功能是：

（1）封水：采用微表处处治措施后，具有非常好的路面封水效果；

（2）抗滑：微表处的厚度仅为10mm左右，集料的最大粒径在微表处层内"顶天立地"，没有经过压路机碾压的粗集料突出到微表处表面，使得微表处层具有很大的构造深度和摩擦系数，同时由于使用了改性的乳化沥青，使得沥青与集料间的粘结牢固，粗集料不会在行车作用下飞散，从而保证了微表处的抗滑性能不会随使用期的延长而迅速衰减；

（3）延缓路面材料老化：微表处隔绝了紫外线与沥青混合料之间的直接接触，对沥青路面起到了一个保护层的作用；

（4）改善路表外观：微表处为行车提供了耐磨的抗滑表层，使得沥青路面表面平整，路表外观大为改善；

（5）修复路面车辙：这是微表处与稀浆封层在处治病害上的最大区别，但是处治的车辙深度有限制，如果车辙太深，可以分几层微表处来处理；

(6)修复路面其他轻微病害：微表处由于是增加一个薄层，相当于路面有了一个新的磨耗表面，所以可以同时处治老化、轻微泛油、裂缝等多种病害。

6-5 罩面类预防性养护方法

薄层罩面作为一项预防性养护技术，给原沥青路面提供一个崭新的表面，使原沥青路面的平整度大大增加，减小了行车的振动，减少了行车对路面的激振破坏并增加了行车的舒适性；恢复了表面粗糙度，使抗滑能力提高，增加了行车的安全性；使路面原有的许多表面破坏，如坑洞、裂缝、辙槽等都得到了一定程度的治理，并延长了路面使用寿命。

薄层沥青混凝土面层被定义为，用摊铺机摊铺和用压路机碾压的单层沥青混合料，可以认为薄面层是"薄磨耗层"与"厚表面处治"之间的一种交叉。薄层罩面在国外发达国家早已进行了研究与应用，法国是国际上采用薄层沥青混凝土路面的代表性国家。在法国，薄沥青混凝土面层（BBM）的定义为：用纯沥青或改性沥青、集料及可能的添加剂（矿质的或有机的）制成的混合料，摊铺厚度在30~40mm。在美国，一般认为薄层沥青混凝土的厚度应为15~30mm。在我国养护规范中，薄层罩面适用于路面平整度较差、辙槽深度小于10mm、路面无结构性破坏，为提高路面表面层服务功能的养护维修措施，也适用于新建公路的磨耗层。薄层罩面的代表厚度是15~30mm，一般为20mm左右，在局部面积上可以铺得较厚，混合料宜选用间断级配、改性沥青或其他添加剂，以提高罩面层的水稳性。罩面层的厚度应根据路面的等级、交通量的大小、道路等级、道路的功能要求等综合确定，用于重点解决路面的轻微网裂、透水时可选用较薄的罩面层；对路面破损、平整度、抗滑三项性能需要改善时，应采用较厚的罩面层；各类型的罩面厚度不应小于最小施工结构层厚度，主要解决抗滑问题时高等级公路的罩面层不得小于2.5cm薄层罩面。薄层罩面用于沥青路面的预防性养护，主要优点是：(1)服务寿命延长；(2)能承受重载交通和高剪应力；(3)表面平整性能好；(4)可被铺成需要的厚度、纵坡度和横坡度；(5)中断交通时间短。按照所采取的施工方法不同，可以分为冷薄层罩面和热薄层罩面、温薄层罩面三种。

6-5-1 冷薄层罩面

冷薄层罩面就是将乳化沥青或者改性乳化沥青和砂石材料在常温下拌和均匀、摊铺、压实的一种工艺。它具有以下优点：

1. 节约能量

由于混合料拌和时砂石料不需要加热,因而可以节省大量的燃料,虽然生产乳化沥青也需要将沥青和水加热,但所消耗的热能与加热混合料消耗的能源相比差异明显;

2. 延长施工季节

在潮湿的雨季和阴冷的秋冬季节,沥青路面常易出现病害,可以在发现病害后及时处理,不必等到夏季高温季节再进行处治,从而争取了施工时间,带来了长远收益;

3. 节省沥青用量

阳离子乳化沥青与石料有良好的粘附性,沥青用量可以减少10%~20%;

4. 减少污染,保护环境

乳化沥青混合料拌和、生产在常温下进行,因而没有烟气和粉尘排放,对环境不会造成危害。

6-5-2 热薄层罩面

热薄层罩面是一种很早采用的传统预防性养护方法,它是在原有路面上加铺一层厚度不超过2.5cm的热拌沥青混合料。热薄层罩面可以有效地防止品质正在下降的路面继续恶化,改善路面平整度、恢复路表面的抗滑阻力,校正路面的轮廓,对路面也有一定的补强作用。按热薄沥青混凝土面层的厚度,可将其分为三种,即薄沥青混凝土面层25~30mm,很薄沥青混凝土面层20~25mm,超薄沥青混凝土面层15~20mm。在施工工艺方面,薄层罩面施工中最大的困难是由于层面较薄容易冷却又不宜使用振动压路机,因而不易达到较高的密实度。为了适应薄层路面快速压实的需要,近些年来出现了某些专为压实薄层路面而设计的高频振动压路机,此类振动压路机的振幅极低,只有0.2mm左右,但频率高达70Hz左右,可以说是施工机械上的改观;在材料方面,采用改性沥青作为粘结剂铺筑的薄层罩面在耐久性和抗滑性能方面都优于普通沥青,因此正确设计混合料、控制温度以及碾压工艺和选择压路机显得尤为重要。

热薄层罩面具有以下几个特点:(1)服务寿命长;(2)使用性能好,能承受重载交通;(3)具有平整的、抗滑性能好的表面;(3)铺筑厚度、纵坡度和横坡度可以根据需要随时调整并压实成平整、耐久的表面层;(4)改善了原路面的外观。热薄层沥青混凝土罩面技术是一种经济适用的沥青路面修补技术,同时也可用于新建的沥青路面表面的抗滑磨耗层,广泛应用在沥青路面

第6章 预防性养护技术综述

的预防性养护或者中修养护中。目前，热薄层罩面技术中主要是热拌密实型沥青混合料 AC 加铺层、沥青玛蹄脂碎石结合料 SMA、多碎石沥青混凝土 SAC、橡胶沥青混合料罩面等。在进行材料选择时，沥青混合料的热稳定性和不透水性成为薄层罩面选型考虑的焦点。比较各种沥青混合料的技术性能、各自特点及适用性确定混合料类型，设计时要注意对级配进行必要的调整，以保证将来的施工质量，石料的选材可根据混合料类型来确定，如果是 SMA 应采用玄武岩，如果采用其他混合料类型也可以使用优质石灰岩。

设计中对罩面结构的主要技术性能要求如下：

（1）表面抗滑性。特征指标是构造深度，可以从集料的选择和级配组成设计入手，严格要求石料的磨光值、针片状含量、压碎值、磨耗值等指标，以提高面层抗滑性能，达到高速公路的技术要求；

（2）高温稳定性。要求采用优质改性沥青和优质矿料拌制的高性能沥青混凝土，其特征指标为动稳定度和永久变形能力；

（3）抗水损害能力。评价罩面层混合料水稳定性的特征指标有：粘附性、浸水马歇尔强度比（残留稳定度）等，必要时采取一定的抗剥落措施；

（4）防止泛油。沥青路面的泛油，将影响路面的使用性能，降低抗滑能力，并引起其他路面病害的产生，在设计和施工中应严格控制用油量。

（5）方案易于实施。所制定的方案应尽量减少对交通的影响。

1. 热拌密实型沥青混合料 AC 罩面

密级配沥青混凝土 AC 属于典型的密实-悬浮结构，这种结构中细集料胶浆含量多且致密，反映在力学性能上即为马歇尔稳定度较高，同时密水性好、工程造价相对较低，施工工艺比较成熟，是罩面工程中经常采用的措施，常见的级配有 AC-13、AC-16。但是这种材料抵抗早期损坏和高温车辙的能力相当弱，且表面较为光滑，高速行车下易使汽车发生漂滑现象，对交通安全危害大，特别是在超重载路段上表现为：

（1）表面抗滑能力较差；

（2）在高温条件下稳定性较差，抗车辙能力不足；

（3）路面低温抗裂性能差，反射裂缝、疲劳裂缝严重；

（4）路面使用寿命较短，造成频繁罩面，从而增加总体投资。

对于有特殊要求的路段，不宜采用 AC 罩面。应该按照使用功能要求分段设计。以松散、坑槽等水损病害为主，应选择密级配 AC-16 型沥青混合料。

2. 沥青玛蹄脂碎石结合料 SMA 薄层罩面

沥青玛蹄脂碎石混合料（Stone Mastic Asphalt）简称 SMA，是一种由沥青、纤维稳定剂、矿粉及少量的细集料组成的沥青玛蹄脂填充间断级配的粗集料骨架间隙而形成的沥青混合料，它是最适合于罩面工程的材料。在高温情况下，占70%以上的粗集料骨架承受交通荷载，粗颗粒之间相互良好的嵌挤作用使得沥青混合料产生非常好的抗荷载变形的能力，即使玛蹄脂的黏度降低，也不会影响骨架承载能力，因而抗车辙能力非常显著。在低温下，抗裂性能主要由结合料的拉伸性能决定，SMA中填充空隙的玛蹄脂有较好的粘结作用，尤其是使用改性的沥青材料，马蹄脂的韧性和柔性会更加明显，从而使混合料具有良好的低温抗变形能力。此外，SMA罩面还具有表面构造深度大、抗滑性能好、耐磨耗、良好的水稳定性、耐久性等特点，SMA中的沥青用量较多，施工中不易离析，易于压实，减少了施工难度。在等级高、交通量大、重载车辆多且使用条件恶劣的公路中通常采用SMA进行罩面，以延缓路面的使用寿命，改善路面的使用性能。若使用改性沥青作为胶结料，则SMA改性沥青混合料适用于病害种类很多，但是其造价较高，通常应用于病害较严重的地段。

采用公称最大粒径9.5mm或19mm的集料设计SMA，将具有更薄的厚度，按照摊铺厚度和公称最大粒径3:1的规则摊铺，公称最大粒径为7.45mm的SMA可以摊铺小于19mm的厚度，公称最大粒径为9.5mm的SMA可以摊铺小于32mm的厚度，经过这样设计的SMA，能够适用于薄层罩面的厚度要求。

3. 多碎石沥青混凝土SAC罩面

为使路表面具有良好的高温稳定性和表面构造深度，在密级配沥青混合料的矿料组成中增加碎石（粗集料）含量，减少细集料含量，为控制空隙率过大同时增加填料含量，这样的间断级配的结构就是多碎石沥青混凝土SAC。在SAC结构中由于粗集料含量多，因而多碎石沥青混凝土在水稳定性、高温稳定性、摩擦系数和构造深度等方面表现出较好的性能。

多碎石沥青混凝土SAC作为高等级公路沥青路面的上面层，它既要具备良好的密实性以防水，又要有一定构造深度以防滑。采用SAC结构铺筑高等级公路抗滑表层比较经济适用，其特点是属于间断密实级配，设计空隙率3%~4%，表面构造深度为0.18~1.12mm，对原材料技术指标的要求低于SMA结构，可以在满足路用性能的基础上同时达到降低工程造价的目的。SAC-10是一种小粒径、多碎石、粗集料间断级配密实型沥青混合料，一般的摊铺厚度为15~25mm，用于沥青路面表面功能的恢复，主要是抗滑性能的恢复，具有构造深度大，抗滑性能好，行车噪声低，同时由于厚度较薄，造价低；以解决磨光、泛油等影响路面抗滑性能的病害为主，则罩面沥青混合料应选择多碎石 SAC-16 型；以车辙、波浪拥包等变形类病害为主，应选择改良的多碎石 SAC-16 型。

4. 橡胶粉改性沥青混合料罩面（Rubberized Asphalt Mixture Overlay）

在沥青中掺加橡胶粉，形成橡胶粉沥青材料，用于铺筑沥青路面，在国外已有多年历史。由于橡胶粉沥青具有高温稳定性好、水稳定性强、低温抗裂性明显改善等优点，可以大大提高沥青路面的使用性能、延长路面使用寿命。在进行橡胶粉沥青罩面时关键的是选择适用于沥青改性的橡胶粉，主要考虑：(1) 橡胶粉的粒度橡胶粉的颗粒愈细，愈能增强其与沥青的和易性，达到分散均匀一致，增大与沥青的接触面积，促使沥青与橡胶粉相互渗透，融为一体的目的，但同时要考虑经济性，颗粒愈细，价格愈高，应结合两方面的因素选择，一般适用于沥青改性的粒度在 30 目（粒度单位）左右；(2) 橡胶粉按照处理方法不同可分为普通胶粉和脱硫活化胶粉两种，脱硫活化胶粉能够明显改善材料的动态疲劳性，提高拉伸强度，所以首选脱硫活化胶粉；(3) 橡胶粉主要来源于胎面胶粉、鞋底胶粉、杂品胶粉，不同品种的橡胶的含量不同，含量越高越好，各种橡胶中 SBR、EPDM（乙丙橡胶）性能较好，还要做与沥青掺混后的技术性能对比试验，以确定最佳的橡胶粉的品种。

橡胶粉沥青混合料罩面施工工艺基本上与普通沥青相同，主要侧重解决以下三方面的问题：

(1) 正确确定橡胶粉的掺量

掺量过多将会增大沥青的黏度，造成沥青泵输送困难，掺量过少，将会影响改性效果，一般不要超过沥青总量的 20%。

(2) 正确设计沥青用量，用橡胶粉沥青拌制混合料，其沥青用量要比普通沥青混合料大一些。具体可按下式确定

$$Q = q(1 + K) + (0.1 \sim 0.4) \tag{6.1}$$

式中 Q——每吨橡胶粉沥青混合料的沥青用量（kg）；

q——每吨基质沥青混合料的沥青用量（kg）；

K——橡胶粉掺量（%）；

$0.1 \sim 0.4$——额外增加的沥青用量（kg），视橡胶粉掺量及沥青的稠度而定。橡胶粉剂量大、沥青稠时取上限，反之取中限或下限。

(3) 严格控制施工温度

橡胶粉沥青混合料施工中各项控制温度的指标要比现行的《公路沥青路面施工技术规范》规定的温度高 5℃ ~ 10℃。

6-5-3 温拌沥青混合料罩面

热拌沥青混合料技术成熟，但在拌和、运输以及摊铺过程中沥青挥发出来的沥青烟直接排放到空气中对环境和作业人员造成伤害，消耗的能源对日益紧张的能源危机而言是个不能回避的实质性问题，再加上加热过程中温度高所造成的路面使用性能下降，这些问题需要考虑。冷拌沥青混合料虽然在环保、能耗等方面具备了较强的优势，但是其路用性能同热拌沥青混合料相比品质较差，因此不能应用于高等级公路，只适合于低交通量的道路上。为了寻求既满足环保、能耗要求又具备良好的使用性能的工艺，近年来出现了一种新型的沥青混合料—温拌沥青混合料。所谓温拌沥青混合料就是一种拌和温度介于热拌沥青混合料（150~180℃）和冷拌（常温）（10~40℃）沥青混合料之间，性能达到或接近于热拌沥青混合料的新型混合料。有研究表明：温拌沥青混合料与热拌沥青混合料相比，减少燃料消耗、节省能源30%左右，减少沥青烟的排放，降低施工中的环境污染和对施工人员健康的损害，减轻热拌过程中的沥青老化，延长沥青路面的使用寿命。近年来，北京、上海等地的路面维修罩面工程中铺筑了4条温拌沥青混合料试验路，取得了较好的社会效益与经济效益。

6-6 各类预防性养护技术小结

将上述各类预防性养护方法特点和适用对象归纳，见表6.4所示。

表6.4 预防性养护方法归类表

	预防性养护方法	特点或使用性能	适用对象
裂缝填封类	普通（改性）热沥青灌缝	操作简单，费用低，灌缝效果不能得到很好的保证	沥青路面的横缝、纵缝
	溶剂型常温改性沥青灌缝	无需加热，具有良好的低温稳定性和渗透性	较冷地区的灌缝
	灌缝胶（密封胶）灌缝	粘结能力强、弹性好、不渗水、高温不流淌、低温不脆断和耐久性好	裂缝不规则且较大，交通量较大路段
	抗裂贴处理	有效防止水分的侵入，保障涂层与下层结构的可靠粘结	结构层尚好，单纯灌缝处理不能较好解决水分浸入
	压缝带处理	施工方便快捷，防水性强，外观好	结构物两端裂缝预防性养护

第6章 预防性养护技术综述

续表

预防性养护方法		特点或使用性能	适用对象
表面涂刷喷洒类	雾封层	填补微小裂缝空隙,防止路表水下渗	处理沥青路面的渗水问题
	TL-2000 聚合路面强化剂	具有一定弹性和塑性的共聚沥青聚合物,对老化的沥青路面有还原再生的作用,防止紫外线对沥青路面辐射	将要产生或已经出现水损害征兆的沥青路面以及有一定使用年限、沥青层已经老化的沥青路面表面的防水等
	沥再生 RejuvaSeal™	在沥青路表面形成密封层,抵御水、阳光、化学物品等对沥青路面的侵蚀	老化严重,缺乏粘结力且使用过一定时间的沥青面层或有水损害征兆的面层
	魁道沥青复原剂(CAP)	激活老化沥青胶质和恢复其原有活性、粘结性和弹性,使老化沥青路面形成新的保护层	沥青路面老化、水损坏、微裂缝等病害有比较明显的实施效果
	ERA-C 型沥青再生剂	具有高强的粘结性、良好的流动性、高度的渗透性、密致的的防水性	微裂缝较多,有轻微网裂,水损害较严重
	STAR-SEAL Supreme 封涂层	防水性能好,抗油污污染等的侵蚀能力较强,抗滑性能和耐久性都得到提高	摩擦系数不够需要提高耐磨擦性能,同时有防水要求和耐油污要求的沥青路面
封层类	石屑封层	敷设简单、易行,价格低廉,效果不能保证	低等级公路沥青面层的磨耗层
	同步碎石封层	增加路面抗裂性能、减少路面反射裂缝、提高路面防渗水性能,提高原路面的摩擦系数,并使路面平整度得到一定程度的恢复	路面存在龟网裂、摩擦系数较低,平整度差,路面渗水
	乳化沥青稀浆封层	具有耐磨、抗滑、防水、平整等性能,施工快、造价低、用途广、能耗省	磨损、老化、裂缝、光滑、松散等病害,迅速得到修复
	微表处	封水、抗滑、延缓沥青路面老化、改善路面外观、修复车辙、提高平整度	渗水、老化、抗滑力不足,有车辙表面平整性差或者轻微网裂
罩面类	冷薄层罩面	节约能量、节省沥青用量、延长施工季节、减少污染,保护环境	对工期有特别要求,交通量不太大的低等级公路,路面病害较多,分不清主导病害须综合处治时
	热薄层罩面	有效地防止品质正在下降的路面继续恶化,改善路面平整度、恢复路表面的抗滑阻力,校正路面的轮廓,对路面也有一定的补强作用	重载交通上对抗滑性能、平整度有要求,路表轮廓欠佳、整体强度较低、服务功能较差,须提高多方面性能
	温薄层罩面	既满足环保、能耗要求又具备良好的使用性能的工艺	对环境有特殊要求,不能影响路面使用性能的高级公路

第7章 罩面后沥青路面养护对策研究

7-1 罩面后路面结构性能因素分析

7-1-1 罩面方式对高速公路结构性能影响研究

为了研究罩面后路面结构性能，本书在已有的研究基础上，对直接罩面、铣刨原有上、下面层后罩面和铣刨原有面层及上基层后罩面三种典型的罩面方式进行理论分析与试验研究。通过正交试验，分析罩面后各结构层参数对设计指标的影响程度。

1. 罩面后路面结构与参数

为了较准确获知高速公路罩面后的应力－应变变化规律，建立的计算参数范围见表7.1~表7.3：

表7.1 直接罩面后路面结构计算参数表

各层材料	材料类型	厚度（cm）	20℃抗压模量（MPa）	15℃抗压模量（MPa）	泊松比
罩面层	SAC-13C、SAC-10、SMA-13、AC-13C、AC-16C、AC-13I	2.5、3、4、5	1200~1600	1800~2200	0.35
上面层	AC-13I、SAC-16I、SMA-16	4	1500~1800	800~1200	0.35
中面层	AC-20I、SAC-16、AC-16、SAC-25	5	700~1100	800~1200	0.35
下面层	AC-25I、AC-30I、AC-20II、AC-30II、SAC-25	6	700~1100	900~1200	0.35
上基层	水泥稳定碎石	18、19、20	弯沉用抗压模量	拉应力用抗压模量	泊松比
			1100~1500	2700~3900	0.25
下基层	水泥稳定碎石	18、19、20	1100~1500	2700~3900	0.25
底基层	二灰稳定碎石、水泥稳定砂砾	18、19、20	300~1500	1100~3900	0.25

第7章 罩面后沥青路面养护对策研究

表7.2 铣刨原路面上中层后进行罩面计算参数表

各层材料		材料类型	厚度（cm）	20℃抗压模量（MPa）	15℃抗压模量（MPa）	泊松比
罩面层	上面层	SAC-13C、SAC-10、SMA-13、AC-13C、AC-16C、AC-13I	4	1200~1600	1800~2200	0.35
	中面层	AC-20I、AC-25I、SAC-25	9	800~1200	1000~1400	0.35
下面层		AC-25I、AC-30I、AC-20II、AC-30II、SAC-25	6	700~1100	900~1200	0.35
上基层		水泥稳定碎石	18、19、20	弯沉用抗压模量	拉应力用抗压模量	0.25
				1100~1500	2700~3900	
下基层		水泥稳定碎石	18、19、20	1100~1500	2700~3900	0.25
底基层		二灰稳定碎石、水泥稳定砂砾、水泥石灰土、石灰土	18、19、20	300~1500	1100~3900	0.25

表7.3 铣刨原路面面层及上基层进行罩面后路面结构计算参数表

各层材料	材料类型	厚度（cm）	20℃抗压模量（MPa）	15℃抗压模量（MPa）	泊松比
上面层	AC-13I、SAC-16I、SMA-16	4	1200~1600	1800~2200	0.35
中面层	AC-20I、SAC-16、AC-16、SAC-25	8	800~1200	1000~1400	0.35
下面层	AC-25I、AC-20II、SAC-25	7	800~1200	1000~1400	0.35
上基层	ATB-25	18、19、20	1000~1400	1200~1600	0.35
下基层	水泥稳定碎石	18、19、20	弯沉用抗压模量	拉应力用抗压模量	0.25
			1100~1500	2700~3900	
底基层	二灰稳定碎石、水泥稳定砂砾、水泥石灰土、石灰土	18、19、20	300~1500	1100~3900	0.25

2. 罩面后路面结构计算模型

本文采用大型通用软件 ANSYS 有限元程序，将路面结构看成是线弹性层状体系，采用三维有限元方法，罩面层、旧路面等结构层单元采用三维六面体 8 节点等参元，边界条件假设为 X 方向两侧约束 $X=0$；Y 方向两侧约束 $Y=0$；

底面约束 $Z=0$。对各结构层作如下假定：由于罩面层是摊铺在旧沥青路面上的，层间条件在罩面基本视为完全连续，这一点从芯样层间结合的紧密程度就可以判断出来。以下计算中，如无特殊说明，各结构层为完全连续。

(1) 罩面层及旧路面为均匀连续、各向同性的弹性体。

(2) 各层层间竖向、水平位移均连续。

(3) 不计路面结构的自重影响。

路面结构不同，模型尺寸有所差异，以往学者所建路面模型的尺寸（X、Y、Z）大致有 $2.65m \times 2.65m \times 2.5m$，$2.5m \times 2.5m \times 4m$，$6m \times 6m \times 5m$ 或 $7m \times 7m \times 7m$。利用布辛尼斯克解可以求得在 BZZ-100 作用下，土基的影响区深度为 150cm 左右。本书为了较为准确地研究罩面后路面结构受力情况，对不同尺寸的有限元模型进行网格划分与计算，并用理论解进行验证，最终确定路面有限元模型。

行车荷载采用标准轴载 BZZ-100，轮胎内压 0.7MPa，单个轮压作用范围 $18.9cm \times 18.9cm$，接触面积为 $357.21cm^2$，双轮间距为 32cm。已有文献表明单轴单侧双轮和单轴双侧四轮荷载，对相同路面结构所产生的力学影响相差不大，且对称轴上的单侧轮载比双侧轮载对罩面层产生的不利影响更大。因此，为与沥青路面设计程序及其设计规范相对应，计算时仅考虑对称轴上的单侧荷载作用，布载方式如图 7.1 所示。

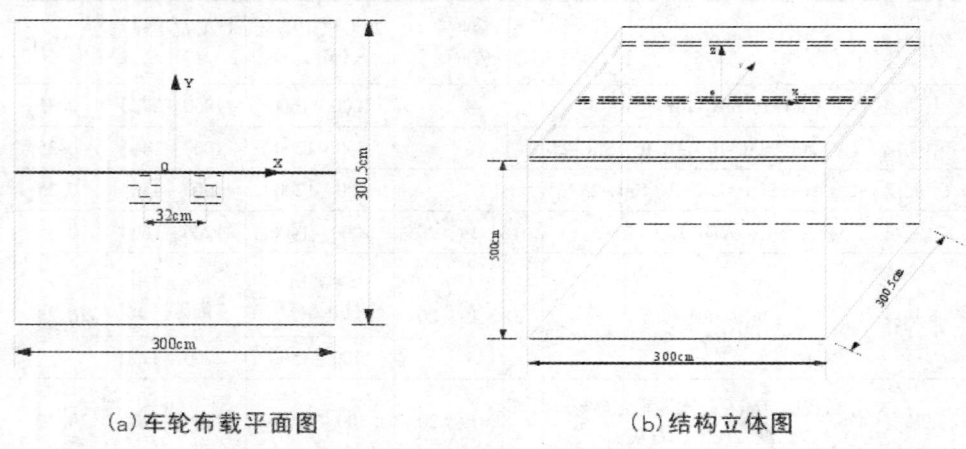

(a) 车轮布载平面图 　　　　　　(b) 结构立体图

图 7.1 　计算结构图

罩面后路面结构进行网格细化，经误差分析，最后取荷载处最小单元边长为 0.0315m。当有限元路面结构模型为 $3m \times 3m \times 5m$ 时，基本满足计算精度要求（轮隙弯沉最大误差不超过 2%），如无特殊说明，均采用该结构进行计算。路面整体结构有限元网格划分如图 7.2 所示。

第7章 罩面后沥青路面养护对策研究

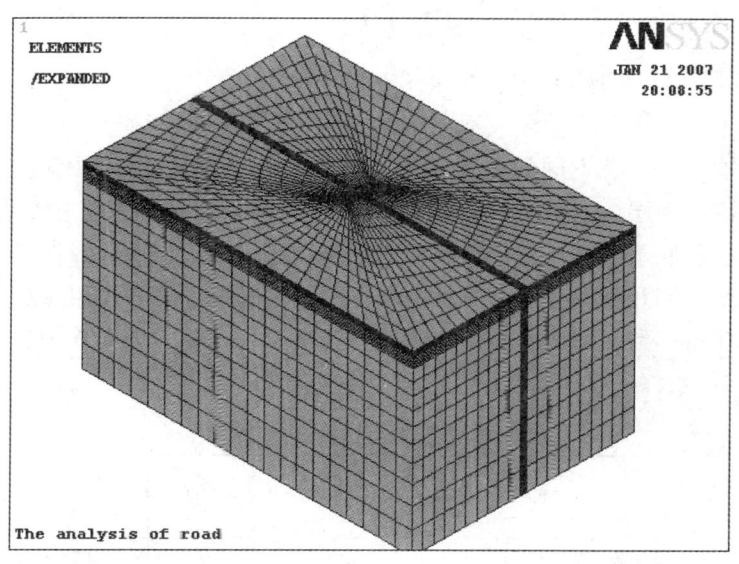

图7.2 路面整体结构有限元网格划分

在进行有限元计算分析时,层间接触状态的模拟通常采用"接触对"。将一个界面当作"目标"面,采用Targe170单元来模拟3-D的目标面,另一个界面被当作"接触"面,用3-D 8节点面-面单元Conta174来模拟。一个目标单元和一个接触单元构成了一个"接触对",程序通过一个共享的实常数号来识别"接触对",为了建立一个"接触对"给目标单元和接触单元指定相同的实常数号。

3. 主要力学计算指标选取

参照国内外沥青混凝土路面设计指标,并为后面沥青路面沥青加铺设计方法提供依据,本书主要对以下指标进行计算分析:

(1) 弯沉 l_d

我国沥青混凝土路面设计规范为控制路基路面结构的总变形,防止沉陷、车辙等整体强度不足的损坏,采用弯沉指标作为设计指标。路基路面结构表面在双圆均布荷载作用下轮隙中心处的实测路表弯沉值 $l_s \leq$ 该路面容许回弹弯沉值 l_d。

(2) 罩面层层底最大水平拉应变 ε_m 与最大水平拉应力 σ_m

沥青层的弯拉应变指标是各国力学-经验设计方法中普遍采用的指标,取该指标的目的是保证沥青层本身不会产生疲劳破坏,以确保沥青层的寿命不小于路面的使用寿命。目前我国规范中对沥青面层的疲劳开裂损坏,选用底面拉应力作为验算指标,其最大拉应力不得超过该材料的容许拉应力(即疲劳强度)。应力与应变指标究竟哪个更好,众说不一,本书对这两个力学指标都进行计算。

4. 高速公路罩面后路面结构正交分析

由于不同罩面形式会导致不同结果，为了寻找一般规律且简化计算过程，对各个影响因素考虑不同的变化水平，设计正交试验进行不同因素之间的组合。因此，罩面层、上基层厚度及罩面层、上面层、下面层、中面层、上基层、下基层和底基层模量九个参数作为正交试验的因素，每个因素安排四个水平，各水平范围几乎涵盖了对应常用材料的取值且每个因素在相应水平上的数值增长率保持一致，构成 L32（4-9）正交试验。表 7.4~表 7.6 为三种罩面方式的正交试验表。

表 7.4 直接罩面结构正交试验表

因素 \ 水平	水平 1	水平 2	水平 3	水平 4
罩面层模量（MPa）	1200	1350	1450	1600
上面层模量（MPa）	1500	1600	1700	1800
中面层模量（MPa）	700	850	950	1100
下面层模量（MPa）	700	850	950	1100
上基层模量（MPa）（弯沉/拉应力）	1100/2700	1250/3100	1350/3500	1500/3900
下基层模量（MPa）（弯沉/拉应力）	1100/2700	1250/3100	1350/3500	1500/3900
底基层模量（MPa）（弯沉/拉应力）	300/1100	700/2000	1100/2900	1500/3900
罩面层厚度（cm）	2.5	3	4	5
上基层厚度（cm）	17	18	19	20

表 7.5 铣刨上、中面层后罩面正交试验表

因素 \ 水平	水平 1	水平 2	水平 3	水平 4
上面层模量（MPa）	1200	1350	1450	1600
中面层模量（MPa）	800	950	1050	1200
下面层模量（MPa）	700	850	950	1100
上基层模量（MPa）	1100/2700	1250/3100	1350/3500	1500/3900
下基层模量（MPa）（弯沉/拉应力）	1100/2700	1250/3100	1350/3500	1500/3900
底基层模量（MPa）（弯沉/拉应力）	300/1100	700/2000	1100/2900	1500/3900
上基层厚度（cm）	17	18	19	20
下基层厚度（cm）	17	18	19	20
底基层厚度（cm）	17	18	19	20

第7章 罩面后沥青路面养护对策研究

表7.6 铣刨原路面面层及上基层后罩面正交试验表

因素 \ 水平	水平1	水平2	水平3	水平4
上面层模量（MPa）	1200	1350	1450	1600
中面层模量（MPa）	800	950	1050	1200
下面层模量（MPa）	800	950	1050	1200
上基层模量（MPa）	1100	1150	1250	1400
下基层模量（MPa）（弯沉/拉应力）	1100/2700	1250/3100	1350/3500	1500/3900
底基层模量（MPa）（弯沉/拉应力）	300/1100	700/2000	1100/2900	1500/3900
上基层厚度（cm）	17	18	19	20
下基层厚度（cm）	17	18	19	20
底基层厚度（cm）	17	18	19	20

从表7.5、表7.6中可以看出，铣刨后罩面形式一为铣刨原沥青混凝土上中层9（4+5）cm，新铺9cmAC-25改性沥青混凝土面层。铣刨后罩面形式二为铣刨原沥青混凝土全部面层15（4+5+6）cm、水稳碎石上基层19cm，新铺15（8+7）cmAC-25改型沥青混凝土面层、19cmATB-25沥青稳定碎石上基层，上基层由半刚性变为柔性。

根据表7.4~表7.6进行正交试验设计，正交设计结果见表7.7~表7.9。

表7.7 直接罩面后路面结构内力正交试验

因素\实验	罩面层模量	上面层模量	中面层模量	下面层模量	上基层模量（弯沉/拉应力）	下基层模量（弯沉/拉应力）	底基层模量（弯沉/拉应力）	罩面层厚度	上面层厚度
实验1	1200	1500	700	700	1100/2700	1100/2700	300/1100	2.5	17
实验2	1200	1600	850	850	1250/3100	1250/3100	700/2000	3	18
实验3	1200	1700	950	950	1350/3500	1350/3500	1100/2900	4	19
实验4	1200	1800	1100	1100	1500/3900	1500/3900	1500/3900	5	20
实验5	1350	1500	700	850	1250/3100	1350/3500	1100/2900	5	20
实验6	1350	1600	850	700	1100/2700	1500/3900	1500/3900	4	19
实验7	1350	1700	950	1100	1500/3900	1100/2700	300/1100	3	18
实验8	1350	1800	1100	950	1350/3500	1250/3100	700/2000	2.5	17
实验9	1450	1500	850	950	1500/3900	1100/2700	700/2000	4	20
实验10	1450	1600	700	1100	1350/3500	1250/3100	300/1100	5	19
实验11	1450	1700	1100	700	1250/3100	1350/3500	1500/3900	2.5	18
实验12	1450	1800	950	850	1100/2700	1500/3900	1100/2900	3	17

续表

因素＼实验	罩面层模量	上面层模量	中面层模量	下面层模量	上基层模量（弯沉/拉应力）	下基层模量（弯沉/拉应力）	底基层模量（弯沉/拉应力）	罩面层厚度	上面层厚度
实验13	1600	1500	850	1100	1350/3500	1350/3500	1500/3900	3	17
实验14	1600	1600	700	950	1500/3900	1500/3900	1100/2900	2.5	18
实验15	1600	1700	1100	850	1100/2700	1100/2700	700/2000	5	19
实验16	1600	1800	950	700	1250/3100	1250/3100	300/1100	4	20
实验17	1200	1500	1100	700	1500/3900	1250/3100	1100/2900	3	19
实验18	1200	1600	950	850	1350/3500	1100/2700	1500/3900	2.5	20
实验19	1200	1700	850	950	1250/3100	1500/3900	300/1100	5	17
实验20	1200	1800	700	1100	1100/2700	1350/3500	700/2000	4	18
实验21	1350	1500	1100	850	1350/3500	1500/3900	300/1100	4	18
实验22	1350	1600	950	700	1500/3900	1350/3500	700/2000	5	17
实验23	1350	1700	850	1100	1100/2700	1250/3100	1100/2900	2.5	20
实验24	1350	1800	700	950	1250/3100	1100/2700	1500/3900	3	19
实验25	1450	1500	950	950	1100/2700	1250/3100	1500/3900	5	18
实验26	1450	1600	1100	1100	1250/3100	1100/2700	1100/2900	4	17
实验27	1450	1700	700	700	1350/3500	1500/3900	700/2000	3	20
实验28	1450	1800	850	850	1500/3900	1350/3500	300/1100	2.5	19
实验29	1600	1500	950	1100	1250/3100	1500/3900	700/2000	2.5	19
实验30	1600	1600	1100	950	1100/2700	1350/3500	300/1100	3	20
实验31	1600	1700	700	850	1500/3900	1250/3100	1500/3900	4	17
实验32	1600	1800	850	700	1350/3500	1100/2700	1100/2900	5	18

表7.8 铣刨上、中面层后罩面正交试验表

因素＼实验	上面层模量	中面层模量	下面层模量	上基层模量（弯沉/拉应力）	下基层模量（弯沉/拉应力）	底基层模量（弯沉/拉应力）	上基层厚度	下基层厚度	底基层厚度
实验1	1200	800	700	1100/2700	1100/2700	300/1100	17	17	17
实验2	1200	950	850	1250/3100	1250/3100	700/2000	18	18	18
实验3	1200	1050	950	1350/3500	1350/3500	1100/2900	19	19	19
实验4	1200	1200	1100	1500/3900	1500/3900	1500/3900	20	20	20
实验5	1350	800	700	1250/3100	1250/3100	1100/2900	19	20	20
实验6	1350	950	850	1100/2700	1100/2700	1500/3900	20	19	19
实验7	1350	1050	950	1500/3900	1500/3900	300/1100	17	18	18

第7章 罩面后沥青路面养护对策研究

续表

因素 实验	上面层模量	中面层模量	下面层模量	上基层模量（弯沉/拉应力）	下基层模量（弯沉/拉应力）	底基层模量（弯沉/拉应力）	上基层厚度	下基层厚度	底基层厚度
实验8	1350	1200	1100	1350/3500	1350/3500	700/2000	18	17	17
实验9	1450	800	850	1350/3500	1500/3900	300/1100	18	19	20
实验10	1450	950	700	1500/3900	1350/3500	700/2000	17	20	19
实验11	1450	1050	1100	1100/2700	1250/3100	1100/2900	20	17	18
实验12	1450	1200	950	1250/3100	1100/2700	1500/3900	19	18	17
实验13	1600	800	850	1500/3900	1350/3500	1100/2900	20	18	17
实验14	1600	950	700	1350/3500	1500/3900	1500/3900	19	17	18
实验15	1600	1050	1100	1250/3100	1100/2700	300/1100	18	20	19
实验16	1600	1200	950	1100/2700	1250/3100	700/2000	17	19	20
实验17	1200	800	1100	1100/2700	1500/3900	700/2000	19	18	19
实验18	1200	950	950	1250/3100	1350/3500	300/1100	20	17	20
实验19	1200	1050	850	1350/3500	1250/3100	1500/3900	17	20	17
实验20	1200	1200	700	1500/3900	1100/2700	1100/2900	18	19	18
实验21	1350	800	1100	1250/3100	1350/3500	1500/3900	17	19	18
实验22	1350	950	850	1100/2700	1500/3900	1100/2900	18	20	17
实验23	1350	1050	850	1500/3900	1100/2700	700/2000	19	17	20
实验24	1350	1200	700	1350/3500	1250/3100	300/1100	20	18	19
实验25	1450	800	950	1350/3500	1100/2700	700/2000	20	20	18
实验26	1450	950	1100	1500/3900	1250/3100	300/1100	19	19	17
实验27	1450	1050	700	1100/2700	1350/3500	1500/3900	18	18	20
实验28	1450	1200	850	1250/3100	1500/3900	1100/2900	17	17	19
实验29	1600	800	950	1500/3900	1250/3100	1500/3900	18	17	19
实验30	1600	950	1100	1350/3500	1100/2700	1100/2900	17	18	20
实验31	1600	1050	700	1250/3100	1500/3900	700/2000	20	19	17
实验32	1600	1200	850	1100/2700	1350/3500	300/1100	19	20	18

表7.9 铣刨原路面面层及上基层后罩面正交试验表

因素 实验	上面层模量	中面层模量	下面层模量	上基层模量	下基层模量	底基层模量	上基层厚度	下基层厚度	底基层厚度
实验1	1200	800	800	1000	1100/2700	300/1100	17	17	17
实验2	1200	950	950	1150	1250/3100	700/2000	18	18	18

续表

因素\实验	上面层模量	中面层模量	下面层模量	上基层模量	下基层模量	底基层模量	上基层厚度	下基层厚度	底基层厚度
实验3	1200	1050	1050	1250	1350/3500	1100/2900	19	19	19
实验4	1200	1200	1200	1400	1500/3900	1500/3900	20	20	20
实验5	1350	800	800	1150	1250/3100	1100/2900	19	20	20
实验6	1350	950	950	1000	1100/2700	1500/3900	20	19	19
实验7	1350	1050	1050	1400	1500/3900	300/1100	17	18	18
实验8	1350	1200	1200	1250	1350/3500	700/2000	18	17	17
实验9	1450	800	950	1250	1500/3900	300/1100	18	19	20
实验10	1450	950	800	1400	1350/3500	700/2000	17	20	19
实验11	1450	1050	1200	1000	1250/3100	1100/2900	20	17	18
实验12	1450	1200	1050	1150	1100/2700	1500/3900	19	18	17
实验13	1600	800	950	1400	1350/3500	1100/2900	20	18	17
实验14	1600	950	800	1250	1500/3900	1500/3900	19	17	18
实验15	1600	1050	1200	1150	1100/2700	300/1100	18	20	19
实验16	1600	1200	1050	1000	1250/3100	700/2000	17	19	20
实验17	1200	800	1200	1000	1500/3900	700/2000	19	18	19
实验18	1200	950	1050	1150	1350/3500	300/1100	20	17	20
实验19	1200	1050	950	1250	1250/3100	1500/3900	17	20	17
实验20	1200	1200	800	1400	1100/2700	1100/2900	18	19	18
实验21	1350	800	1200	1150	1350/3500	1500/3900	17	19	18
实验22	1350	950	1050	1000	1500/3900	1100/2900	18	20	17
实验23	1350	1050	950	1400	1100/2700	700/2000	19	17	20
实验24	1350	1200	800	1250	1250/3100	300/1100	20	18	19
实验25	1450	800	1050	1250	1100/2700	700/2000	20	20	18
实验26	1450	950	1200	1400	1250/3100	300/1100	19	19	17
实验27	1450	1050	800	1000	1350/3500	1500/3900	18	18	20
实验28	1450	1200	950	1150	1500/3900	1100/2900	17	17	19
实验29	1600	800	1050	1400	1250/3100	1500/3900	18	17	19
实验30	1600	950	1200	1250	1100/2700	1100/2900	17	18	20
实验31	1600	1050	800	1150	1500/3900	700/2000	20	19	17
实验32	1600	1200	950	1000	1350/3500	300/1100	19	20	18

第7章 罩面后沥青路面养护对策研究

根据正交表格，力学计算结果如表7.10～表7.12。

表7.10 直接罩面后路面结构力学计算结果

路面结构	罩面层底拉应力	上面层底拉应力	中面层底拉应力	下面层底拉应力	上基层底拉应力	下基层底拉应力	底基层底拉应力	路基顶部压应变
实验1	-0.680	0.012	-0.442	-0.314	0.014	0.123	0.086	-0.158
实验2	-0.675	-0.011	-0.432	-0.307	0.007	0.088	0.115	-0.121
实验3	-0.657	0.003	-0.405	-0.290	0.003	0.070	0.130	-0.093
实验4	-0.641	-0.003	-0.382	-0.275	0.002	0.057	0.140	-0.081
实验5	-0.621	0.079	-0.371	-0.269	-0.003	0.067	0.127	-0.096
实验6	-0.648	0.045	-0.386	-0.281	-0.023	0.055	0.156	-0.091
实验7	-0.678	-0.046	-0.440	-0.309	0.056	0.115	0.076	-0.139
实验8	-0.685	-0.074	-0.445	-0.315	0.016	0.090	0.116	-0.121
实验9	-0.655	0.002	-0.405	-0.290	0.041	0.072	0.105	-0.109
实验10	-0.622	0.071	-0.376	-0.269	0.034	0.123	0.070	-0.129
实验11	-0.682	-0.055	-0.428	-0.310	-0.014	0.050	0.163	-0.095
实验12	-0.672	0.001	-0.420	-0.299	-0.022	0.080	0.141	-0.107
实验13	-0.678	-0.028	-0.441	-0.309	-0.007	0.051	0.162	-0.094
实验14	-0.681	0.039	-0.456	-0.324	-0.001	0.082	0.135	-0.101
实验15	-0.627	-0.004	-0.354	-0.256	0.012	0.071	0.108	-0.113
实验16	-0.645	0.041	-0.377	-0.276	0.024	0.123	0.071	-0.130
实验17	-0.678	-0.074	-0.423	-0.309	0.017	0.062	0.135	-0.101
实验18	-0.685	-0.049	-0.450	-0.320	0.014	0.034	0.157	-0.091
实验19	-0.631	0.038	-0.374	-0.268	0.002	0.156	0.072	-0.134
实验20	-0.649	0.050	-0.407	-0.285	-0.007	0.097	0.111	-0.117
实验21	-0.660	-0.065	-0.396	-0.285	0.013	0.155	0.071	-0.131
实验22	-0.627	0.026	-0.361	-0.268	0.013	0.099	0.109	-0.115
实验23	-0.684	-0.020	-0.454	-0.313	-0.004	0.059	0.134	-0.101
实验24	-0.669	0.088	-0.434	-0.307	0.005	0.033	0.161	-0.094
实验25	-0.631	-0.004	-0.368	-0.263	-0.010	0.040	0.157	-0.092
实验26	-0.661	-0.058	-0.401	-0.282	0.010	0.051	0.140	-0.105
实验27	-0.666	0.095	-0.422	-0.307	0.003	0.108	0.104	-0.110
实验28	-0.681	0.009	-0.446	-0.319	0.032	0.143	0.072	-0.132
实验29	-0.687	-0.081	-0.454	-0.316	-0.004	0.108	0.106	-0.112
实验30	-0.678	-0.082	-0.421	-0.296	0.006	0.137	0.070	-0.130
实验31	-0.642	0.107	-0.396	-0.287	0.008	0.043	0.162	-0.093
实验32	-0.614	0.097	-0.352	-0.261	0.018	0.051	0.136	-0.102

表7.11 铣刨上、中面层后罩面路面结构力学计算结果

路面结构	路表弯沉(0.01mm)	上面层底拉应力	中面层底拉应力	下面层底拉应力	上基层底拉应力	下基层底拉应力	底基层底拉应力	路基顶部压应变
实验1	27.87	-0.670	-0.407	-0.289	0.017	0.127	0.088	-0.163
实验2	24.19	-0.672	-0.412	-0.292	0.006	0.087	0.113	-0.120
实验3	21.61	-0.673	-0.416	-0.295	-0.001	0.065	0.124	-0.094
实验4	19.62	-0.675	-0.419	-0.297	-0.004	0.049	0.129	-0.075
实验5	21.94	-0.669	-0.409	-0.294	-0.004	0.051	0.124	-0.093
实验6	21.39	-0.671	-0.407	-0.288	-0.004	0.029	0.149	-0.087
实验7	25.20	-0.673	-0.414	-0.294	0.018	0.159	0.072	-0.134
实验8	23.73	-0.673	-0.412	-0.290	0.014	0.104	0.112	-0.119
实验9	24.86	-0.671	-0.416	-0.296	0.005	0.145	0.068	-0.126
实验10	23.26	-0.667	-0.403	-0.294	0.006	0.093	0.104	-0.109
实验11	22.23	-0.673	-0.411	-0.285	-0.002	0.059	0.134	-0.101
实验12	21.59	-0.670	-0.402	-0.285	0.007	0.037	0.161	-0.094
实验13	22.09	-0.670	-0.417	-0.298	0.012	0.074	0.131	-0.098
实验14	21.63	-0.665	-0.400	-0.291	-0.010	0.058	0.157	-0.091
实验15	24.69	-0.672	-0.410	-0.286	0.026	0.105	0.071	-0.129
实验16	23.19	-0.668	-0.396	-0.280	-0.005	0.077	0.106	-0.112
实验17	23.44	-0.677	-0.426	-0.294	-0.012	0.102	0.105	-0.112
实验18	24.75	-0.674	-0.416	-0.293	0.015	0.132	0.070	-0.129
实验19	22.06	-0.672	-0.410	-0.294	-0.002	0.046	0.160	-0.093
实验20	22.56	-0.667	-0.396	-0.290	0.024	0.051	0.135	-0.101
实验21	22.13	-0.676	-0.426	-0.297	-0.015	0.049	0.159	-0.093
实验22	22.56	-0.672	-0.412	-0.289	-0.020	0.081	0.132	-0.100
实验23	23.06	-0.671	-0.409	-0.293	0.037	0.068	0.107	-0.112
实验24	24.37	-0.666	-0.391	-0.286	0.032	0.120	0.070	-0.128
实验25	22.86	-0.673	-0.421	-0.297	0.026	0.070	0.102	-0.107
实验26	24.37	-0.675	-0.422	-0.296	0.041	0.126	0.070	-0.129
实验27	21.75	-0.665	-0.392	-0.284	-0.021	0.040	0.153	-0.090
实验28	22.57	-0.668	-0.398	-0.286	-0.015	0.076	0.138	-0.104
实验29	21.87	-0.672	-0.421	-0.298	0.009	0.039	0.158	-0.091
实验30	22.37	-0.673	-0.418	-0.292	0.015	0.044	0.133	-0.100
实验31	22.71	-0.664	-0.392	-0.285	-0.005	0.108	0.102	-0.108
实验32	24.03	-0.666	-0.391	-0.279	-0.001	0.132	0.067	-0.125

第7章 罩面后沥青路面养护对策研究

表7.12 铣刨原路面面层及上基层后加铺结构力学计算结果

路面结构	路表弯沉(0.01mm)	上面层底拉应力	中面层底拉应力	下面层底拉应力	上基层底拉应力	下基层底拉应力	底基层底拉应力	路基顶部压应变
实验1	27.54	-0.667	-0.412	-0.259	-0.115	0.128	0.107	-0.177
实验2	23.94	-0.669	-0.417	-0.261	-0.115	0.084	0.137	-0.130
实验3	21.65	-0.670	-0.419	-0.263	-0.114	0.060	0.151	-0.103
实验4	19.67	-0.671	-0.422	-0.264	-0.112	0.043	0.158	-0.082
实验5	21.96	-0.665	-0.415	-0.266	-0.116	0.046	0.149	-0.101
实验6	21.49	-0.667	-0.409	-0.254	-0.110	0.024	0.180	-0.096
实验7	24.87	-0.670	-0.419	-0.265	-0.116	0.164	0.088	-0.147
实验8	23.50	-0.669	-0.414	-0.255	-0.111	0.102	0.137	-0.130
实验9	24.56	-0.665	-0.423	-0.267	-0.116	0.150	0.083	-0.138
实验10	23.00	-0.664	-0.411	-0.268	-0.123	0.091	0.124	-0.118
实验11	22.31	-0.669	-0.410	-0.247	-0.106	0.053	0.164	-0.112
实验12	21.69	-0.665	-0.404	-0.252	-0.110	0.031	0.194	-0.102
实验13	22.06	-0.668	-0.423	-0.270	-0.109	0.069	0.159	-0.108
实验14	21.63	-0.662	-0.405	-0.263	-0.117	0.049	0.190	-0.100
实验15	24.44	-0.668	-0.412	-0.251	-0.107	0.108	0.086	-0.140
实验16	23.00	-0.663	-0.396	-0.245	-0.118	0.075	0.128	-0.120
实验17	23.50	-0.675	-0.429	-0.258	-0.114	0.100	0.130	-0.124
实验18	24.81	-0.671	-0.420	-0.259	-0.103	0.136	0.086	-0.143
实验19	21.81	-0.668	-0.415	-0.264	-0.124	0.040	0.191	-0.101
实验20	22.31	-0.663	-0.403	-0.264	-0.115	0.046	0.161	-0.109
实验21	21.88	-0.674	-0.432	-0.265	-0.126	0.043	0.191	-0.101
实验22	22.38	-0.669	-0.414	-0.253	-0.111	0.076	0.144	-0.112
实验23	23.09	-0.668	-0.415	-0.263	-0.100	0.062	0.116	-0.124
实验24	24.44	-0.661	-0.396	-0.255	-0.094	0.119	0.077	-0.144
实验25	22.85	-0.671	-0.427	-0.264	-0.098	0.066	0.111	-0.120
实验26	24.39	-0.673	-0.427	-0.262	-0.096	0.127	0.078	-0.145
实验27	22.28	-0.661	-0.396	-0.252	-0.114	0.031	0.166	-0.100
实验28	22.35	-0.664	-0.401	-0.253	-0.114	0.067	0.149	-0.115
实验29	21.54	-0.670	-0.428	-0.269	-0.111	0.030	0.170	-0.102
实验30	22.11	-0.670	-0.422	-0.258	-0.111	0.037	0.143	-0.111
实验31	22.76	-0.660	-0.397	-0.254	-0.100	0.104	0.112	-0.121
实验32	24.18	-0.661	-0.392	-0.243	-0.099	0.133	0.075	-0.140

利用表 7.10 ~ 表 7.12 力学计算结果进行极差分析和方差分析可知,三种结构中的路表弯沉、下基层层底拉应力、底基层层底拉应力以及路基顶部压应变四个考察指标都是以底基层模量为第一影响因素,其他考察指标随着罩面方式的不同而发生变化,可见,底基层的完好程度对罩面后的路面结构性能十分重要。

罩面后路表弯沉随各因素增大整体表现为减小。三种罩面方式的路表弯沉值变化不大。直接罩面后,罩面层及旧沥青路面面层一般处于受压状态,压应力在 0.6 ~ 0.7MPa 之间,局部情况下上面层层底可能受拉,但是拉应力很小。原路面上基层虽然一般处于受拉状态,拉应力最大仅为 0.02MPa。而原路面的下基层和底基层为主要承重层。在所有的组合试验中,下基层层底拉应力最大为 0.156MPa,大于 0.1MPa 的占 31.25%。底基层层底拉应力最大为 0.163MPa,大于 0.1MPa 的占 75%。这也恰好说明了罩面前原路面的底基层对直接罩面后的路面结构性能影响最大。

铣刨原路面面层及上、中面层再进行罩面后,路面结构上、中、下面层全部处于受压状态,罩面层所受拉应力最大为 0.668MPa,上基层有一半的组合处于受压状态,而另一半处于受拉状态,拉应力很小,最大仅为 0.02MPa。同旧路直接罩面一样,下基层和底基层主要处于受拉状态,下基层所受拉应力为 0.129 ~ 0.159MPa 之间,有 85% 的组合底基层层底拉应力大于 0.1MPa,最大为 0.16MPa。

铣刨原路面面层及上基层再进行罩面后,路面结构中所有的面层及上基层则全部处于受压状态,所有的组合试验中上面层所受压应力最大,在 0.6 ~ 0.7MPa 之间;而中、下面层的所受的压应力分别在 0.4MPa 与 0.25MPa 左右,同前两种罩面形式一样,下基层和底基层为主要承重层,底基层拉应力最大达到 0.19MPa,最小为 0.07MPa。结果表明,对于铣刨原路面面层及上基层再进行罩面的方案,在罩面前应对底基层的结构状况进行详细勘察,确保其具有足够的承载能力后再采用这种罩面方式。

7-1-2 旧路开裂对罩面层结构荷载内力的影响分析

为了给沥青路面沥青罩面层设计方法提供依据,本书参照国内外沥青混凝土路面设计指标,选取计算力学指标为路表弯沉 l_d、沥青加铺层最大水平拉应变 ε_m、最大水平拉应力 σ_m、最大主拉应变 ε_1、主拉应力 σ_1、最大剪应力 τ_{max} 与竖向最大剪应力 τ_{yz}。

1. 旧路横向开裂宽度对罩面层的荷载应力影响分析

计算参数:车辆荷载 BZZ-100,沥青加铺层厚度 $h = 4cm$,弹性模量 $E_{AC} = $

第7章 罩面后沥青路面养护对策研究

1400MPa，层间接触为连续，旧路裂缝深度为10cm，旧路开裂宽度从0增加到15mm，其中0代表旧路无缝状态。通过建立ANSYS模型，分析所得的数据，得出加铺层荷载内力随旧路开裂宽度的表7.13。

表7.13 罩面层荷载内力随旧路开裂宽度变化表

宽度\内力	l_d (0.01mm)	ε_m (10^{-3})	ε_1 (10^{-3})	σ_m (MPa)	σ_1 (MPa)	τ_{yz} (MPa)	τ_{max} (MPa)
0	26.14	0.368	0.367	0.657	0.657	0.644	0.744
5.5mm	26.18	0.372	0.372	0.662	0.662	0.663	0.745
7.5mm	26.20	0.376	0.375	0.663	0.663	0.677	0.745
9mm	26.26	0.378	0.377	0.663	0.663	0.669	0.746
12mm	26.29	0.381	0.380	0.664	0.664	0.667	0.747
15mm	26.41	0.382	0.382	0.665	0.665	0.666	0.748

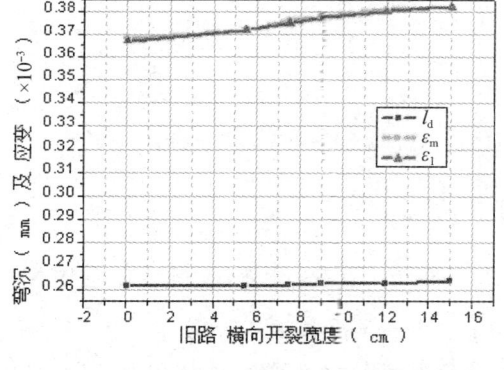
图7.3 弯沉及应变随旧路开裂宽度变化图

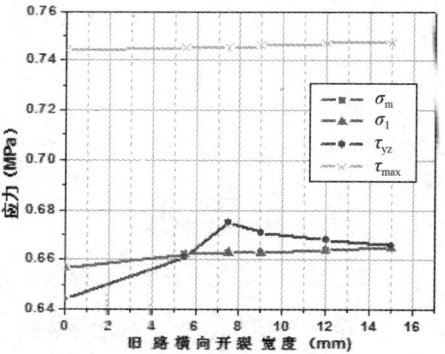
图7.4 荷载应力随旧路开裂宽度变化图

由图7.3及图7.4可知，随着横缝宽度的变化，沥青层弯沉l_d、应变ε_m及ε_1、应力σ_m及σ_1、最大剪应力τ_{max}，都有相应增加，但是幅度不大，与之相比沥青层最大竖向剪应力τ_{yz}则随横缝宽度的变化为先增大后减小。这说明：当荷载处于最不利荷载位置时，加铺层中最大拉应力与剪应力的大小与裂缝宽度关系不大。

2. 旧路横向开裂深度对罩面层的荷载应力影响分析

计算参数：车辆荷载BZZ-100，沥青加铺层厚度$h=4$cm，弹性模量$E_{AC}=$1400MPa，层间接触为连续，旧路开裂宽度为5mm，旧路开裂深度从0增加到30cm，其中0代表旧路无缝状态。通过建立ANSYS模型，分析所得的数据，得出加铺层荷载内力随旧路开裂深度变化的表7.14。

表7.14 加铺层荷载内力随旧路开裂深度变化表

内力 宽度	l_d (0.01mm)	ε_m (10^{-3})	ε_1 (10^{-3})	σ_m (MPa)	σ_1 (MPa)	τ_{yz} (MPa)	τ_{max} (MPa)
0	24.84	0.368	0.367	0.657	0.657	0.644	0.744
5cm	24.92	0.373	0.372	0.661	0.661	0.662	0.745
10cm	24.95	0.375	0.375	0.662	0.662	0.661	0.745
15cm	25.04	0.377	0.376	0.664	0.664	0.663	0.746
20cm	25.07	0.380	0.380	0.664	0.664	0.663	0.747
25cm	25.12	0.381	0.380	0.665	0.665	0.664	0.747
30cm	25.25	0.382	0.382	0.667	0.667	0.666	0.748

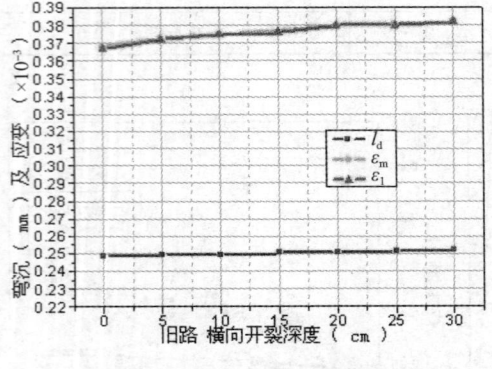 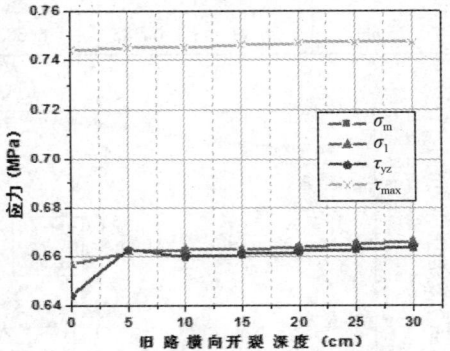

图7.5 弯沉及应变随旧路开裂深度变化图　　图7.6 荷载应力随旧路开裂深度变化图

由图7.5可知,随着横缝深度的增加,沥青层弯沉l_d相应增加,但变化幅度不大;应变ε_m与ε_1相等,变化幅度逐渐减小,当开裂深度为15cm以上时,变化幅度比较小。由图7.6可知,随着横缝深度的增加,应力σ_m及σ_1、最大竖向剪应力τ_{yz}、最大剪应力τ_{max}都有相应增加,而且变化幅度逐渐减小;τ_{max}变化幅度最小,当开裂深度为25~30cm时,τ_{max}基本保持不变。

考虑旧路横缝的加铺层弯沉、应力-应变都大于不考虑旧路开裂的情况,当旧路横向开裂深度为10cm,开裂宽度为5mm时,沥青层l_d、ε_m(ε_1)、σ_m(σ_1)、τ_{max}分别增加了2.8%、10.2%、14.1%、6.0%,这表明:由于裂缝的存在,依照现有方法设计的加铺层厚度将偏小,在实际使用中加铺层将处于更加不利的应力状态。

7-1-3　旧路面病害对罩面后高速公路结构性能的影响研究

旧沥青路面在使用过程中,随着交通量迅速增长,车辆大型化、超载严

第7章 罩面后沥青路面养护对策研究

重,车辆渠化行驶以及外界环境等问题的综合作用,路面结构损坏程度会随时间的推移或作用轴次的累积而逐渐加剧。当破坏达到某种程度时,须采取养护维修或改建措施以恢复或提高其性能。在沥青路面上罩面沥青混凝土层存在车辙、推移、拥包等旧路正病害问题。针对旧路面的病害问题,从不同的角度研究其对罩面后高速公路沥青路面结构性能的影响并使罩面层功能、结构与材料统一起来,应用科学有效的沥青路面处治技术来改善道路使用功能,延长路面使用寿命,降低成本,提高经济社会效益具有重要意义。

下面分别针对三种罩面方式下的旧路面病害进行探讨。

1. 直接罩面的路面结构形式

(1) 旧路面模量未下降时,罩面层模量在1200~1600之间每间隔100MPa变化,路面结构见表7.15。

表7.15 罩面层模量变化下的路面结构

	厚度(cm)	模量(MPa)	泊松比
罩面层	4	1200/1300/1400/1500/1600	0.35
上面层	4	1200/2000	0.35
中面层	5	1100/1700	0.35
下面层	6	1100/1300	0.35
上基层	19	1500/3900	0.25
下基层	18	1500/3900	0.25
底基层	20	1500/3900	0.25
土基		40	0.40

根据路面结构计算力学结果,见表7.16。

表7.16 力学计算结果

罩面层模量(MPa)	路表弯沉	罩面层层底拉应力	上面层底拉应力	中面层底拉应力	下面层底拉应力	上基层底拉应力	下基层底拉应力	底基层底拉应力	路基顶部压应变
1200	24.6	-0.673	-0.565	-0.420	-0.297	-0.103	0.050	0.140	-8.11×10^{-5}
1300	24.54	-0.672	-0.563	-0.418	-0.296	-0.103	0.050	0.140	-8.09×10^{-5}
1400	24.48	-0.671	-0.561	-0.416	-0.295	-0.103	0.050	0.140	-8.06×10^{-5}
1500	24.42	-0.671	-0.559	-0.415	-0.294	-0.103	0.050	0.139	-8.04×10^{-5}
1600	24.37	-0.670	-0.557	-0.413	-0.293	-0.102	0.050	0.139	-8.02×10^{-5}

(2) 旧路面模量下降10%时,路面结构形式见表7.17。

表 7.17　路面结构形式

结构层	厚度（cm）	模量（MPa）	泊松比
罩面层	4	1200/1300/1400/1500/1600	0.35
上面层	4	1080/1800	0.35
中面层	5	990/1530	0.35
下面层	6	990/1170	0.35
上基层	19	1350/3510	0.25
下基层	18	1350/3510	0.25
底基层	20	1350/3510	0.25
土基		40	0.40

根据路面结构计算力学结果，见表 7.18。

表 7.18　力学计算结果

罩面层模量（MPa）	路表弯沉	罩面层底拉应力	上面层底拉应力	中面层底拉应力	下面层底拉应力	上基层底拉应力	下基层底拉应力	底基层底拉应力	路基顶部压应变
1200	25.46	-0.672	-0.562	-0.418	-0.296	-0.103	0.049	0.137	-8.73×10^{-5}
1300	25.39	-0.671	-0.560	-0.416	-0.295	-0.103	0.049	0.137	-8.70×10^{-5}
1400	25.33	-0.671	-0.558	-0.414	-0.294	-0.103	0.049	0.136	-8.67×10^{-5}
1500	25.26	-0.670	-0.556	-0.412	-0.293	-0.102	0.049	0.136	-8.64×10^{-5}
1600	25.2	-0.669	-0.554	-0.411	-0.292	-0.102	0.049	0.136	-8.62×10^{-5}

（3）旧路面模量下降20%时，路面结构形式见表 7.19。

表 7.19　路面结构形式

结构层	厚度（cm）	模量（MPa）	泊松比
罩面层	4	1200/1300/1400/1500/1600	0.35
上面层	4	960/1600	0.35
中面层	5	880/1360	0.35
下面层	6	880/1040	0.35
上基层	19	1200/3120	0.25
下基层	18	1200/3120	0.25
底基层	20	1200/3120	0.25
土基		40	0.40

根据路面结构计算力学结果，见表 7.20。

第7章 罩面后沥青路面养护对策研究

表7.20 力学计算结果

罩面层模量（MPa）	路表弯沉	罩面层层底拉应力	上面层底拉应力	中面层底拉应力	下面层底拉应力	上基层底拉应力	下基层底拉应力	底基层底拉应力	路基顶部压应变
1200	26.46	-0.671	-0.559	-0.415	-0.294	-0.103	0.048	0.134	-9.46×10^{-5}
1300	26.38	-0.670	-0.557	-0.413	-0.293	-0.103	0.048	0.133	-9.43×10^{-5}
1400	26.31	-0.669	-0.555	-0.411	-0.292	-0.102	0.048	0.133	-9.40×10^{-5}
1500	26.24	-0.668	-0.552	-0.409	-0.291	-0.102	0.048	0.132	-9.37×10^{-5}
1600	26.17	-0.667	-0.550	-0.408	-0.290	-0.102	0.048	0.132	-9.34×10^{-5}

（4）旧路面模量下降30%时，路面结构形式见表7.21。

表7.21 路面结构形式

结构层	厚度（cm）	模量（MPa）	泊松比
罩面层	4	1200/1300/1400/1500/1600	0.35
上面层	4	840/1400	0.35
中面层	5	770/1190	0.35
下面层	6	770/970	0.35
上基层	19	1050/2730	0.25
下基层	18	1050/2730	0.25
底基层	20	1050/2730	0.25
土基		40	0.40

根据路面结构计算力学结果，见表7.22。

表7.22 力学计算结果

罩面层模量（MPa）	路表弯沉	罩面层层底拉应力	上面层底拉应力	中面层底拉应力	下面层底拉应力	上基层底拉应力	下基层底拉应力	底基层底拉应力	路基顶部压应变
1200	29.28	-0.669	-0.555	-0.412	-0.292	-0.103	0.047	0.129	-1.04×10^{-4}
1300	29.18	-0.668	-0.553	-0.410	-0.291	-0.103	0.047	0.129	-1.03×10^{-4}
1400	29.09	-0.667	-0.550	-0.408	-0.290	-0.102	0.047	0.129	-1.03×10^{-4}
1500	29.01	-0.666	-0.548	-0.406	-0.289	-0.102	0.047	0.128	-1.03×10^{-4}
1600	28.92	-0.664	-0.546	-0.404	-0.288	-0.102	0.047	0.128	-1.02×10^{-4}

根据基层在旧路面模量变化下的层底拉应力、路表弯沉值及路基顶部压应变，绘制曲线图如图7.7、图7.8、图7.9和图7.10所示。

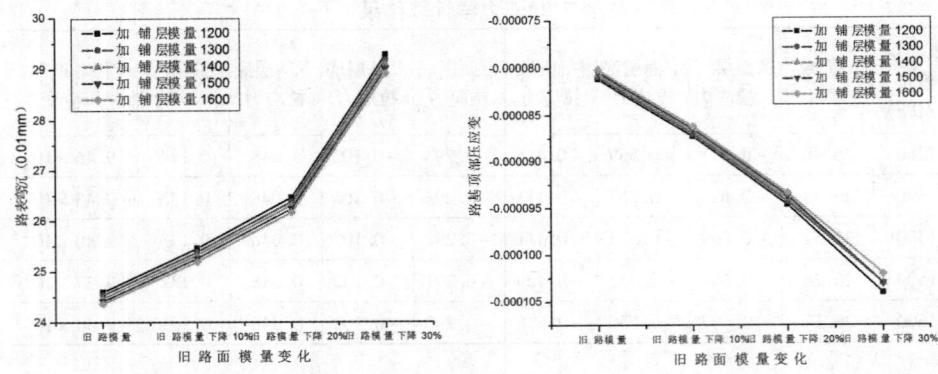

图 7.7　路表弯沉随旧路面模量变化曲线　　图 7.8　路基顶部压应变随旧路面模量变化曲线图

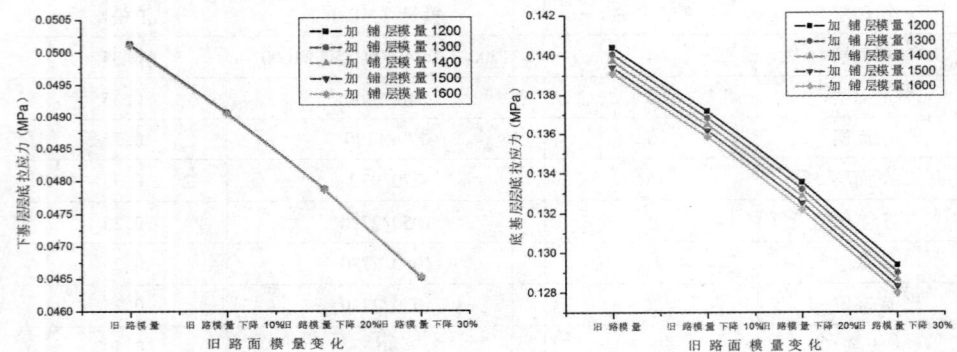

图 7-9　下基层层底拉应力随旧路模量变　　图 7-10　底基层层底拉应力随旧路模量变化

从以上4个图中可以看出：

①旧路面模量和罩面层模量同时变化过程中，路表弯沉、路基顶部压应变、下基层层底拉应力以及底基层层底拉应力各自的变化趋势大体相同。

②随着旧路模量的减小，在不同的罩面层模量下，路基顶部压应变、路表弯沉在逐渐增大，下基层层底拉应力和底基层层底拉应力都在逐渐减小；在罩面层模量相同的情况下，随旧路面模量的降低，各考察指标增大或减小的速率不同，旧路路面路况越差，弯沉、基层底拉应力和压应变变化就越大。

③当罩面层模量是1400MPa时，在旧路模量未发生改变以及分别下降10％，20％，30％时，从图7.7、图7.8中可以看出，路表弯沉从24.48（0.01mm）一直增大到29.09（0.01mm），路表弯沉平均增大了5.69％；随旧路模量依次下降，路表弯沉陆续增大了3.47％，3.87％和10.57％，可以看出，旧路面模量变化对罩面后路面路表弯沉的变化影响较大。路基顶部压应变平均增大了8.48％；下基层层底拉应力拉应力变化较缓慢，在不同的罩面层

第7章 罩面后沥青路面养护对策研究

模量时,下降速率基本相同。底基层层底拉应力从 0.140MPa 下降到 0.129MPa,平均下降了 2.72%。

2. 铣刨上、中面层后罩面的路面结构形式

(1) 旧路面模量未下降时,路面结构见表 7.23。

表 7.23 路面结构形式

结构层	厚度(cm)	模量(MPa)	泊松比
上面层	4	1200/1300/1400/1500/1600	0.35
中面层	9	800/900/1000/1100/1200	0.35
下面层	6	1100/1300	0.35
上基层	19	1500/3900	0.25
下基层	18	1500/3900	0.25
底基层	20	1500/3900	0.25
土基		40	0.40

根据路面结构计算力学结果,见表 7.24。

表 7.24 力学计算结果

罩面层模量(MPa)	路表弯沉	上面层底拉应力	中面层底拉应力	下面层底拉应力	上基层底拉应力	下基层底拉应力	底基层底拉应力	路基顶部压应变
1200	25.060	-0.678	-0.433	-0.304	-0.104	0.050	0.143	-8.27×10^{-5}
1300	24.850	-0.677	-0.428	-0.301	-0.104	0.050	0.142	-8.20×10^{-5}
1400	24.650	-0.675	-0.422	-0.298	-0.103	0.050	0.141	-8.13×10^{-5}
1500	24.470	-0.674	-0.417	-0.295	-0.102	0.050	0.140	-8.06×10^{-5}
1600	24.310	-0.672	-0.412	-0.293	-0.102	0.050	0.139	-7.99×10^{-5}

(2) 旧路面模量下降10%时,路面结构见表 7.25。

表 7.25 路面结构形式

结构层	厚度(cm)	模量(MPa)	泊松比
上面层	4	1200/1300/1400/1500/1600	0.35
中面层	9	800/900/1000/1100/1200	0.35
下面层	6	990/1170	0.35
上基层	19	1350/3510	0.25
下基层	18	1350/3510	0.25
底基层	20	1350/3510	0.25
土基		40	0.40

根据路面结构计算力学结果,见表7.26。

表7.26　力学计算结果

罩面层模量(MPa)	路表弯沉	上面层底拉应力	中面层底拉应力	下面层底拉应力	上基层底拉应力	下基层底拉应力	底基层底拉应力	路基顶部压应变
1200	25.80	-0.677	-0.428	-0.301	-0.104	0.049	0.139	-8.85×10
1300	25.58	-0.675	-0.422	-0.298	-0.103	0.049	0.138	-8.77×10
1400	25.37	-0.673	-0.416	-0.295	-0.102	0.049	0.137	-8.69×10
1500	25.18	-0.672	-0.410	-0.292	-0.102	0.049	0.136	-8.61×10
1600	25.00	-0.670	-0.405	-0.289	-0.101	0.049	0.135	-8.54×10

(3) 旧路面模量下降20%时,路面结构见表7.27。

表7.27　路面结构形式

结构层	厚度(cm)	模量(MPa)	泊松比
上面层	4	1200/1300/1400/1500/1600	0.35
中面层	9	800/900/1000/1100/1200	0.35
下面层	6	880/1040	0.35
上基层	19	1200/3120	0.25
下基层	18	1200/3120	0.25
底基层	20	1200/3120	0.25
土基		40	0.40

根据路面结构计算力学结果,见表7.28。

表7.28　力学计算结果

罩面层模量(MPa)	路表弯沉	上面层底拉应力	中面层底拉应力	下面层底拉应力	上基层底拉应力	下基层底拉应力	底基层底拉应力	路基顶部压应变
1200	26.65	-0.674	-0.421	-0.297	-0.103	0.048	0.134	-9.53×10
1300	26.41	-0.673	-0.414	-0.294	-0.102	0.048	0.133	-9.44×10
1400	26.19	-0.671	-0.408	-0.291	-0.102	0.048	0.132	-9.35×10
1500	25.99	-0.669	-0.403	-0.287	-0.101	0.048	0.131	-9.27×10
1600	25.80	-0.668	-0.397	-0.284	-0.100	0.048	0.130	-9.19×10

第7章 罩面后沥青路面养护对策研究

(4) 旧路面模量下降30%时，路面结构见表7.29。

表7.29 路面结构形式

结构层	厚度（cm）	模量（MPa）	泊松比
上面层	4	1200/1300/1400/1500/1600	0.35
中面层	9	800/900/1000/1100/1200	0.35
下面层	6	770/970	0.35
上基层	19	1050/2730	0.25
下基层	18	1050/2730	0.25
底基层	20	1050/2730	0.25
土基		40	0.40

根据路面结构计算力学结果，见表7.30。

表7.30 力学计算结果

罩面层模量（MPa）	路表弯沉	上面层底拉应力	中面层底拉应力	下面层底拉应力	上基层底拉应力	下基层底拉应力	底基层底拉应力	路基顶部压应变
1200	29.28	-0.672	-0.413	-0.293	-0.102	0.047	0.129	-1.04×10^2
1300	28.95	-0.670	-0.406	-0.289	-0.101	0.047	0.128	-1.03×10^2
1400	27.14	-0.668	-0.399	-0.286	-0.101	0.047	0.127	-1.02×10^2
1500	26.92	-0.666	-0.393	-0.282	-0.100	0.047	0.126	-1.01×10^2
1600	26.72	-0.665	-0.387	-0.279	-0.100	0.047	0.126	-9.98×10

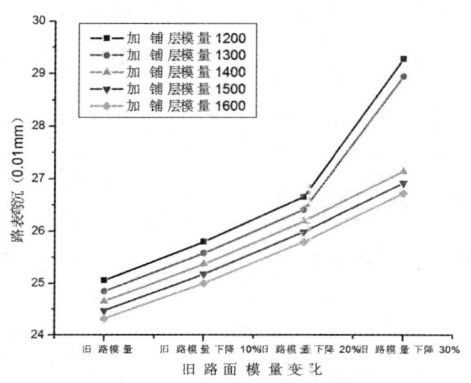

图7.11 路表弯沉随旧路面模量变化曲

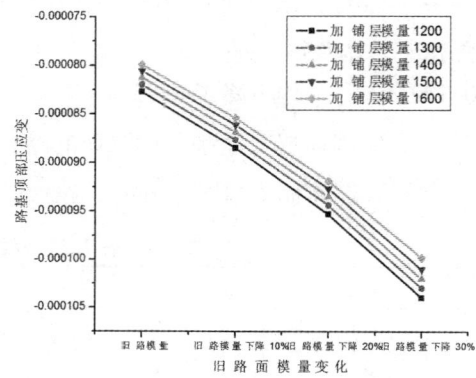

图7.12 路基顶部压应变随旧路面模量变化曲线图

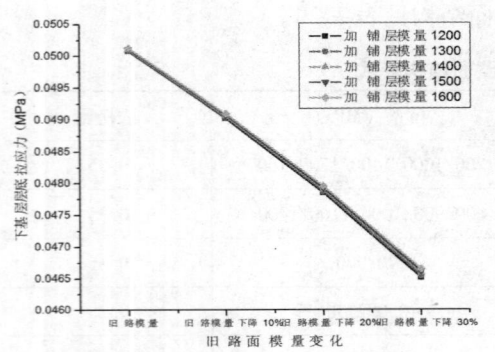

图7.13 下基层层底拉应力随旧路面模量变化曲线图

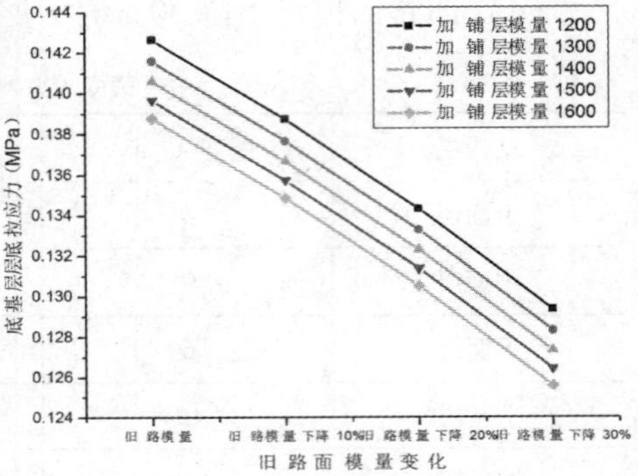

图7.14 底基层层底拉应力随旧路面模量变化曲线图

从图7.11~图7.14得出结论如下:

(1) 在这种路面结构形式下,随旧路面模量的变化,上面层和中面层两面层的模量均在变化,从图中可以看出,指标各自变化趋势大体相同。

(2) 在不同的罩面层模量下,随着旧路模量的减小,路基顶部压应变、路表弯沉增大,下基层层底拉应力和底基层层底拉应力逐渐减小;在罩面层模量相同的情况下,随旧路面路况降低,各考察指标增大或减小的速率有所不同,弯沉、基层底拉应力和压应变变化也越大。

(3) 在旧路模量未发生改变以及分别下降10%,20%,30%时,选取罩面层模量是1400MPa时,从图7.11、图7.12中可以看出,路表弯沉从24.65 (0.01mm)一直增大到27.14 (0.01mm),路表弯沉平均增大了3.26%;随旧路模量依次下降,路表弯沉陆续增大了2.92%,3.23%和3.63%,可以看出,旧路面模量变化对罩面后路面路表弯沉的变化影响较大。路基顶部压应变平均增大了7.74%;下基层层底拉应力变化较缓慢,在不同的罩面层模量时,下降速率基本相同,平均减小了2.39%。底基层层底拉应力从0.141MPa下降到0.127MPa,平均下降了3.23%。

3. 铣刨面层及上基层后罩面的路面结构形式

(1) 旧路面模量未下降时,路面结构见表7.31。

表7.31 路面结构形式

结构层	厚度 (cm)	模量 (MPa)	泊松比
上面层	4	1200/1300/1400/1500/1600	0.35
中面层	8	800/900/1000/1100/1200	0.35
下面层	7	800/900/1000/1100/1200	0.35

第7章 罩面后沥青路面养护对策研究

续表

结构层	厚度（cm）	模量（MPa）	泊松比
上基层	19	1000/1100/1200/1300/1400	0.25
下基层	18	1500/3900	0.25
底基层	20	1500/3900	0.25
土基		40	0.40

根据路面结构计算力学结果，见表7.32。

表7.32 力学计算结果

罩面层模量（MPa）	路表弯沉	上面层底拉应力	中面层底拉应力	下面层底拉应力	上基层底拉应力	下基层底拉应力	底基层底拉应力	路基顶部压应变
1200	30.11	−0.667	−0.415	−0.264	−0.121	0.039	0.183	−9.70×10⁻⁵
1300	29.29	−0.668	−0.415	−0.262	−0.119	0.040	0.178	−9.43×10⁻⁵
1400	28.58	−0.668	−0.415	−0.262	−0.117	0.041	0.175	−9.18×10⁻⁵
1500	27.96	−0.668	−0.415	−0.261	−0.116	0.042	0.171	−8.96×10⁻⁵
1600	25.89	−0.668	−0.414	−0.260	−0.114	0.043	0.168	−8.75×10⁻⁵

（2）旧路面模量下降10%时，路面结构见表7.33。

表7.33 路面结构形式

结构层	厚度（cm）	模量（MPa）	泊松比
上面层	4	1200/1300/1400/1500/1600	0.35
中面层	8	800/900/1000/1100/1200	0.35
下面层	7	800/900/1000/1100/1200	0.35
上基层	19	1000/1100/1200/1300/1400	0.25
下基层	18	1350/3510	0.25
底基层	20	1350/3510	0.25
土基		40	0.40

根据路面结构计算力学结果，见表7.34。

表7.34 力学计算结果

罩面层模量（MPa）	路表弯沉	上面层底拉应力	中面层底拉应力	下面层底拉应力	上基层底拉应力	下基层底拉应力	底基层底拉应力	路基顶部压应变
1200	30.57	−0.667	−0.415	−0.263	−0.119	0.039	0.175	−1.02×10⁻⁴
1300	29.74	−0.668	−0.414	−0.262	−0.117	0.041	0.171	−9.87×10⁻⁵
1400	29.02	−0.668	−0.414	−0.261	−0.115	0.042	0.167	−9.61×10⁻⁵
1500	28.4	−0.668	−0.414	−0.260	−0.114	0.043	0.164	−9.38×10⁻⁵
1600	26.3	−0.668	−0.414	−0.259	−0.112	0.044	0.161	−9.17×10⁻⁵

(3) 旧路面模量下降20%时,路面结构见表7.35。

表7.35 路面结构形式

结构层	厚度(cm)	模量(MPa)	泊松比
上面层	4	1200/1300/1400/1500/1600	0.35
中面层	8	800/900/1000/1100/1200	0.35
下面层	7	800/900/1000/1100/1200	0.35
上基层	19	1000/1100/1200/1300/1400	0.25
下基层	18	1200/3120	0.25
底基层	20	1200/3120	0.25
土基		40	0.40

根据路面结构计算力学结果,见表7.36。

表7.36 力学计算结果

罩面层模量(MPa)	路表弯沉	上面层底拉应力	中面层底拉应力	下面层底拉应力	上基层底拉应力	下基层底拉应力	底基层底拉应力	路基顶部压应变
1200	31.09	-0.667	-0.414	-0.262	-0.117	0.040	0.166	-1.07×10^{-4}
1300	30.26	-0.668	-0.414	-0.261	-0.115	0.041	0.162	-1.04×10^{-4}
1400	29.53	-0.668	-0.414	-0.260	-0.113	0.042	0.159	-1.01×10^{-4}
1500	28.9	-0.668	-0.414	-0.259	-0.111	0.043	0.156	-9.87×10^{-5}
1600	28.34	-0.668	-0.414	-0.258	-0.110	0.044	0.153	-9.65×10^{-5}

(4) 旧路面模量下降30%时,路面结构见表7.37。

表7.37 路面结构形式

结构层	厚度(cm)	模量(MPa)	泊松比
上面层	4	1200/1300/1400/1500/1600	0.35
中面层	8	800/900/1000/1100/1200	0.35
下面层	7	800/900/1000/1100/1200	0.35
上基层	19	1000/1100/1200/1300/1400	0.25
下基层	18	1050/2730	0.25
底基层	20	1050/2730	0.25
土基		40	0.40

根据路面结构计算力学结果,见表7.38。

第7章 罩面后沥青路面养护对策研究

表7.38 力学计算结果

罩面层模量(MPa)	路表弯沉	上面层底拉应力	中面层底拉应力	下面层底拉应力	上基层底拉应力	下基层底拉应力	底基层底拉应力	路基顶部压应变
1200	33.49	-0.667	-0.414	-0.261	-0.115	0.040	0.157	-1.13×10^{-4}
1300	32.48	-0.668	-0.414	-0.260	-0.112	0.042	0.153	-1.10×10^{-4}
1400	30.13	-0.668	-0.413	-0.259	-0.111	0.042	0.150	-1.07×10^{-4}
1500	29.49	-0.668	-0.413	-0.258	-0.109	0.043	0.147	-1.05×10^{-4}
1600	28.93	-0.668	-0.413	-0.257	-0.107	0.044	0.144	-1.02×10^{-4}

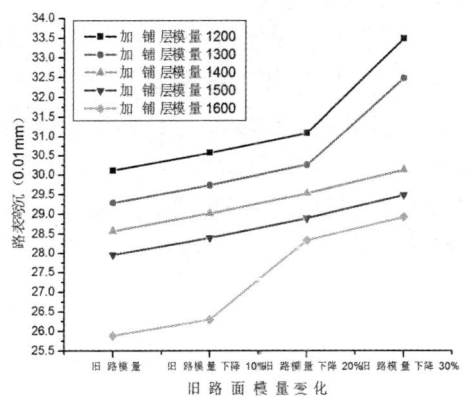

图7.15 路表弯沉随旧路面模量变化曲线图

图7.16 路基顶部压应变随旧路面模量变化曲线图

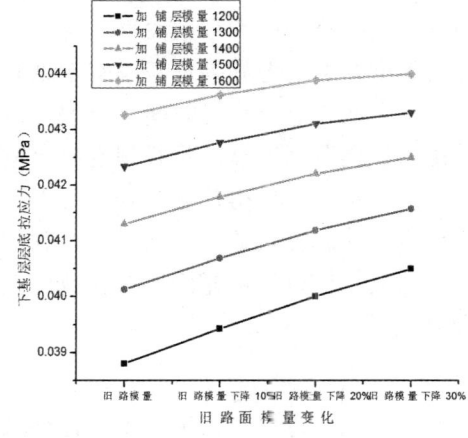

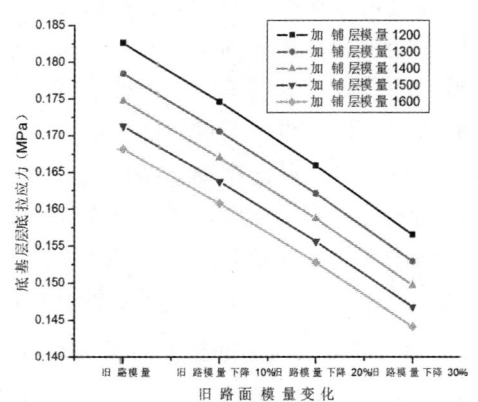

图7.17 下基层层底拉应力随旧路面模量变化曲线图

图7.18 底基层层底拉应力随旧路面模量变化曲线图

该路面结构形式中，上基层由半刚性基层变为柔性基层，从图7.15～图

7.18 中可以看出，下基层层底拉应力变化趋势明显不同于以上两种结构。

①下基层层底拉应力随着罩面层模量的增大和旧路面模量的下降而增大。拉应力的增大容易使路面发生弯拉破坏，从而加速路面破损，降低路面使用寿命。

②旧路面模量和罩面层模量同时变化时，路表弯沉、路基顶部压应变以及底基层层底拉应力各自的变化趋势与前两种结构大体相同。

③随着旧路模量的减小，在不同的罩面层模量下，路基顶部压应变、路表弯沉仍在增大，底基层层底拉应力在减小；在罩面层模量相同的情况下，旧路路面路况越差，弯沉、基层底拉应力和压应变变化就越大。

④当罩面层模量为 1400MPa 时，在旧路模量未发生改变以及分别下降 10%，20%，30% 时，从图 7.15、图 7.16 中可以看出，路表弯沉从 28.58（0.01mm）一直增大到 30.13（0.01mm），路表弯沉平均增大了 1.78%；随旧路模量依次下降，路表弯沉陆续增大了 1.54%，1.76% 和 2.03%，可以看出，旧路面模量变化对罩面后路面路表弯沉的变化影响较大。路基顶部压应变平均增大了 5.31%；底基层层底拉应力从 0.175MPa 下降到 0.150MPa，平均下降了 5.02%。

7-1-4　高速公路罩面后结构性能变化规律研究

沥青路面结构可靠性状态必须满足一定的性能要求，一旦发现其结构状态不能满足要求，必须采取一定的养护维修措施以恢复其性能。在进行维修前，公路养护人员的主要任务就是根据沥青路面现有的路况信息确定其维修措施，进而制定合理的维修计划。维修费用与所确定的维修措施有很大关系，维修级别设定越高，相应的工时和材料费用也随着大幅增大。但如果只考虑本次维修费用而设定过低的等级，可能会缩短沥青路面下次须进行维修时间，导致单位时间路面使用维修费用过高。因此，如果能够根据路面可靠性状态制定出合适的维修策略，就能帮助公路部门节约大量的维修成本，使得控制维修成本真正落到实处。本书试图从既有沥青路面结构可靠性状态分析的角度出发，在利用目前先进的无损检测技术的基础上，对既有路面结构进行可靠性分析，应用灰色系统理论进行路面结构可靠性状态的预测。

1. 直接罩面后的路面结构可靠度计算

为了找出重载作用下对路面结构可靠性的影响，进而分析不同累计标准轴载情况下的路面结构可靠度变化规律，通过罩面后京秦高速公路路面结构，分别研究不同作用下，不同罩面方式的路面结构可靠性变化情况。考察在考虑当量轴次与可靠度关系时，只有可靠度均值发生变化，其他输入参数的均值、变

第7章 罩面后沥青路面养护对策研究

异性和概率分布并不发生变化。表7.39反映了直接罩面后的不同荷载作用下累计当量轴次 N_e 与可靠度之间的关系。

表7.39 不同荷载作用下累计当量轴次 N_e 与可靠度之间的关系（直接罩面）

N_e（万次） \ 荷载均值（MPa）	可靠度（%）						
	0.7	0.8	0.9	1.0	1.1	1.2	1.4
30	100	99.34	88.11	68.5	41.89	24.09	5.28
60	99.65	84.63	57.06	33.52	16.06	6.16	1.1
90	93.14	68.3	37.86	17.3	6.18	2.14	—
120	83.42	52.37	24.59	9.96	2.94	0.69	—
150	73.38	42.58	18.76	5.56	1.35	0.03	—
180	65.37	32.9	11.04	3.74	0.9	0.02	—
210	58.89	27.55	8.77	2.31	0.03	—	—
240	53.27	22.04	7.55	1.25	0.02	—	—
280	43.63	18.2	4.78	1.56	—	—	—
320	39.57	14.39	4.75	0.78	—	—	—
360	32.75	10.12	2.87	—	—	—	—
400	25.64	7.12	1.49	—	—	—	—

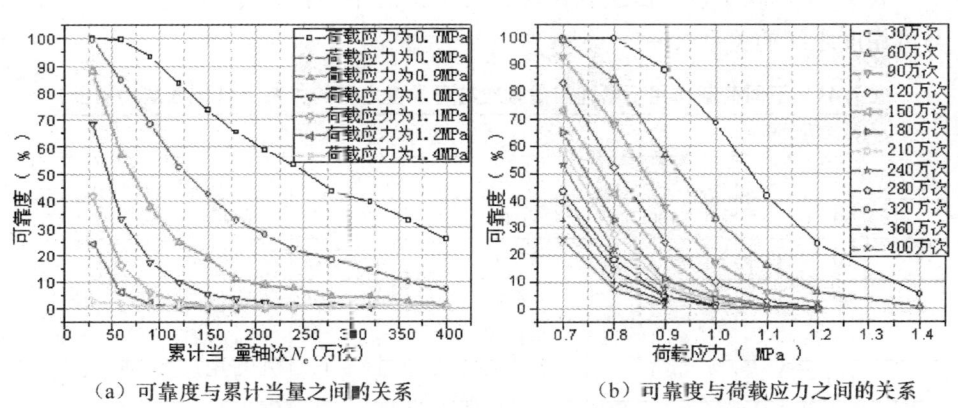

(a) 可靠度与累计当量之间的关系　　(b) 可靠度与荷载应力之间的关系

图7.19 直接罩面路面结构可靠度计算

分析图7.19中的曲线变化规律可知，随累计当量轴次的增大，沥青路面结构可靠度会快速降低到一个比较低的水平，尤其是30万～150万次这段区间内，可靠度降幅更为大，在累计当量轴次大于150万次时，可靠度有所变缓。在累计当量轴次大于某一值时，随累计当量轴次的增加，路面结构可靠度曲线将逐渐趋于水平，也即对累计当量轴次的敏感性水平将逐渐减小。

此外，从图7.19中还可以清楚看出，荷载对可靠度有着重要的影响。随荷载应力的增大，路面结构的可靠性呈衰减的趋势，但这种趋势变化也不相同。表7.40为荷载应力水平由0.7MPa增加到0.8MPa时不同当量轴次可靠度变化率。

表7.40　不同当量轴次可靠度变化率

累计当量轴次（万次）	100	200	300	400	500	600
可靠度变化率（%）	5.92	16.13	26.59	37.22	41.96	49.68
累计当量轴次（万次）	700	800	900	1000	1200	1400
可靠度变化率（%）	53.22	58.29	58.62	65.39	69.10	72.24

由表7.40可知当累计当量轴次为30万次时，可靠度减小了5.92%，而累计当量轴次为400万次时，当可靠度减小了72.24%。说明在累计当量轴次低时，荷载应力的变化对可靠度的影响要远远小于累计当量轴次较高时对可靠度的影响程度。同时从表7.40中可以看出，在高荷载应力水平下，荷载的变化对可靠度影响要大于低荷载应力水平下的影响，例如当累计当量轴次为30万次时，荷载应力水平由0.7MPa增加到0.8MPa，可靠度减小了5.92%，而当荷载应力水平由1.1MPa增加到1.2MPa，可靠度减小了38.85%。

2. 铣刨面层后罩面的路面结构可靠度计算

表7.41反映了以上面层底拉应力为指标的不同荷载作用下累计当量轴次与可靠度之间的关系。

表7.41　不同荷载作用下累计当量轴次与可靠度之间的关系（铣刨面层后罩面）

N_e（万次） \ 荷载均值（MPa）	0.7	0.8	0.9	1.0	1.2
30	100	100	90	89.23	78.52
60	99.78	87.86	80.28	78.14	38.12
90	93.43	72.34	68.72	60.82	17.4
120	86.15	65.02	56.11	43.64	8.98
150	77.24	56.09	45.12	33.38	4.85
180	67.94	48.63	37.65	22.91	2.45
210	60.53	42.15	29.48	17.9	1.54
240	54.53	36.68	24.82	13.62	1.19
280	49.32	31.98	20.34	10.09	0.92
320	40.4	27.5	17.02	8.3	0.8
360	38.49	21.58	12.02	4.7	0.3
400	37.21	17.25	8.39	3.21	0.19

第7章 罩面后沥青路面养护对策研究

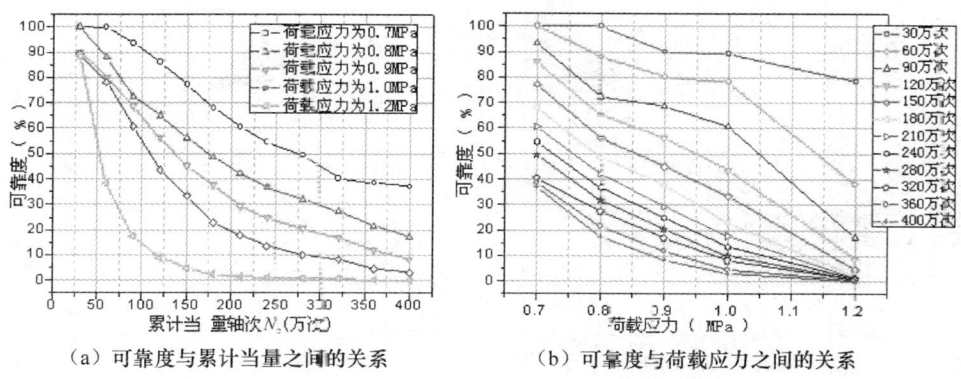

(a) 可靠度与累计当量之间的关系　　(b) 可靠度与荷载应力之间的关系

图 7.20　铣刨面层后罩面路面结构可靠度变化

当行车荷载增大时，面层层底拉应力增大，沥青路面结构的可靠度也肯定随之下降，这种影响程度也随累计当量轴次的增加而增加，例如累计当量轴次为 90 万次时，仅降低了仅 3.91%，而在累计当量轴次为 400 时，荷载应力由 0.7MPa 增加到 0.8MPa，可靠度从 71.08% 降到 36.94%，降低了 34.14%。图 7.20 反映了这样一个事实，那就是路面结构可靠度的降幅随累计当量轴次的增加而增加。

3. 铣刨面层及上基层后罩面的路面结构可靠度计算

表 7.42 是以基层层底拉应力为控制指标时不同荷载作用下累计当量轴次与可靠度之间的关系。

表 7.42　不同荷载作用下累计当量轴次与可靠度之间的关系（铣刨面层及上基层后罩面）

荷载均值（MPa）			可靠度（%）			
N_e（万次）	0.7	0.8	0.9	1.0	1.2	1.4
30	100	100	100	99.79	97.75	92.57
60	100	100	89.88	88.65	82.62	71.56
90	94.26	90.23	84.07	76.2	66.02	60.17
120	89.54	85.83	78.85	69.8	63.74	52.21
150	88.38	79.71	72.85	67.76	59.74	47.21
180	88.14	73.42	66.24	65.99	55.08	44.92
210	85.79	66.74	59.84	57.76	48.88	39.37
240	83.66	58.54	52.35	50.28	45.71	35.25
280	80.26	49.75	45.28	42.13	40.58	28.67
320	78.99	42.47	36.5	33.81	30.32	23.35
360	73.97	35.38	24.01	20.27	15.51	10.18
400	63.97	28.92	19.57	15.73	10.92	6.4

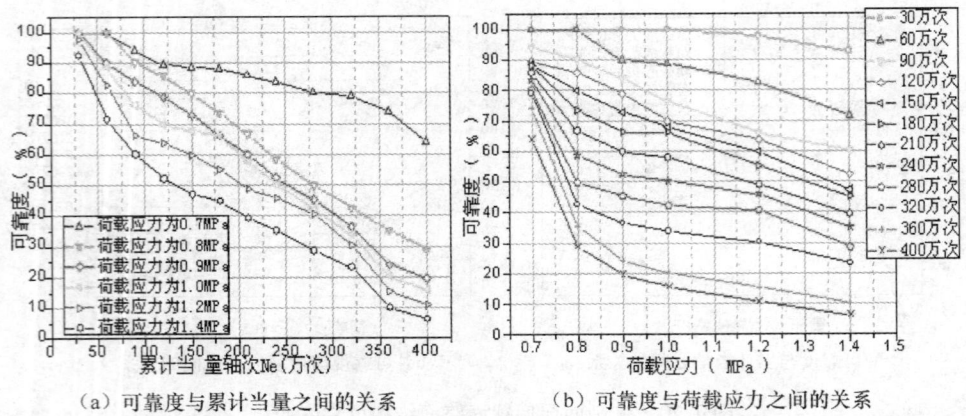

(a) 可靠度与累计当量之间的关系　　　(b) 可靠度与荷载应力之间的关系

图 7.21　不同荷载作用下累计当量轴次与可靠度之间的关系（铣刨面层及基层后罩面）

从表 7.42 中可以看出，以基层层底拉应力为控制指标时，在荷载应力水平比较低时，路面结构可靠度一直处于比较高的水平上，而没有较大变化，当荷载应力水平达到 1.0MPa，可靠性迅速降低。

4. 沥青路面结构层间状态对可靠性的影响

沥青路面由各个结构层组成，层与层之间的粘结尤为重要，我国现行的《公路沥青路面设计规范》（JTG D50—2006）在处理沥青路面结构层间接触问题时将其视为层状弹性连续体系；有的研究则忽略路面结构层之间的状态将其视为光滑。然而这两种处理方法并不符合道路实际情况，实际上它很有可能既不是连接得足以保证层间间完全连续，也非处于完全滑动状态。目前我国公路沥青早期损坏现象比较突出很大程度上是因为我国公路的基层主要形式为半刚性基层，而半刚性基层致密、呈板体性的特点使得沥青面层与半刚性基层之间在使用过程中往往难以达到理想的连续状态，故作者拟采用层间接触系数来处理层间滑动问题，分析不同接触条件下沥青路面可靠度的变化。

（1）不同接触状态下的累计当量轴次对可靠度的影响

选定表 7.42 中路面设计参数，计算出不同接触状态下累计当量轴次与可靠度之间的关系如表 7.43 所示。

表 7.43　不同接触状态下的累计当量轴次与可靠度之间关系（直接罩面）

Ne（万次）	滑移系数 α	可靠度（%）					
		0	0.2	0.4	0.6	0.8	1.0
30		100.00	98.00	98.00	97.89	97.84	97.78
60		100.00	98.00	98.00	94.79	93.18	91.56
90		93.04	97.42	96.84	90.64	87.53	84.43

第7章 罩面后沥青路面养护对策研究

续表

滑移系数 α Ne（万次）	可靠度（%）					
	0	0.2	0.4	0.6	0.8	1.0
120	83.42	87.70	86.83	81.26	78.48	75.70
150	73.38	77.14	76.37	71.48	69.03	66.58
180	65.37	68.73	68.04	63.68	61.50	59.32
210	58.89	61.92	61.30	57.37	55.41	53.44
240	53.27	56.00	55.44	51.89	50.12	48.33
280	43.53	45.87	45.41	42.50	41.05	39.59
320	41.57	43.70	43.27	40.49	39.11	37.72
360	32.75	34.43	34.08	31.90	30.81	29.71
400	25.84	26.96	26.69	24.98	24.13	23.27

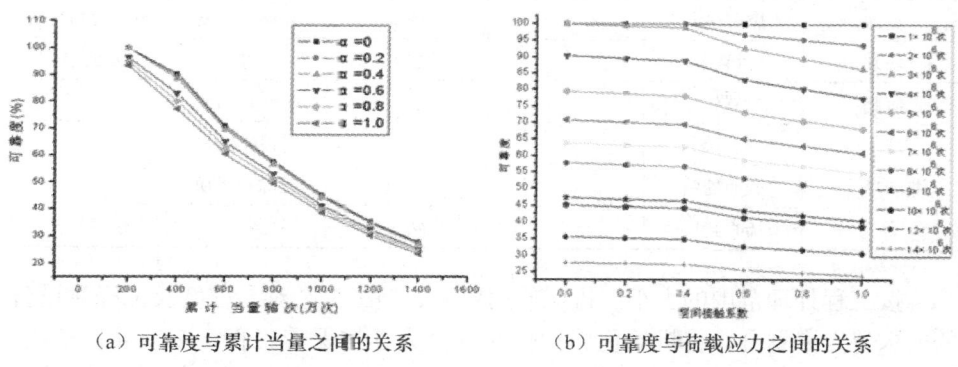

(a) 可靠度与累计当量之间的关系　　(b) 可靠度与荷载应力之间的关系

图 7.22　不同接触状态下的累计当量轴次与可靠度之间关系（直接罩面）

从图 7.22 中可以看出，在直接罩面的可靠度计算中，层间接触状态对可靠度的影响很小，层间完全连续接触的可靠度为层间完全光滑值的 85% 左右，这是因为层间接触状态对于路面结构可靠度的影响甚微，可以认为在行车荷载作用下，直接罩面后结构层与层间接触状态无关。

7-2　以可靠度为中心的高速公路罩面后沥青路面的养护方法

以可靠性为中心的养护思想通过对沥青路面使用性能的可靠性分析，特别是沥青路面病害影响及危害程度分析，将沥青路面的主要病害进行了系统整理分析。然后，根据病害后果的严重性，以养护方法的适用性、有效性和经济性为决断准则，确定是否进行养护工作，并确定工作的内容、养护级别和养护时机，大大降低了养护的工作量，提高了养护工作的有效性，实现了以最小的费用来保持或恢复沥青路面使用性能的养护目的。考虑到路面量大面广和高价值的特点，将以可靠性为中心的养护理论引入路面的养护工作中的经济和社会效益是无法估量的。

7-2-1 沥青路面的养护类型

许多不同的路面养护技术可以延长路面的使用寿命，这些技术的应用通常为一种经济有效的方法，可以把路面罩面、再生或重建的时间延缓数年。在选定路面养护方法时，必须考虑路面病害、结构状况以及现有路面的功能状况。表 7.44 为沥青路面病害修复和预防性养护方法。

表 7.44 沥青路面病害修复和预防性养护方法

病害	修复方法	预防性方法	病害	修复方法	预防性方法
龟裂	全厚式修复	封裂缝	坑洞	全厚式修复	封裂缝和封层
泛油	撒布热砂		唧浆	全厚式修复	封裂缝和封层
块裂	封裂缝		剥落	封层	恢复封缝
沉陷	整平罩面层		车辙	整平罩面层	
集料磨光	抗滑剂			冷铣刨	
	表面处治		拥包	挖除和置换	
	稀浆封层		自然风化	封层	恢复封缝

按工程处理范围的大小、机械使用效率、施工工艺难易程度及工程对设备的要求特点来划分，将机械化养护作业划分为养护保养工程、专项养护工程、抢修工程、大修工程四类，具体内容可参见我国相关的养护技术规范。

7-2-2 沥青路面病害类型及其危害程度分析

病害类型、影响及其危害性分析即 FMECA，是一组分析方法，包括病害类型分析 FMA、病害影响分析 FEA、病害危害性分析 FCA 以及其各种组合，常称为 FMECA，是一种分析、评价潜在失效的方法，表 7.45 典型 FMECA 分析表。

表 7.45 典型 FMECA 分析表

项目	功能	病害类型	病害后果	病害原因	发生的频率	影响的严重程度	发现的难易程度	危害度	目前控制	养护措施
1										
2										
⋮										

第7章 罩面后沥青路面养护对策研究

(1) 沥青路面病害类型

沥青路面的损坏有裂缝类、变形类、表层损坏或缺损类和修补损坏四大类,各大类可按形态、特点和原因的不同细分为表7.44中所列的11种主要损坏。各种损坏可分别按相应的标准区分为三个轻重程度等级(个别损坏不分级)。

(2) 沥青路面病害的判定

沥青路面病害的判定一般不是以路面结构整体失效为条件,而是以路面的设计功能标准和使用标准而定,当实际功能达不到设计和使用的标准时判定为病害。所以,路面的病害判定可参考路面使用标准。如具既有路面该方面的指标达不到该标准或者使用者对其有更高要求,就可认为路面在该方面存在病害。

(3) 沥青路面的病害成因分析

对大量的病害进行调查与分析可以发现,虽然病害类型各不相同,但是发生病害的原因有不少相同或相似之处,对引发病害的原因,必须有足够的认识。另外对病害实事求是地进行科学地分析,找出病害发生的原因,一方面可为病害的处理提供可靠的依据,另一方面是总结经验教训,提出预防病害重复发生的保证措施。沥青路面的损坏类型和轻重程度鉴别标准见表7.46。

表7.46 沥青路面的损坏类型和轻重程度鉴别标准

损坏类型	描述	轻重程度分级	计量方法
横向裂缝	与道路中线近于垂直,由①施工接缝,②低温缩缝,③基层接(裂)缝反射所造成	轻微:裂缝边缘无或仅有轻微碎裂,缝隙宽不大于6mm 中等:边缘中等碎裂,缝隙宽大于6mm,有少量支缝,引起车辆跳动 严重:裂缝边缘严重碎裂,有较多支缝,引起车辆剧烈跳动	以长度或面积计
纵向裂缝	与道路中线大致平行,由①施工接缝,②下卧层沉降,③承载力不足所造成		
块裂	裂缝将面层分割成面积约0.1~10m²的矩形块,由混合料收缩和温度日变化所造成		以面积计
龟裂	一系列相互交叉的裂缝将面层分割成锐角多边形小块,其最长边小于30cm,由荷载疲劳作用所引起	轻微:纵向不连贯的发裂,无碎裂 中等:发展成轻度龟裂,有轻度碎裂 严重:中等龟裂,较严重碎裂并松动	以龟裂区外接面积计
车辙	路表面沿轮迹的凹陷变形,由行车荷载作用下路面结构层的永久变形和(或)路基的塑性变形引起	轻微:车辙深6~13mm 中等:车辙深13~25mm 严重:车辙深大于25mm	以面积或长度计

续表

损坏类型	描述	轻重程度分级	计量方法
波浪（搓板）	路表面有规律的纵向起伏变形，由于混合料热稳定性不足所造成	轻微：车辆轻微震动，无不适感 中等：车辆有较大震动，略有不舒适感 严重：车辆震动很大，很不舒适	以面积计
沉陷	路表面的局部凹陷，由地基沉降所引起		
胀起	路表面的局部隆起，由冻胀所造成		
泌水和唧泥	水从裂缝中缓慢渗出；水和细料在重车作用下从裂缝中泵出	轻微：出现泌水，重车驶经时有水泵出 中等：路表面裂缝处可观察到泵出材料 严重：路表面裂缝处有大量泵出材料	记录发生地点
泛油	路表面形成一层有光泽的、玻璃状的沥青粘膜，因沥青过多或空隙率太小	不分级	以面积计
松散和老化	集料颗粒和沥青结合料散失	轻微：集料和结合料开始磨损 中等：出现中等粗糙的构造表面 严重：出现严重粗糙的构造表面	
坑槽	面层混合料散失后出现的坑洞	轻微：深度不大于25mm 严重：深度大于25mm	以数量和面积计
磨光	集料棱角磨圆或呈平滑状	不分级	
修补损坏	原路面采用相同或其他材料进行修补后的状况	轻微：状况良好，性能满意 中等：略有轻微到中等程度的各种病害 严重：严重损坏，需重新修补	以面积计

路面使用性能与病害发生的原因之间建立明确的对应关系。如果把各种原因与该病害结果连接起来，就形成一个链条，病害链。由于原因与结果、原因与原因之间逻辑关系不同，则形成的病害链也不同，主要有以下三种形式，如图7.23所示。

①集中型：各自独立的几个原因，共同导致病害发生则是集中型。

②连锁型：某一因素促成下一要素的发生，因果连锁则构成连锁型。

③复合型：某些病害往往是部分因果连锁，而又有一些是原因集中，则构成复合型。

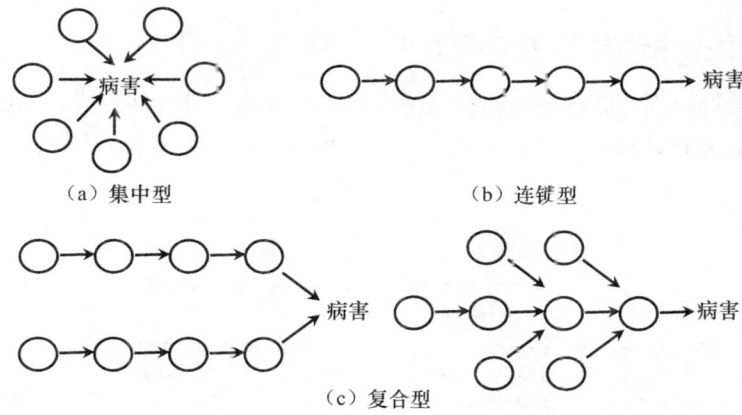

图 7.23 路面病害链类型图

(4) 沥青路面病害发生的因素

高速公路罩面后,路面或迟或早出现不同程度的损坏和病害。路面病害的发生并不是都来源于路面结构,在气候、施工质量等因素共同作用下以一种复杂的方式相互作用而导致路面破损。

在路面养护过程中,合理的路况调查能区分目前路面存在的破坏类型,从而有助于养护人员确定病害的起因。只有知道病害产生的原因,才有可能选择正确的养护方案(是否需要进行罩面)以修复和防止再次损坏。表 7.47 对沥青路面病害原因进行了分类。

表 7.47 沥青路面病害原因分类

序号	病害类型	主要是交通荷载引起的	主要是气候/材料原因引起的	备注
1	龟裂或疲劳裂缝	√		
2	泛油		√	
3	块裂		√	
4	拥包		√	
5	沉陷		√	
6	车道/路肩下沉或隆起		√	
7	车道/路肩的分离		√	
8	纵向和横向裂缝		√	
9	修补处损坏	√		
10	集料磨光	√		
11	坑洞	√		
12	车辙	√		

7-2-3 高速公路罩面后沥青路面养护性模型分析

高速公路罩面后沥青路面养护性模型由养护分析、可靠性分析、路面可用性影响评价和养护、故障费用计算及最佳养护时机分析等五部分构成，如图7.24所示。

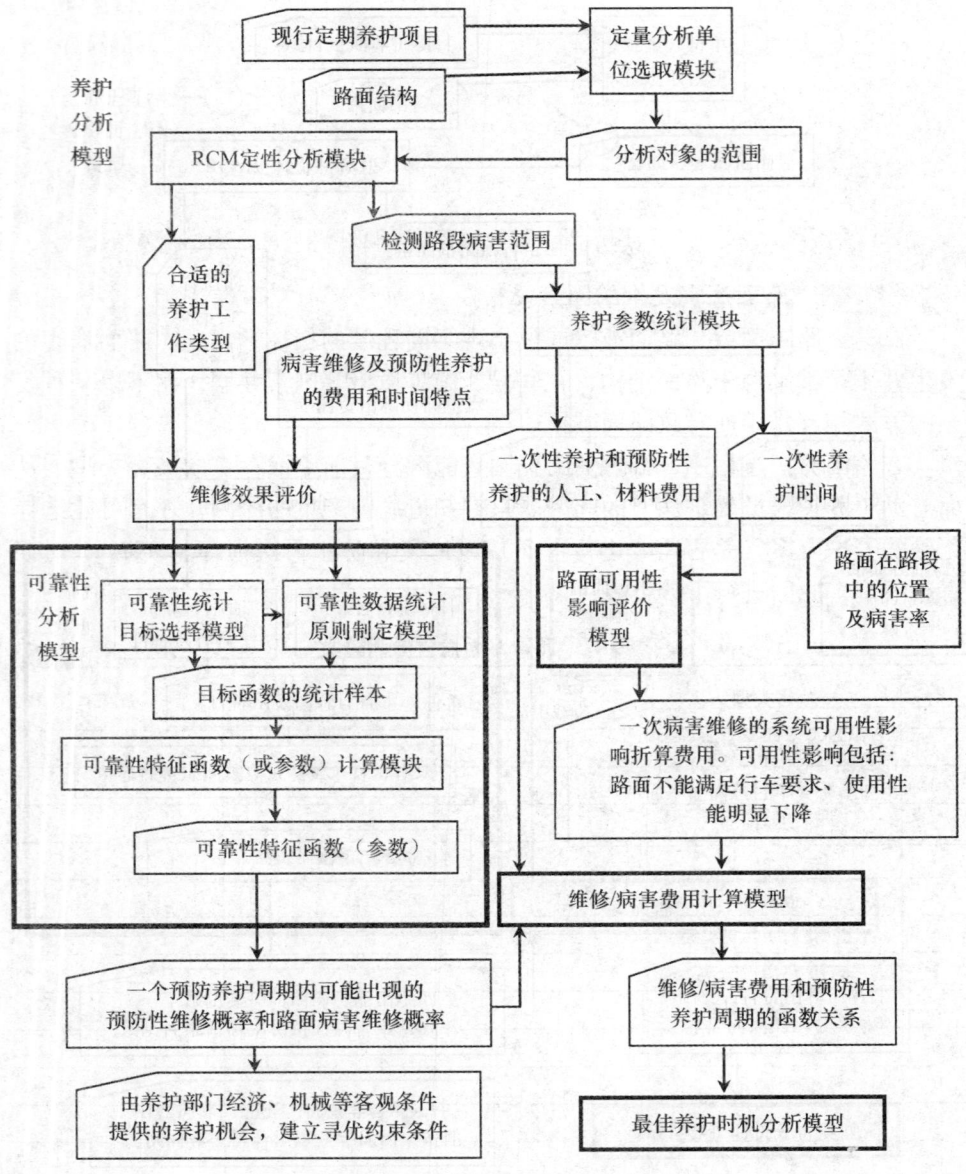

图7.24 高速公路罩面后沥青路面养护性模型设计

7-2-4 以可靠度为中心的高速公路罩面后沥青路面养护决策方法

以可靠度为中心的沥青路面罩面后养护决策方法重点有以下几个方面：

（1）确定罩面后沥青路面结构当前的结构性能状态；（2）预测罩面后沥青路面结构的变化规律；（3）决策何时进行结构修复（二次罩面或多次罩面）及采取怎样的养护方法，并预测结构修复后的结构性能变化规律；（4）当罩面后沥青路面结构达到最低可靠指标或耐久性极限标准时，决策是大修或重建。

罩面后的高速公路路面结构，特别是在使用、运营一定时间后，结构的初始可靠度以及可靠度的劣化规律可以采用第4章介绍的方法得到，通常可以认为是已知的，即（1）和（2）两点是可以做到的。至于何时进行养护，采用怎样的养护方法，则可以采用本书介绍的养护和罩面准则，对罩面后的高速公路路面结构在剩余使用寿命期（TM）内进行综合的安全和经济分析。

图 7.25 给出了罩面后的高速公路路面结构养护方案选择示意图。

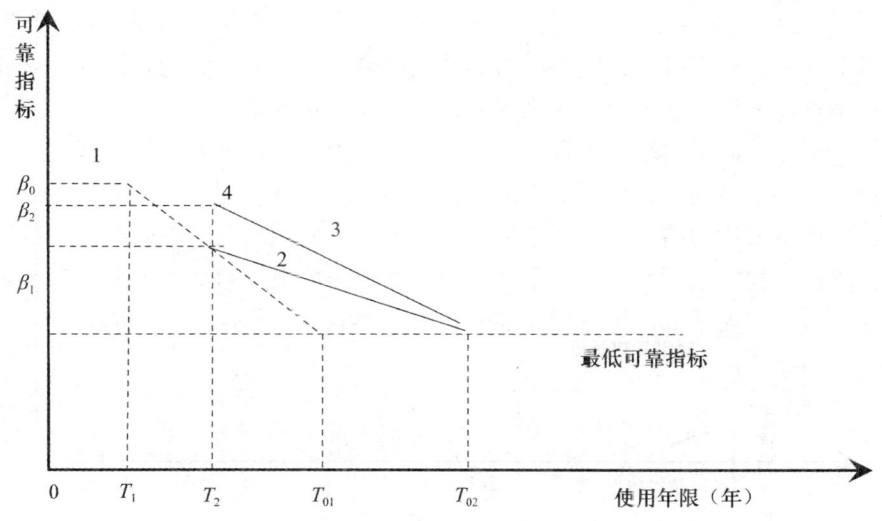

图 7.25 罩面后的高速公路路面结构养护方案选择示意图

图 7.25 中编号为 1 的曲线代表在路面结构不进行罩面时的结构性能变化曲线。结构的初始可靠指标为 β_0。结构最低可靠指标为 β^*，结构从时点 T_1 开始变化，结构性能变化的速度（即直线的斜率）为 A。时点也可以采用累计当量轴次来表示。当不对罩面后的路面结构进行二次罩面时，则预测路面结构的使用寿命为 T_{01}。

设当前时点为 t，目前路面结构的可靠指标为 β_1，β_1 大于最低可靠指标

β^*，即 $\beta_1 > \beta^*$。可以得到以下两个关系：

$$\beta_0 = A(T_{01} - T_1) + \beta^* \qquad \beta_1 = \beta_0 - A(t - T_1) \qquad (7.1)$$

当前时点为 t，从路面结构性能的角度，这时不需要对结构进行任何罩面。但如果预测的路面结构使用寿命 T_{01} 小于设计的使用寿命 T、或养护人员希望再延长路面结构的寿命，都需要考虑是否在当前时点 t 进行罩面，这就需要进行经济分析。

图 7.25 中给出了两种养护方案，编号为 2 的方案为预防性养护 PM，即结构的可靠指标没有增加，但罩面后的路面结构性能变化的速度减慢。如果在预防性养护 PM 后，结构的变化速度为 $A_2(A_2 < A)$，结构使用寿命可以延长到 T_{02}，显然有如下关系：

$$\Delta A_2 = A - A_2, \qquad \beta_1 - \beta^* = (T_{02} - t)A_2 \qquad (7.2)$$

编号为 3 的方案为二次罩面 EM，二次罩面后路面结构可靠度变化的速度为 A_3，可靠指标由罩面前的 β_1 增加到 β_2，可靠指标的增加值为 $\Delta \beta$，则有如下关系：

$$\Delta \beta = \beta_2 - \beta_1, \qquad \Delta A_3 = A_3 - A, \qquad \beta_2 - \beta^* = (T_{02} - t)A_3 \qquad (7.3)$$

由以上的分析可知，罩面后路面结构性能变化速度一般越来越快。从养护的技术难度来讲，结构性能变化程度越大，养护越困难。

对罩面后的路面结构进行养护后，其最直接的效益是因延长了路面的使用寿命，增加了路面的运营期限而产生的收益。在图 7.26 所示的时段 $[t, T_{01}]$ 中，再次罩面后的结构可靠度指标大于不进行罩面的情况，因此在这一段时间内，路面结构的检测费用、日常维护费用和结构性破坏造成的损失均减小。如果这一减小值大于罩面工程所需要的投资，那么显然罩面是合理的。

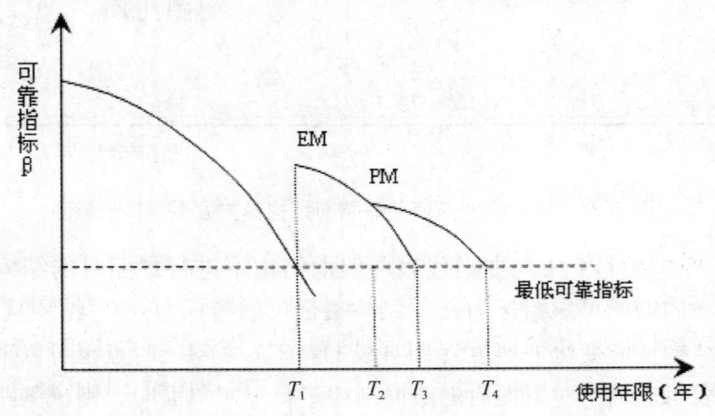

图 7.26 预防性养护 PM 和罩面 EM 对结构性能的影响示意图

第7章 罩面后沥青路面养护对策研究

为明确养护对路面结构的影响,可以将其分为三类,即日常养护(Routine Maintenance,简称 RM)、预防性养护(Preventive Maintenance,简称 PM)和罩面(Essential Maintenance,简称 EM)。日常维护 RM 是设计明确的常规维护养护措施,即结构可靠度定义中的"规定的条件"的正常维护。以上三种维护养护措施有本质的区别,同时也影响公路全寿命成本的计算。

预防性养护 PM 和罩面 EM 对结构性能或可靠指标的影响如图 7.26 所示。

若在时间 T_1 点对路面结构进行养护 EM,结构可靠指标 P 提高。如果不再进行采取养护措施,则该沥青路面的结构性能将在时间 T_3 时达到结构的最低可靠指标。若在 T_2 时点对路面结构进行预防性养护 PM,结构的可靠指标 P 并没有因预防性养护 PM 而提高,但结构性能的变化速度降低了,结构将在时间 T_4 时达到结构的最低可靠指标,即路面结构的使用寿命延长到 T_4。

在图 7.26 中,如果不对路面结构进行养护,该沥青路面的使用寿命期为 T_1。

为了简便起见,可以将预防性养护 PM 和养护加固 EM 通称为养护或修复。从上面的分析中可以看出,不管是预防性养护 PM 还是采取罩面 EM,主要目的有两个:一是延长路面结构的使用寿命;二是降低路面结构失效的概率。养护的时点选择非常重要,需要进行综合的技术和经济分析。

7-3 罩面后沥青路面养护费用分析

(1) 罩面后路面日常养护费用

为简化计算,将日常检测费用 $C_{IN}(T)$ 与日常维护费用 $C_M(T)$ 合并,称为日常检测维护费用,并按年度计算,用符号 $C_{IN,M(t)}$ 表示。

$C_{IN,M(t)}$ 除与罩面后路面结构可靠度有关外,一般还与路面结构的使用年限有关,即年日常检测维护费用 $C_{IN,M(t)}$ 可用下式简化计算:

$$C_{IN,M(t)} = k_1 C_C + k_1 k_2 C_C + k_1 k_3 C_C = (1 + k_2 + k_3) k_1 C_C \quad (7.4)$$

式中 $k_1 C_C$——为路面基本的日常检测维护费用,这里取 $k_1 = 0.02$,即每年基本的日常检测维护费用相当于初始造价 C_C 的 2%;

k_2——为路面因使用年限的增加而增加的年日常检测维护费用的比例,取 $k_2 = 0.05t$,这相当于每年项目基本的日常检测维护费用增加 5%,即 20 年时,基本的日常检测维护费用增加 1 倍;

k_3——为因罩面后路面结构可靠指标降低而增加的年日常检测维护费用的比例,可靠指标区越小,k_3 越大。

如果取：

$$k_3 = 0.5\frac{\beta_0 - \beta(t)}{\beta^*} \tag{7.5}$$

显然，在罩面后结构性能衰减开始时间 T_1 年以前，有 $k_3 = 0$ 可得：

$$k_3 = 0.5\frac{\beta_0 - \beta(t)}{\beta^*} = 0.5\frac{A(t - T_1)}{\beta^*} \quad (t \geqslant T_1) \tag{7.6}$$

将代入 k_1，k_2，k_3 代入 (7.4)，则有：

$$C_{IN,M}(t) = 0.02(1 + 0.05t)C_C, \quad (t < T_1) \tag{7.7}$$

$$C_{IN,M}(t) = 0.02\left[1 + 0.05t + 0.5\frac{A(t - T_1)}{\beta^*}\right]C_C, \quad (t \geqslant T_1) \tag{7.8}$$

(2) 路面结构性能损失费用

罩面后路面结构性能损失按本书给出的数据，按以下简化的方法计算年结构性能损失 $C_F(t)$：

$$C_F(t) = \sum_{i=1}^{5}\left[p_f^i(t)(C_{F1}^i + C_{F2}^i)\right] \tag{7.9}$$

式中 i——为路面结构失效等级，

路面结构的直接损失 $C_{F1}^i = k_{CF1}^i \times C_C$； (7.10)

路面结构的间接损失 $C_{F2}^i = k_F^i \times k_{CF1}^i \times C_C$； (7.11)

罩面后结构的失效概率 $p_f^i(t)$ 可由可靠度指标 $\beta(t)$，则公式可以改写为：

$$C_F(t) = \sum\{\phi[-\beta^i(t)] \times C_C \times k_{CF1}(1 + k_F)\} \tag{7.12}$$

7-4 高速公路沥青路面最佳罩面时机的确定

为保持路面的正常使用，在路面结构性能变化到一定时间，必须进行罩面，以保证路面可靠的工作。

罩面时机 T 的确定一般依据：(1) 最小养护费用原则；(2) 最大可用度原则。当罩面费用跟罩面周期成正比时依据两个原则确定的周期是一致的。但多数情况下这两个原则是互为制约关系，由原则 (1) 确的罩面时机 T 易导致预防性养护的失效，即不以有效提高路面的可靠性。由原则 (2) 确定的罩面时机 T 容易造成资源上的浪费，即将大量的费用花在病害很少发生的路面上。因此利用多目标规划法，对罩面时机 T 的模型进行优化，帮助决策人员合理确定养护时机，以达到有利用养护资源的目的。

(1) 按最小养护费用原则确定养护周期 T^*

设罩面后路面寿命分布为 $F(T)$，则其可靠度为 $R(T) = 1 - F(T)$，失效率

为 $\lambda(t)$，C_f 与 C_p 分别表示一次罩面与预防性养护的平均费用。则路面在一个周期的平均可能开放交通时间内（MUT），为进行养护所占费用比例为 $R(T)$，为进行罩面所占费用比例为 $F(T) = 1 - R(T)$，则在单位时间内的平均费用为：

$$C(T) = \frac{C_r R(T) + C_f F(T)}{MUT} = \frac{C_f - (C_f - C_P) R(T)}{\int_C^{\infty} R(t) dt} \quad (7.13)$$

通过上式可解出罩面时机 T_1^*，从而可确定在罩面最佳时机为 T_1^* 时的单时最小平均费用为：

$$C(T_1^*) = (C_f - C_p) \lambda(T_1^*) \quad (7.14)$$

式中 $\lambda(T)$——到达 T 时的失效率。

当 $C_f < C_p$ 时，即进行一次罩面的费用要比养护的费用要少，在这种情况下按照最小费用原则养护是没有意义的。

（2）按最大可用度原则确定养护周期 T^*

设平均罩面时间为 t_f，平均养护时间为 t_P，路面的可用度为：

$$A(\infty) = \frac{\int^t R(T) dt}{t_p R(T) + t_f F(T) + \int_0^T R(T) dt} \quad (7.15)$$

通过式上式可解出周期 T_2^*，从而可确定在养护周期 T_2^* 时的最大可用度为：

$$A^*(\infty) = \frac{1}{1 + (t_f - t_p) \lambda(T_2^*)} \quad (7.16)$$

同理，当 $C_f < C_p$ 时，路面发生病害后的平均罩面时间要小于平均养护时间，按照最大可用度原则这种情况下的养护是没有意义的。

（3）模型优化

以上公式确定的 T_1^*、T_2^* 分别是按照原则（1）、（2）得出的理想养护周期，当 $T_1^* = T_2^* = T$ 时，T 为最佳罩面时机，即能以最小的养护费用保证路面最大的可用度。当 $T_1^* \neq T_2^*$ 时，依据单原则建立的模型虽然在某种意义上能满足实际需求，但可能会造成修理资源的浪费，有时还达不到养护所预期的效果，下面用多目标规划中的理想距离法对以上两个模型进行优化。

设 d^{+1}、d^{-1} 分别表示与 $C(T_1^*)$ 的正、负偏差；d^{+2}、d^{-2} 分别表示与 $A^*(\infty)$ 的正、负偏差。模型优化的目标就是求得罩面时机 T，使得 $C(T)$ 与 $C(T_1^*)$ 的偏差、$A(\infty)$ 与 $A^*(\infty)$ 的偏差都最小，从而得到现实可行的最优罩面时机，用理想距离法可得到如下模型：

$$\min(d_1^+ + d_1^-) + (d_2^+ + d_2^-) \quad (7.17)$$

s.t.
$$C(T) - d_1^+ + d_1^- = C(T_1^*)$$
$$A(\infty) - d_2^+ + d_2^- = = A^*(\infty)$$
$$d_1^+, d_2^-, d_2^+, d_2^- \geq 0$$
$$T > 0$$

综合各式，即可解出 T 以及 d_1、d_2，并且 T 一定是有效解，结果可分两种情况：

(1) T 有唯一解。这表明在现实可行的情况下，T 是最接近理想情况的养护周期，即最接近于以最小的费用保证最大的可用度。

(2) T 有多解。这些解由与理想解等距的曲线组成，决策者可根据实际情况的不同而采取相应的最优解。当决策者更注重设备的可用度时则取可用度最优的解为实际养护周期；反之则取平均养护费用最小的解为罩面时机。

在实际的工程应用中，可以根据路面以往的养护记录，取花费最小的那次养护所用的费用为 $C(T_1^*)$，再由路面的病害时间和养护时间记录求出路面的 MTBF（平均病害间隔时间）和 MTTR（平均病害修复时间），从而可求出其最大可用度。这样确定的养护周期在实践中不断地改进和完善。

(4) 应用实例

京秦高速公路罩面工程病害处理及罩面施工时采用单向半幅封闭（不断交，不改变交通流向）的方式，封闭长度约为 3~5km，作业段宽度不大于 8m，通行车道的宽度不少于 5m，相邻作业段之间的间隔距离在 4km 以上。施工期间设备停放时需占用两个车道的位置即硬路肩及相邻行车道或为第 1、2 车道，其他车道通行。施工期间各封闭路段全天 24h 封闭，分两个作业段封闭施工。

根据京秦高速公路历年养护统计资料，公路平均罩面时间为 $\bar{t}_f = 180$d，设平均罩面时间为 t_f，平均养护时间为 $\bar{t}_P = 80$d，罩面费用为 51000 万元，养护费用为 398 万元。此公路每车道日平均累计当量为 $Ne_1 = 0.66$ 万次。通过对该路况调查和计算，发现累计标准轴载与可靠度之间的关系为：
$$R = -12.05\ln(x) + 146.85 \quad (7.18)$$
计算结果详见表 7.48。

表 7.48　累计当量轴次与可靠度之间的关系

可靠度（%）	100	100	93	89.54	88.38	88.14	85.79	83.66	80.26	78.99	73.97
累计当量轴次（万次）	30	60	90	120	150	180	210	240	280	320	360

第7章 罩面后沥青路面养护对策研究

因 $\bar{t}_f$、$\bar{t}_P$ 单位为（d），而表 7.48 所给出的是可靠度与累计当量轴次之间的关系，故

首先应对其进行转化。可令：$t_f = \dfrac{\bar{t}_f}{24} * Ne_1$；$t_p = \dfrac{\bar{t}_p}{24} * Ne_1$ (7.19)

① 按最大可用原则计算最佳周期 T_2^*

令
$$\alpha = \dfrac{R(T)t_p + [1 - R(T)]t_f}{\int_0^T R(t)dt} \qquad (7.20)$$

则最大可用度
$$A = \dfrac{1}{1+\alpha} \qquad (7.21)$$

式中　α——养护系数。

根据表 7.5 的数据绘制经验可靠度曲线，如图 7.27。将时间分成 n 个相等区间 Δt（本例中 $n=100$），设 i 区间的界限为 t_{i-1}、t_i 所示，且该区间矩形面积为 S_i。则 $\int_0^T R(t)dt \approx \sum_{i=1}^n \dfrac{R(t_{i-1}) + R(t_i)}{2}\Delta t$，计算养护系数 α 见表 7.49。图 7.27 为养护系数 α 曲线。

表 7.49　养护系数计算数据

累计当量轴次（万次）	$R(t_i)$	$\int_0^T R(t)dt$	$R(T)t_p$	$[1-R(T)]t_f$	$\alpha \times 10^{-3}$
30	100	119.87	0.94	0.01	9.49
60	99.78	235.79	0.88	0.37	6.34
90	93.43	343.54	0.80	0.78	5.54
120	86.15	441.58	0.72	1.28	5.54
150	77.24	528.68	0.64	1.80	5.52
180	67.94	605.77	0.56	2.22	5.45
210	60.53	674.80	0.52	2.56	5.39
240	54.53	737.11	0.47	2.86	5.42
280	49.32	790.94	0.38	3.35	5.46
320	40.40	838.28	0.36	3.46	5.47
360	38.49	881.91	0.32	3.70	5.47
400	37.21	920.64	0.29	3.92	5.48

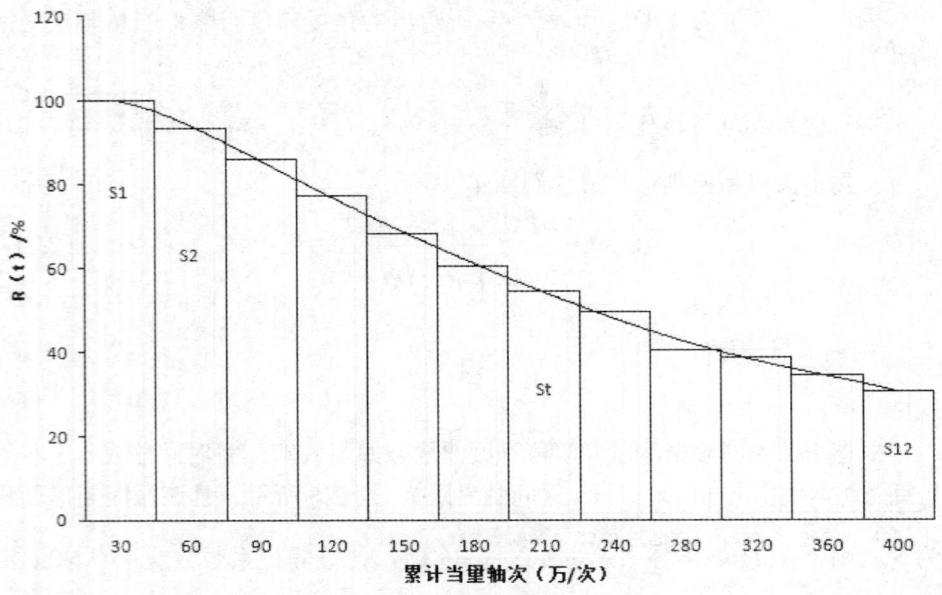

图 7.27 累计当量轴次与可靠度关系曲线

可以看出，当累计当量轴次 $Ne = 210$ 万次时，$\alpha = 4.49 \times 10^{-3}$ 最小，此时 $A = \dfrac{1}{1+\alpha} = 0.9955$，故可取 $T'_2 = 210$ 万次。

按照当量轴次与时间之间的关系，可以反算出最佳罩面时机 $T_2^* = 2011$ 年。

②按最小费用原则计算最佳罩面时间 T_1^*

按单位时间内的平均养护费用公式分别计算不同累计当量轴次时的费用，见表 7.50。

表7.50 单位时间内的平均费用

累计当量轴次（万次）	$R(t_i)$	$\int_0^T R(t)dt$	$R(T) \cdot C_p$	$F(T) \cdot C_f$	$C(T)$
30	100	119.87	419.08	2.38	4.22
60	99.78	235.79	168.18	70.96	2.25
90	93.43	343.54	155.08	149.58	2.44
120	86.15	441.58	139.03	245.81	2.65
150	77.24	528.68	122.29	346.25	2.25
180	67.94	605.77	108.96	426.28	1.23
210	60.53	674.80	98.16	491.08	1.56

第 7 章 罩面后沥青路面养护对策研究

续表

累计当量轴次（万次）	$R(t_i)$	$\int_0^T R(t)\,dt$	$R(T) \cdot C_p$	$F(T) \cdot C_f$	$C(T)$
240	54.53	737.11	88.78	547.34	1.80
280	49.32	790.94	72.72	643.68	2.07
320	40.40	838.28	69.29	664.31	2.23
360	38.49	881.91	61.62	710.32	2.44
400	37.21	920.64	54.58	752.54	2.65

用表 7.50 中数据可以看出 $C(T_1') = 1.23$，进而可求的 $T_1' = 180$ 万次，由平均当量轴次与时间之间的关系，可以计算出 $T_1^* = 2010$ 年。

对于此公路而言，按最小养护费用原则和最大可用原则计算最佳养护周期 T_1^*、T_2^* 是大致相同，这是由于养护费用同养护周期成正比造成的。但多数情况下，由这两个原则确定的周期并不完全一致，而是相互制约的。这时就需要在分别计算 T_1^*、T_2^* 后，采用多目标规划中的理想距离法对两个周期进行优化，以确定同时综合考虑两原则的路面最佳养护周期。当然，由于决策者可以根据实际情况的不同，运行确定养护周期。当决策者非常注重平均养护费用最小时，可采用最小费用原则，反之亦然。

7-5 高速公路罩面后沥青路面养护标准的确定

7-5-1 裂缝的养护标准

根据有关标准，裂缝的损坏严重程度按裂缝宽度可分为三级，轻微（裂缝边缘无或仅有轻微碎裂，缝隙宽不大于 6mm）、中等（边缘中等碎裂，缝隙宽大于 6mm，有少量支缝，引起车辆跳动）、严重（裂缝边缘严重碎裂，有较多支缝，引起车辆剧烈跳动）。从裂缝破坏率上讲，裂缝养护要求达到的标准应该是裂缝破坏率为 0。根据实地调查和求养护专家意见，一般要求高等级公路的裂缝率应该低于 15%，开裂状况应该保持在中等以上，否则就需要进行罩面或铣刨后罩面，达到优为最佳。裂缝的开展是一个逐渐的过程，总是经历形成阶段、发展阶段和破坏阶段，是由窄到宽地发展起来的。结合京秦高速公路的实际特点，按照裂缝率和裂缝宽度（b）来制定京秦高速公路的养护标准，见表 7.51。

表 7.51　裂缝养护标准

量度指标	需要维修的标准	要求达到的标准
路面裂缝率（%）	>15	≤15

当道路达到养护标准时可以按裂缝宽度的不同分三个等级来实施养护具体的养护措施：

一级：当 $0<b_1<6mm$ 时，为轻度裂缝，做日常养护；

二级：当 $6mm<b_1<10mm$ 时，为中度裂缝，采取灌缝技术或封缝技术处理；

三级：当 $b_1>10mm$ 时，为重度裂缝，采取罩面养护。

因此，裂缝的养护质量标准应该至少达到 $b_1<6mm$，才能满足裂缝养护的要求。

7-5-2　坑槽的养护标准

可根据 PCI 和养护费用确定养护类型，然后结合养护成本和养护时间选择相应的养护技术。坑槽是由浅到深、由小到大的发展，坑槽的损坏严重程度按坑槽深度可分为两级：轻微（深度不大于 25mm）、严重（深度大于 25mm）。因为在道路上坑槽的存在是相当危险的，一般不允许坑槽的出现，一旦出现坑槽要立刻修补。因此可按照坑槽深度 h_1 和京秦高速公路具体的道路状况与维修经验，将京秦高速公路的养护标准分为三个等级：

一级：当 $h_1<1cm$ 时，为轻度坑槽，做日常养护；

二级：当 $1cm<h_1<2.5cm$ 时，为中度坑槽，采取修补处理；

三级：当 $h_1>2.5cm$ 时，为重度坑槽，采取修补罩面养护。

7-5-3　车辙的养护标准

由于夏季高温的作用，在大交通量、超载和渠化交通的条件下，极易产生车辙破坏。车辙的存在严重影响行车的舒适性和安全性，辙槽内的积水以及车辙的起伏促使路面产生其他破坏，缩短路面的使用寿命，严重影响路面的平整度。所以在车辙达到一定程度的时候必须采取有力的措施来养护道路，保持车辆行驶的安全和舒适。但是不同的道路具有不同的情况，这就需要针对一定的道路来制定具体的养护标准。

（1）国外的车辙控制标准

国外的实验表明，当路表积水 10mm，车速 100km/h 时，摩擦系数接近于零，可认为已发生了漂滑。因此，从理论上分析，为避免正常行驶的车辆产生

第7章 罩面后沥青路面养护对策研究

极危险的漂滑现象，高速公路的车辙不应超过10mm。同时，车辙引起的路面积水会导致车辆侧滑，跑偏以及前轮失去转向性能等。一些国家常限制车辙的深度在一定范围内，一旦车辙达到规定的深度，就要采取处治措施。例如，在英国，当行车道上的车辙深度达到10mm时，就认为路面开始进入临界状态，就要罩面以恢复路面原有的结构质量和延长其使用寿命；当车辙深度达到20mm时，就认为路面已进入不利状态。

（2）沥青路面容许车辙深度的确定

确定容许车辙深度应根据处于临界状态的路面由行驶质量与行车安全调查结果统计分析论证确定，对全国道路工程与汽车工程界的有关专家推荐的容许车辙深度结果进行统计分析，得到如表7.52的容许车辙深度建议值。容许车辙深度（RD）是指道路在使用过程中允许出现的最大车辙深度，我们认为，当路面车辙大于等于容许车辙深度时，该路段即需要维修，这里不分交叉口与非交叉口路段。维修要求达到的标准与平整度的要求是一致的，因此，对我国的车辙养护标准制定见表7.53。

表7.52 容许车辙深度（RD）建议值

道路等级	高速公路	其他高等级道路	
		非交叉口路段	交叉口路段
[RD]（mm）	10~15	15~20	25~30

表7.53 车辙的养护质量标准

技术指标	要求达到的标准	维修养护的标准
路面车辙深度（mm）	≤15	>15

根据标准规定和京秦高速公路的实际情况，车辙的损坏严重程度按车辙深度可分为三级：轻微（车辙深6~13mm）、中等（车辙深13~25mm）、严重（车辙深大于25mm）。当车辙深度达到养护标准时，根据车辙深度（h_z），可把养护等级划分为三个等级：

一级：当$h_z<1.3$cm时，此时的车辙为轻度车辙，只需做一些日常养护，保证行车的安全和舒适；

二级：当1.3cm$\leq h_z<2.5$cm时，为中度车辙，从经济和安全的角度考虑，这时仅仅靠日常养护已经不能满足道路需求，就需要做罩面处理；

三级：当$h_z\geq 2.5$cm时，为重度车辙，路面的损坏已经相当的严重，极大地影响了道路的使用性能，这时就要把旧路面损坏严重的部分铣刨之后再罩面。

因此，车辙的养护质量标准应该至少达到 $h_z<1.3\rm cm$，才能满足车辙养护要求。

7-5-4　其他路用性能养护标准

《公路沥青路面养护技术规范》（JTJ 073.2—2001）中对于高速公路的平整度、抗滑性能、路面状况、路面强度的养护质量标准都做出了相关的规定。

（1）路面平整度的养护质量标准应符合表 7.54 的规定。

表 7.54　平整度的养护质量标准

技术指标	要求达到的标准	维修养护的标准
平整度仪（mm）	≤3.5	>3.5
3 米直尺 h（mm）	≤7	>7
IRI（m/km）	≤6	>6

（2）路面抗滑性能的养护质量标准应符合表 7.12 的规定。

表 7.55　抗滑性能的养护质量标准

技术指标	要求达到的标准	维修养护的标准
横向力系数	SFC≥40	<40

（3）路面状况的养护质量标准应符合表 7.13 的规定。

表 7.56　路面状况的养护质量标准

技术指标	要求达到的标准	维修养护的标准
路面状况指数 PCI	≥70	<70

路面状况指数 PCI 是表现路面破损状况的定量指标，路面破损状况反映了路面结构的完好程度，又直接影响道路的服务水平，其取值范围定为 20～100，其值越接近 100，表示路面状况越好。路面状况指数 PCI 在 70 以下，路面状况就属于中等以下，对行车状况不利，所以得控制 PCI 在 70 以上，路面养护标准可参考规范制定。

（4）路面强度的养护质量标准应符合表 7.57 的规定。

表 7.57　强度的养护质量标准

技术指标	要求达到的标准	维修养护的标准
路面强度系数 SSI	≥0.8	<0.8

按照《公路养护技术规范》制定的强度养护标准，见表 7.58。

表 7.58　高等级道路沥青路面强度养护标准

技术指标	需要维修的标准	要求达到的标准
强度系数 SSI	<0.70	≥1.0

7-6　高速公路罩面后沥青路面养护措施

7-6-1　一般性养护维修

病害处治是一项长期的日常性工作，做好日常的小修和保养能够起到事半功倍的效果。加强对路面的日常巡视工作，对新发现的各种轻微的病害包括细微裂缝、轻度的沉陷和网裂、局部的小型坑洞采取及时的处理措施。同时根据道路的运行条件、交通量状况和路况条件，按计划对路面开展全面的病害和路况调查，根据路面的损坏状况和路面的行驶质量，有针对性的开展小修、中修、大修等养护工程。

在病害产生后如没有得到及时的处理将会导致整个路面的受力条件恶劣，致使病害进一步扩展和蔓延。因此，日常性养护一定要对沥青路面上出现的各种病害及时、快速处理。当发现直接危及正常交通和行车安全的病害时，应立即修复或采取过渡措施后再按规范要求进行修复。

我国公路养护技术规范通常把清扫保洁、处理泛油、拥包、裂缝、松散等病害作为保养作业；修补坑槽、沉陷、处理波浪、啃边等病害作为小修作业。同时根据气候特点和温度的变化规律，按照"预防为主、防治结合"的原则，结合成功经验，针对季节性病害根源，因地制宜，采取有效的技术措施，做好季节性保养修理。

（1）裂缝的修补方法

裂缝是高速公路上最常见的病害，也是不可避免的，裂缝的形成初期对路面使用功能影响不大，但裂缝的扩展将会减弱局部结构的承载力，同时打开水分进入的通道，导致结构层产生冲刷和水稳定性问题，从而导致路面的结构性破坏，降低路面的服务水平。因此对裂缝进行适时的养护对延长路面使用寿命极其重要。针对不同的裂缝状况采取合适的裂缝养护和维修的方法，能够起到良好的效果。

对出现的轻微裂缝也应采取适当的封缝养护措施。多数情况下，灌缝在一年内任何时间都可，填缝的时间最好安排在天气偏凉的季节。横向裂缝缝宽在5mm以内的，宜将缝隙刷扫干净，并用压缩空气吹尘，干燥后采用热沥青灌缝。根据适当的韧性、抗流动与磨损、可快速施工的要求，灌缝材料应首选橡胶沥青。由于高速公路的交通量大，为了达到快速通车的目的，可以采用封缝带等尝试性的处理办法。

对需要作填缝处理的，填缝的构造方式有以下四种：①齐平，材料仅简单地注入既有的不经处理的裂缝中，裂缝外面的材料应铲除。②刻槽构造，将裂缝切齐，材料仅放入切齐的裂缝内。③梯形封顶式，材料置入未经切槽的裂缝内，如果材料超出了裂缝口，应用橡胶辊将超出的材料滚压成条带。④刻槽梯形封顶，材料置入切齐的裂缝，然后用橡胶辊使超出裂缝的材料滚压成条带，形成的条带应对称于裂缝。

在裂缝宽度在5mm以上时，应剔除缝内杂物和松动的缝隙边缘，或沿裂缝开槽后用压缩空气吹净，采用细粒式热拌沥青混合料填充、捣实，并用烙铁封口。

（2）坑洞的修补方法

小的坑洞在高速公路上出现的频率较高，对道路行驶质量的影响也很大。一旦发现应该及时采取修补措施。测定破坏部分的范围和深度，在路面基层完好时修补的步骤如下：①按照"圆洞方补、斜洞正补"的原则，划分所需修补坑槽的轮廓线；②沿所划轮廓线开凿至坑底稳定部分，其深度不得小于原坑槽的最大深度，至坚实稳定的底面，但不应小于3cm。③清除槽底、槽壁的松动部分及粉尘、杂物，并涂刷粘层沥青。④填入沥青混合料并整平；⑤用小型压实机具或铁制手夯将填补好的部分压实，新填补的部分应略高于原路面。如果坑槽比较深，应将沥青混合料分两次或三层摊铺和压实。⑥热补法修补，采用热修补养护车，将加热板加热刻槽处路面，翻松被加热软化铺装层，喷洒乳化沥青，加入新的沥青混合料，然后搅拌摊铺，压路机压实成型。

在坑槽的面积比较大时，应采用铣刨机铣刨路面，重新铺筑面层。铣刨机铣刨操作程序为：根据路面铣刨的范围，呈矩形画线，且尽可能与路面中心平行。铣刨的宽度一般采用铣刨机铣刨宽度的倍数，长度不宜小于3m，铣刨面应平整。铣刨后，底面已松动的原沥青料块应予以挖除，底面如为光滑的表面则应予以凿毛，局部低洼处，用沥青混合料填平，夯实。铣刨时，应边铣刨边清扫，便于铣刨机行走、找平。铣刨后，横向边口往往不整齐，可用切割机沿边线切割后，人工凿齐。

若因基层局部强度不足，使基层破坏而形成坑槽，应将面层和基层完全挖除，如土基含有淤泥，应将淤泥彻底挖除，换填新料并夯实，在地下水位较高的潮湿路段，应采取措施引出地下水并在基层下面加铺一层水稳定性好的材料,最后重做面层。

(3) 麻面与松散的维修

因嵌缝料散失出现轻微麻面,在沥青面层不贫油时,可在高温季节撒适当的嵌缝料,并用扫帚扫匀,促嵌缝料填充到石料的空隙中。大面积麻面,应喷洒黏度较高的沥青,并撒适当粒径的嵌缝料,应使麻面部分中部的嵌缝料稍厚,周围与原路面接口要稍薄,定型要整齐,并碾压成型。

因沥青用量偏少或因低气温施工造成的沥青面层松散应采用以下方法处治:①先将路面已松动了的矿料收集起来。②待气温升到15℃以上时,按 $0.8 \sim 1.0 \text{kg/m}^2$ 的用量喷洒沥青,再均匀撒上 $3 \sim 6 \text{mm}$ 的石屑或粗砂。③用轻型压路机碾压。

(4) 日常养护的要点

以上养护工作必须注意以下几个重要环节:①修补和填缝的混合料必须按照老路面的标准设计,保证混合料的级配和沥青含量,严格做好拌和、摊铺、压实工作,以便修补后路表面有相同的构造深度和抗滑能力。②老路面与新路面的结合处的粘结是修补的薄弱环节,也是修补后病害产生的根源。做好的新拌沥青混合料与老沥青面层内部粘结不好,或补块的空隙率过大,就会导致水分在补块内贮存和在补块的交界面上冲刷,导致补丁上的破坏。因此在保证老路面干燥施工的前提下,同时对光滑的界面予以凿毛,在界面上涂刷粘层油,或者粘结处采取加热等措施做好槽底与坑壁的粘结工作。③由于修补的局部面积较小,保证修补处的压实度,使其不大于周围的沥青混凝土的空隙率,是保证其不容易产生水损坏的先决条件。

7-6-2 封层和罩面工程

对路面出现的不同类型的破损,面层厚度因长期磨耗而减薄等一般性磨损和局部损坏进行定期的修理加固,一般采取封层与罩面的形式,以提高路面使用功能,延长路面的使用寿命。封层是指采用层铺法或拌和法以全面封闭路表面破损的技术措施;罩面是指在原路面上加铺一层沥青混合料面层,以延长其使用周期,恢复被磨耗厚度。

1. 铺设乳化沥青稀浆封层和微表处

(1) 乳化沥青稀浆封层技术

乳化沥青稀浆封层是用适当级配的石屑或砂为集料,以乳化沥青为结合料,加粉料(水泥、石灰、粉煤灰、矿粉等)、添加剂和水按一定配合比拌和而成的流动状态的沥青混合料,均匀摊铺在路面上的沥青表面处治薄层。在水分蒸发干燥硬化成型后,其外观与细粒式沥青混凝土相似,具有耐磨、抗滑、防水、平整等技术性能，施工快、造价低、用途广、能耗省，是一种沥青路面养护用新材料、新工艺、新结构。实践证明，在许多沥青路面预防性养护技术措施中，乳化沥青稀浆封层是使用功能最多、最经济的一种经济措施。具有以下几个作用：

①防水作用

混合料的集料较细，并且具有一定的级配，乳化沥青稀浆混合料在路面铺筑成型后，能与路面粘附在一起，形成一层密实的表层，可防止雨水和雪水渗入。

②防滑作用

由于乳化沥青稀浆混合料摊铺厚度薄，并且其级配中的粗料分布均匀，沥青用量适当，不会产生路面泛油的现象，路面具有良好的粗糙度，能够恢复路面的部分抗滑性能。由于阳离子乳化沥青对酸碱性矿料都具有良好的粘附性，因此稀浆混合料可选用坚硬耐磨的优质矿料，因而可得到很好的耐磨性能。

③填充作用

乳化沥青稀浆混合料中有较多的水分，拌和后呈稀浆状态，具有良好的流动性。这种稀浆有填充和调平作用，对路面的细小裂缝和路面松散脱落造成的路面不平，可用稀浆封闭裂缝和填平浅坑来改善路面的平整度。

④恢复外观

对表面磨损发白、老化干涩，或经养护修补，表面状态很不一致的旧沥青路面，可用稀浆混合料进行罩面，遮盖破损与修补部位，使旧沥青路面外观焕然一新。

实践证明，乳化沥青稀浆封层技术无论是对旧沥青路面或新沥青路面，还是对低等级道路或高等级道路，对城市道路或干线道路，都可以适用。但稀浆封层由于厚度薄，主要起防水、防滑、耐磨和改善路表外观的作用，在路面结构体系中，只能作为表面保护层和磨耗层，而不起承重性的结构作用，因此其适用范围是在路面没有结构破坏，仅仅空隙率偏大，路面透水的情况下使用。稀浆封层更适合在低等级路面上作为改善路面外观，增加抗滑和防止扬尘的作用。

（2）聚合物改性乳化沥青稀浆封层（微表处）

微表处是一种采用高分子聚合物使乳化沥青改性的铺筑技术，对出现在城市干道、高速公路和机场道路上的各种病害的修复和养护较为有效。因为其所用的材料是经过严格检测筛选出来的，其中还包括高分子聚合物和其他添加剂，因而比普通沥青稀浆封层具有更多的优点：

①施工速度快。

连续式稀浆封层机1d之内能摊铺500t微表处混合料，折合为一条10.6km长的标准车道，摊铺厚度最小可达9.5mm，施工后1h即可通车，适用于大交通量的高等级公路及城市干道。

②微表处可提高路面的防水防滑能力，增加路面色彩对比度，改善路面性能，延长路面使用寿命。

③成型快，工期短，施工季节长，可以夜间作业的优点尤其适于交通繁忙的公路、街道和机场道路。

④常温条件下作业，降低能耗，不释放有毒物质，符合环保要求。

微表处和稀浆封层一样主要起防水、防滑、耐磨和改善路表外观的作用，对路面上产生大量的纵横向裂缝和坑洞等情况，微表处对其填充作用有限，旧的病害将会很快穿过薄的微表处和稀浆封层反射上来。由于封层较薄同时只靠沥青稀浆维持上面层与旧路的粘结，使得上面层与旧路路面的粘结效果一般。在重载车辆的高速行车和制动作用下，较薄的上面层容易引起起皮等现象。同时乳化沥青稀浆封层和微表处会引起噪音变大的现象。因此其在高速公路上使用有可能导致加铺层的耐久性差，使用寿命短，有一定的局限。

2. 封水措施

针对上面层孔隙较大，水损坏现象比较严重，在荷载型裂缝不是很厉害的情况下，增加一次封水层以推迟罩面的周期。当前还没有全面有效的封水措施，常见的封水措施有雾封层、TL-2000、魁道封层等几种方式，都是仅以防止水分进入路面内部导致路面病害的扩展，适用范围是路面没有任何结构性损伤。由于以上几种封层方法都有不同程度的降低构造深度的副作用，构造深度是保证高速公路行车安全的一项非常重要的指标，同时这几种封水措施对水损坏都是治标不治本的，不能从根本上解决水损坏问题，因此其使用范围、效果和使用寿命有限。

3. 橡胶沥青防水层罩面

对局部或成片状网裂，同时水损坏较严重，要求防水和提高路面行驶质量的路段采取橡胶粉改性沥青的薄层罩面是行之有效的。由于橡胶沥青具有粘结性好、弹性恢复性能好、能够起到防止裂缝扩展和缓解路面荷载冲击作用，同时具有抗磨损、可快速施工、养生时间短等特点，在国外一直是路面应力吸收层的首选材料。橡胶粉改性沥青防水层作为旧路养护的罩面过渡层，能够有效防止反射裂缝的发生，缓解裂缝尖端的奇异应力；防止上面层水分进入中下面层；同时加强老路面和新铺路面的粘结作用，使新旧路面结构成为整体，增强路面结构承载能力。在旧路罩面过程中采用橡胶沥青的SAMI（应力吸收中间层或防水粘结层），是国外常用的方法，也是非常行之有效的方法，但由于该项技术在国内发展得还不成熟，还没有得到大规模的推广应用，因此还需要进一步开展相关研究。

4. OGFC排水型罩面加防水层

针对路面强大的动水压力导致路面结构层剥落的现象，采用水分可以在其内部自由流动的排水型罩面，同时加铺防水粘结层，使水分通过开级配的罩面层流入边沟中，保证中下面层不受水分侵入，同时具有良好的抗滑性能和雨天行车的安全性。这也是当前国际上常用的一种罩面类型。但由于OGFC型混合料的抗疲劳性能较差，且在降雨量不是很大的华北地区孔隙很容易被堵塞，养护难度很大，因此很难得到大规模的使用。

应该说针对当前高速公路上大量的水损坏现象，并没有成熟可靠的预防性养护措施，因此高速公路水损坏显得非常棘手，一旦产生就会造成很大的破坏。相比较而言，采用橡胶沥青防水粘结层加超薄罩面组合使用的预防性养护方式更为有效。粗集料断级配的超薄层沥青混凝土作为上面层，具有较好的构造深度，保证高速公路的行车安全；其下的橡胶沥青防水粘结层能够起到防水、应力吸收和增强层间粘结的作用，尽量减少旧路的裂缝和破坏对新铺罩面的影响，同时保证路面的水不再渗入结构内部，还可增强旧路和新铺罩面间的粘结，改善路面结构的整体性。

7-6-3 大修工程

对结构性破坏比较严重，路面的结构强度严重不足的路段，进行路面的大修或补强。根据路面病害状况分析，大修工程中一定要注意以下几项：

（1）对原有路面调查，防止新铺面层受老路面不利因素的影响。在铺筑前应彻底处理好原路面的所有病害，在病害涉及到基层或土基时，必须对路面基层、底基层或土基进行彻底清理。

（2）沥青面层采用空隙率不大于5%的密实型混凝土，提高压实度标准，增加路面现场空隙率指标。

（3）上面层混合料设计时，在兼顾高温性能的同时，对低温抗裂性能给以足够的重视。

（4）对中、下面层应给以足够的重视，加强中、下面层的材料控制；提高中、下面层矿料与沥青的粘结力，增强中、下面层的抗水损坏能力。

（5）设计周密合理的排水系统，完善路面排水设计，设置路面结构内部的防排水层，防止水分进入并储存在结构层内。在路面较厚的情况下，沥青面

第7章 罩面后沥青路面养护对策研究

层下设置的防排水层,有时在水还没来得急渗到防排水层前,上面的沥青混凝土已经开始破坏了,因此应该将防排水层设在上面层下面。

(6) 调整施工工序,尽量使三层面层连续摊铺,减少污染。采取增加层间粘结的措施。加强施工控制,尽量减少离析的产生。

(7) 原材料的品质和施工质量对工程质量起保证作用,加强材料管理和施工现场管理,把握好材料质量、配合比设计和压实,是保证沥青混凝土面层具有良好使用功能的前提。施工时必须严格按照配合比设计的原材料和配比进行,不得随意更换原材料和调整级配。

第8章 车道调整提高路面寿命

8-1 轮迹分布规律研究

8-1-1 车道分布规律研究

1. 车道分布调查

高速公路一般为多车道设计,而且车道功能一般由路中线至外侧依次划分为:超车道-行车道-慢车道-爬坡车道等,行驶车速也依次降低。如图8.1为一般六车道高速公路车道划分情况。

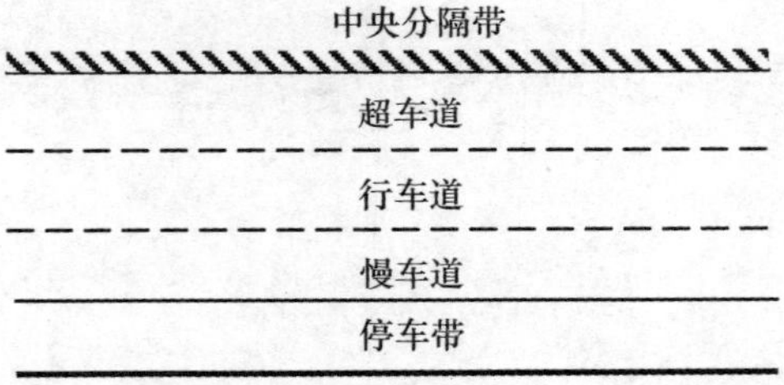

图8.1 高速公路车道功能划分示意图

车道功能的划分导致不同车道交通流量出现明显差异,而且各车道车型组成也明显不同。表8.1为青银高速公路各车道不同车型比例。表中车型与实际车型对应关系:小客-小客车;中客-中型客车;大客-大型客车;货1-2轴(4轮)货车;货2-2轴(6轮)货车;货3-3轴货车;货4-3轴(2·s1);货5-4轴(2·2);货6-4轴(3·s1);货7-5轴(2·3);货8-6轴及以上货车及集装箱。

表8.1 青银高速公路各车型不同车道分布比例

车型 行驶车道	小客	中客	大客	货1	货2	货3	货4	货5	货6	货7	货8
跨线	1.62	4.55	0.00	2.70	0.00	0.00	0.00	0.00	0.13	0.26	0.00
超车道	57.14	49.09	40.00	47.30	26.19	28.44	25.00	14.29	24.97	23.07	4.88
行车道	41.23	56.36	60.00	50.00	73.81	71.56	75.00	85.71	74.89	76.67	95.12

第 8 章 车道调整提高路面寿命

从表 8.1 可以看出,小客车有一半以上车辆在超车道行驶,而货车随着车型的增大,在行车道上行驶的比例也大幅增加,其中六轴及六轴以上的特重型车辆绝大部分集中在行车道行驶。由于车型划分过细会导致部分车型样本量较低而影响分析精度,因此按照前述轴载换算车型要求,本项目将车型划分为:小型车、大型客车、中型货车、重型货车、特重型货车,并对各种车型在各车道上的分布情况进行了统计,由于跨线行驶车辆比例很小,分析中略去了跨线行驶的车辆,如表 8.2 所示,同时对津蓟高速公路和津保高速公路交通流状况也进行了统计分析。

表 8.2 高速公路各车型不同车道分布比例

行驶车道	车型	小汽车	大客车	中型货车	重型货车	特重型货车
青银高速公路	超车道	58.76	40.54	29.20	34.22	4.88
	行车道	41.23	59.46	70.80	65.78	95.12
津保高速公路	超车道	57.72	42.32	31.27	32.45	4.04
	行车道	42.28	57.68	68.73	67.55	95.96
津蓟高速公路	超车道	60.16	41.59	27.49	33.22	3.98
	行车道	39.84	58.41	72.51	66.78	96.02
沿海高速公路	超车道	61.89	42.60	29.77	28.84	1.67
	行车道	38.11	57.40	70.23	71.16	98.33

从表 8.1 和图 8.2 (a),(b),(c),(d),(e) 5 个图中可以看出,上述 3 条高速公路不同车型的在超车道和行车道比例基本一致,这主要是因为在路况条件基本一致情况下,车辆驾驶员对车道的选择主要根据自身驾驶行为习惯和车辆状况来确定,因此当驾驶员随机的分布到各条道路中时,也就会得到基本相同的车道行驶比例。因此,在对上表各车型不同车道分布比例取平均基础上,本文推荐高速公路超车道和行车道不同车型分布比例见表 8.3。

表 8.3 推荐高速公路超车道和行车道不同车型分布比例

行驶车道	车型	小汽车	大客车	中型货车	重型货车	特重型货车
超车道		59.63	41.76	29.43	32.18	3.64
行车道		40.37	58.24	70.57	67.82	96.36

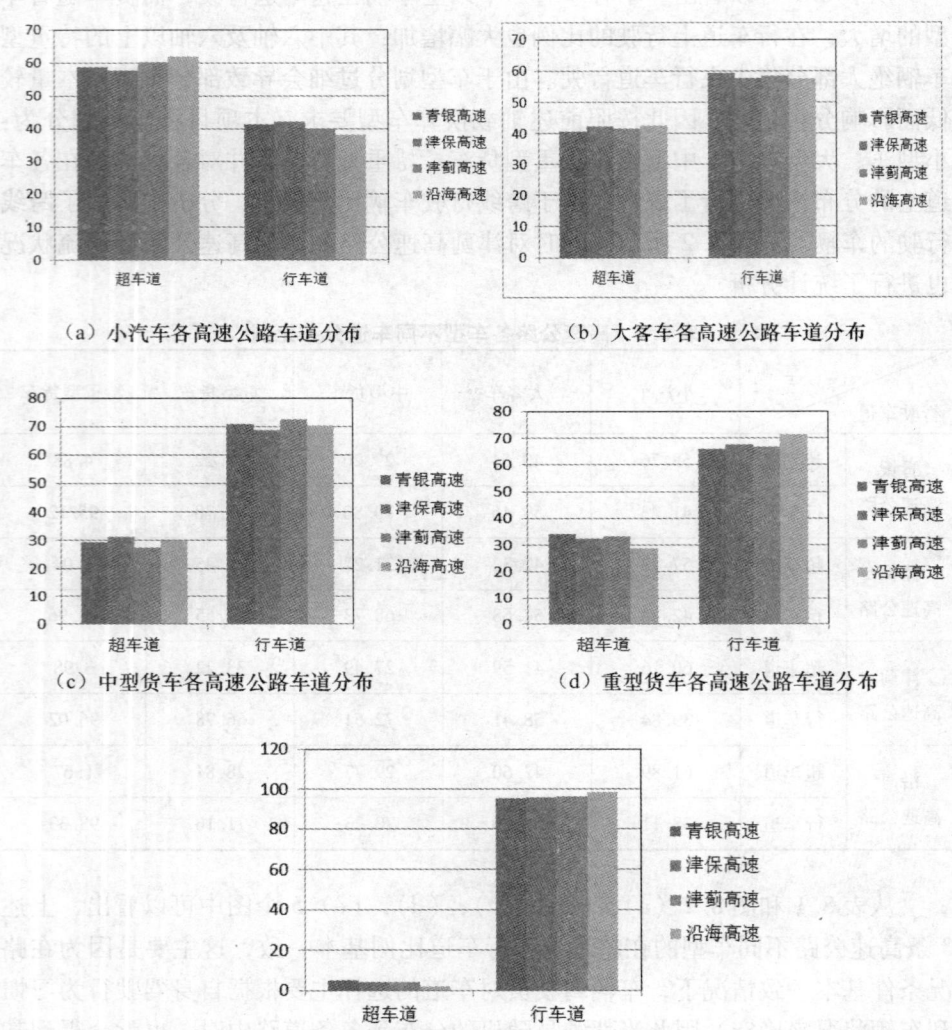

图 8.2 高速公路车道分布图

2. 基于标准轴载车道系数计算方法

从轴载对路面结构的疲劳损坏考虑，标准轴载车道分布系数计算中将不计载重小于 2.5t 的小型货车和小客车，此时车型包括：大型客车、中型货车、重型货车和特重型货车。

当已知某高速公路交通组成时，根据表 8.3 和表 8.4，利用式（8.1）可计算出车道分布系数。

第8章 车道调整提高路面寿命

$$\alpha_l = \frac{\sum_i (c_i \cdot \varepsilon_i \cdot \gamma_{il})}{\sum_l \sum_i (c_i \cdot \varepsilon_i \cdot \gamma_{il})} \tag{8.1}$$

式中 α_l——l 车道表中轴载车道系数，本研究中仅限于超车道和行车道；

c_i——交通组成中第 i 种车型的比例；

ε_i——第 i 种车型的平均标准轴载换算系数，可由表8.1查出；

γ_{il}——第 i 种车型在 l 车道分布比例，可由由表8.3查出。

如某双向四车道高速公路交通组成中，预估车型比例如表8.4。

表8.4 某双向四车道高速公路预估车型比例

车型	大型客车	中型货车	重型货车	特重型货车
比例	10%	30%	50%	10%

则利用式（8.1）和表8.2、表8.3，计算出超车道和行车道的标准轴载车道系数分别为0.1455和0.8545。

又因每条道路的交通组成不一定相同，为了进一步研究不同交通组成对车道系数的影响关系，本研究还做了不同车型比例下的车道系数对比分析：

如连接某港口的高速公路交通组成中重型车的比例较大，预估车型比例见表8.5。

表8.5 某双向四车道高速公路预估车型比例

车型	大型客车	中型货车	重型货车	特重型货车
比例	10%	25%	50%	15%

则利用式（8.1）和表8.1及表8.3，计算出超车道和行车道的标准轴载车道系数分别为0.118916和0.881084。

由以上对比分析可知，不同的交通组成下，标准轴载的车道系数有所变化。因此，交通组成分析是计算车道系数的前提。

8-1-2 行车道车辆轮迹分布规律

1. 小型汽车在行车道上的轮迹分布

根据青银高速公路小汽车在行车道轮迹分布调查数据，绘制轮迹分布图如图8.3所示。显然，轮迹带频率均值为 1/15 = 0.0667，以大于均值的轮迹带作为主轮迹带，则行车道大客车主轮迹带分别为：4，5，6，7，11，12，13。

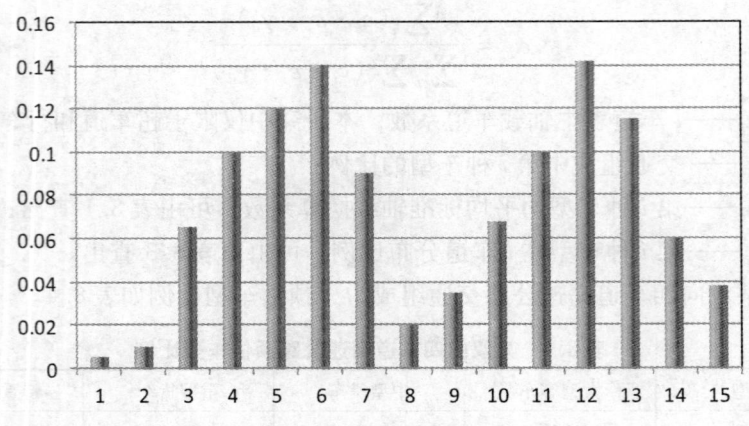

图 8.3　行车道小汽车轮迹分布图

上图为左轮和右轮综合作用形成的轮迹分布图，左轮和右轮分别形成两个形状基本一致的波峰，为了统计分析的方便，项目组对左轮进行了单独的统计分析，左轮形成的轮迹分布如图 8.4 所示。

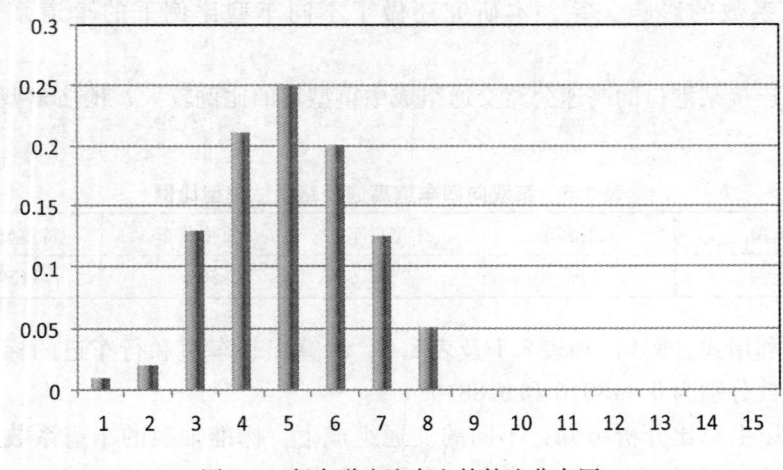

图 8.4　行车道小汽车左轮轮迹分布图

从图 8.4 看出，左轮轮轮迹分布形状与正态分布相似，因此，设行车道外侧小汽车左轮距行车道左边缘的距离为 X，假设其服从正态分布，并进行 χ^2 拟合检验。

检验假设为：

H_0: $X \sim N(\mu, \sigma^2)$，　　H_1: 不服从正态分布。

其中 μ, σ 为未知参数，以最大似然估计值 $\hat{\mu}$, $\hat{\sigma}$ 代替 μ, σ

第8章 车道调整提高路面寿命

$$\hat{\mu} = \bar{x} = \frac{1}{N}\sum_{i=1}^{n} x_i = 80.46 \tag{8.2}$$

$$\hat{\sigma} = \sqrt{\frac{1}{N}\sum_{1}^{N}(x_i - \bar{x})^2} = 40.23 \tag{8.3}$$

设 $F_0(X)$ 表示正态分布 $N(80.46, 40.23^2)$ 的分布函数,各轮迹带概率 P 既可以通过积分方法求得也可以通过查表方法得到:

$$P = \frac{1}{\sqrt{2\pi}\sigma}\int_0^1 e^{\frac{(x-\mu)^2}{-2\sigma^2}} d_x \tag{8.4}$$

$$\begin{aligned}
P_1 = P\{0 < X \leq 25\} &= \varphi\left[\frac{25 - 80.45}{40.23}\right] - \varphi\left[\frac{0 - 80.46}{40.23}\right] \\
&= \varphi(-1.38) - \varphi(-2) \\
&= 0.0838 - 0.0228 \\
&= 0.061
\end{aligned}$$

$$\begin{aligned}
P_2 = P\{25 < X \leq 50\} &= \varphi\left[\frac{50 - 80.45}{40.23}\right] - \varphi\left[\frac{25 - 80.46}{40.23}\right] \\
&= \varphi(-0.757) - \varphi(-1.38) \\
&= 0.225 - 0.0838 \\
&= 0.141
\end{aligned}$$

$$\begin{aligned}
P_3 = P\{50 < X \leq 75\} &= \varphi\left[\frac{(75 - 80.46)}{40.23}\right] - \varphi\left[\frac{(50 - 80.46)}{40.23}\right] \\
&= \varphi(-0.26) - \varphi(-0.757) \\
&= 0.3974 - 0.225 \\
&= 0.1724
\end{aligned}$$

$$\begin{aligned}
P_4 = P\{75 < X \leq 100\} &= \varphi\left[\frac{100 - 80.46}{40.23}\right] - \varphi\left[\frac{75 - 80.46}{40.23}\right] \\
&= \varphi(0.51) - \varphi(-0.26) \\
&= 0.695 - 0.3974 \\
&= 0.2976
\end{aligned}$$

$$\begin{aligned}
P_5 = P\{100 < X \leq 125\} &= \varphi\left[\frac{125 - 80.46}{40.23}\right] - \varphi\left[\frac{100 - 80.46}{100.23}\right] \\
&= \varphi(1.13) - \varphi(0.51) \\
&= 0.8708 - 0.695 \\
&= 0.176
\end{aligned}$$

$$P_6 = P\{125 < X \leq 150\} = \varphi\left[\frac{150 - 80.46}{40.23}\right] - \varphi\left[\frac{125 - 80.46}{100.23}\right]$$

$$= \varphi(1.73) - \varphi(1.13)$$
$$= 0.9582 - 0.8708$$
$$= 0.0874$$
$$P_7 = P\{150 < X \leq 175\} = \varphi\left[\frac{175 - 80.46}{40.23}\right] - \varphi\left[\frac{150 - 80.46}{100.23}\right]$$
$$= \varphi(2.35) - \varphi(1.73)$$
$$= 0.9906 - 0.9582$$
$$= 0.0324$$
$$P_8 = P\{175 < X \leq 200\} = \varphi\left[\frac{200 - 80.46}{40.23}\right] - \varphi\left[\frac{175 - 80.46}{100.23}\right]$$
$$= \varphi(3) - \varphi(2.35)$$
$$= 0.0094$$
$$P_9 = P\{200 < X \leq 375\} = \varphi\left[\frac{375 - 80.46}{40.23}\right] - \varphi\left[\frac{200 - 80.46}{100.23}\right]$$
$$= 0$$

表 8.6 χ^2 拟合检验计算表

A_i	f_i	P_i	nP_i	f_i^2/nP_i
$0 < X \leq 25$	30	0.061	24.4	59.18
$25 < X \leq 50$	48	0.141	56.4	81.99
$50 < X \leq 75$	67	0.1724	68.96	85.98
$75 < X \leq 100$	110	0.2976	119	52.08
$100 < X \leq 125$	76	0.176	70.4	82.04
$125 < X \leq 150$	38	0.0874	35	62.83
$150 < X \leq 175$	15	0.0324	13	52
$175 < X \leq 200$	16	0.0094	37.6	46.91
$200 < X \leq 375$	0	0	0	0
				$\Sigma = 391.93$

$\chi^2 = 400 - 391.93 = 8.07$,因为 $\chi^2_{0.05}(8-1-1) = \chi^2_{0.05}(6) = 18.548 > 8.07$,故在水平 0.05 下接受 H_0,即认为即认为在显著性水平 $\alpha = 0.05$ 下,行车道小汽车的左轮轮迹横向分布服从正态分布。

2. 大客车在行车道上的轮迹分布

根据青银高速公路大型客车在行车道轮迹分布调查数据,绘制轮迹分布图如图 8.5 所示。大于均值的主轮迹带分别为:2,3,4,9,10,11,12。

第8章 车道调整提高路面寿命

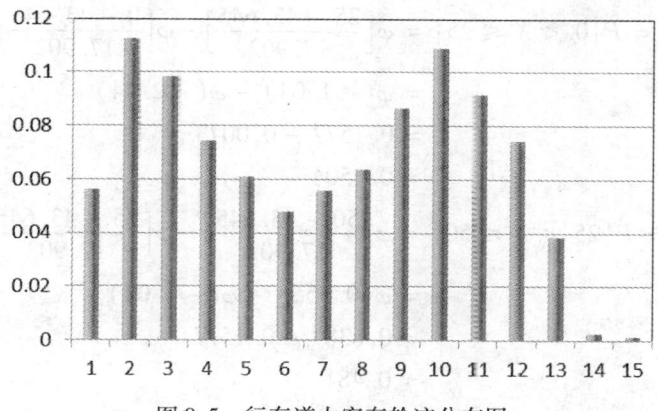

图8.5 行车道大客车轮迹分布图

为了统计分析的方便,项目组对中型货车左轮进行了单独的统计分析,左轮形成的轮迹分布如图8.6所示。

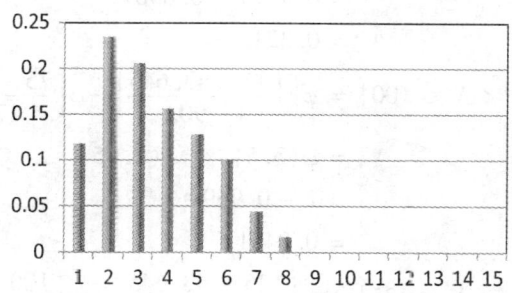

图8.6 行车道大客车左轮轮迹分布图

从图8.6看出,左轮轮迹分布形状与正态分布相似,因此,设行车道外侧大客车左轮距行车道左边缘的距离为X,假设其服从正态分布,并进行χ^2拟合检验。

检验假设为:

$$H_0: X \sim N(\mu, \sigma^2), \quad H_1: 不服从正态分布。$$

其中μ, σ为未知参数,以最大似然估计值$\hat{\mu}$, $\hat{\sigma}$代替μ, σ

$$\hat{\mu} = \bar{x} = \frac{1}{N}\sum_{i=1}^{n} x_i = 43.645 \tag{8.5}$$

$$\hat{\sigma} = \sqrt{\frac{1}{N}\sum_{1}^{N}(x_i - \bar{x})^2} = 17.902 \tag{8.6}$$

设$F_0(X)$表示正态分布$N(43.645, 17.902^2)$的分布函数,各轮迹带概率P既可以通过积分方法求得也可以通过查表方法得到:

$$P_1 = P\{0 < X \leqslant 25\} = \varphi\left[\frac{25 - 43.645}{17.902}\right] - \varphi\left[\frac{0 - 43.645}{17.902}\right]$$
$$= \varphi(-1.04) - \varphi(-2.44)$$
$$= 0.1577 - 0.0073$$
$$= 0.1504$$

$$P_2 = P\{25 < X \leqslant 50\} = \varphi\left[\frac{50 - 43.645}{17.902}\right] - \varphi\left[\frac{25 - 43.645}{17.902}\right]$$
$$= \varphi(0.355) - \varphi(-1.04)$$
$$= 0.6387 - 0.1577$$
$$= 0.481$$

$$P_3 = P\{50 < X \leqslant 75\} = \varphi\left[\frac{75 - 43.645}{17.902}\right] - \varphi\left[\frac{50 - 43.645}{17.902}\right]$$
$$= \varphi(1.75) - \varphi(0.355)$$
$$= 0.9599 - 0.6387$$
$$= 0.3212$$

$$P_4 = P\{75 < X \leqslant 100\} = \varphi\left[\frac{100 - 43.645}{17.902}\right] - \varphi\left[\frac{75 - 43.645}{17.902}\right]$$
$$= \varphi(3.51) - \varphi(1.75)$$
$$= 1 - 0.9599$$
$$= 0.0401$$

$$P_5 = P\{100 < X \leqslant 125\} = \varphi\left[\frac{125 - 43.645}{17.902}\right] - \varphi\left[\frac{100 - 43.645}{17.902}\right]$$
$$= 1 - 1$$
$$= 0$$

$$P_6 = P\{125 < X \leqslant 150\} = 0$$
$$P_7 = P\{150 < X \leqslant 175\} = 0$$

表8.7 χ^2 拟合检验计算表

A_i	f_i	P_i	nP_i	f_i^2/nP_i
$0 < X \leqslant 25$	28	0.1504	15.3408	51.10
$25 < X \leqslant 50$	38	0.481	49.062	29.43
$50 < X \leqslant 75$	27	0.3212	32.7624	22.02
$75 < X \leqslant 375$	6	0.0401	4.0902	8.8
				$\Sigma = 111.22$

$\chi^2 = 111.22 - 102 = 9.22$，因为 $\chi^2_{0.05}(4-1-1) = \chi^2_{0.05}(2) = 10.597 > 9.22$，

第8章 车道调整提高路面寿命

故在水平 0.05 下接受 H_0，即认为即认为在显著性水平 $\alpha = 0.05$ 下，行车道大客车汽车的左轮轮迹横向分布服从正态分布。

3. 中型货车在行车道上的轮迹分布

根据青银高速公路中型货车在行车道轮迹分布调查数据，绘制轮迹分布图如图 8.7 所示。显然，轮迹带频率大于 0.0667 的主轮迹带分别为：2，3，4，5，10，11，12。

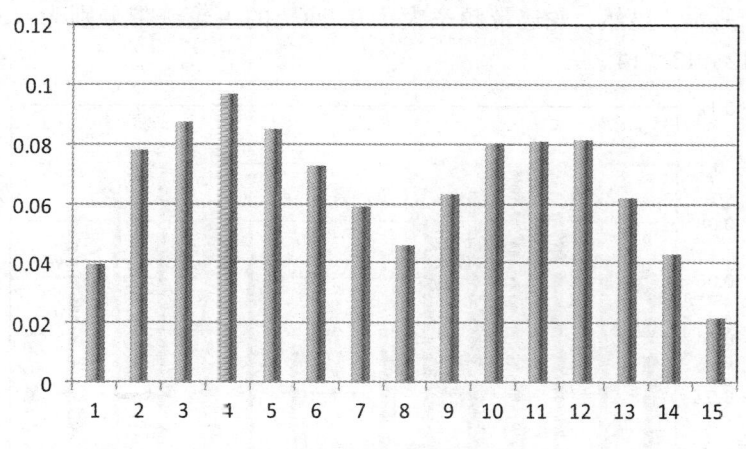

图 8.7 行车道中型货车轮迹分布

同样，为了统计分析的方便，项目组对中型货车左轮进行了单独的统计分析，左轮形成的轮迹分布如图 8.8 所示。

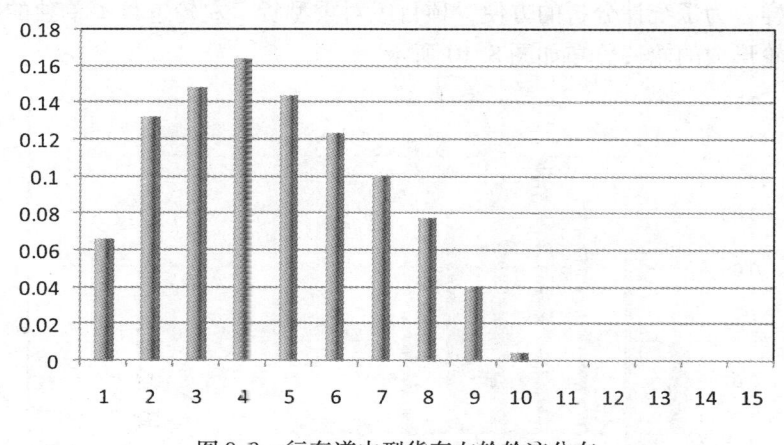

图 8.8 行车道中型货车左轮轮迹分布

针对中型货车左轮轮迹分布进行拟合检验，证明其也服从正态分布，期望和方差如下：

$$\hat{\mu} = \bar{x} = \frac{1}{N}\sum_{i=1}^{n} x_i = 57.74 \tag{8.7}$$

$$\hat{\sigma} = \sqrt{\frac{1}{N}\sum_{1}^{N}(x_i - \bar{x})^2} = 24.57789 \tag{8.8}$$

4. 重型货车在行车道轮迹分布

根据青银高速公路重型货车在超车道轮迹分布调查数据，绘制轮迹分布图如图8.9所示。显然，轮迹带频率大于0.0667的主轮迹带分别为：3，4，5，6，11，12，13，14。

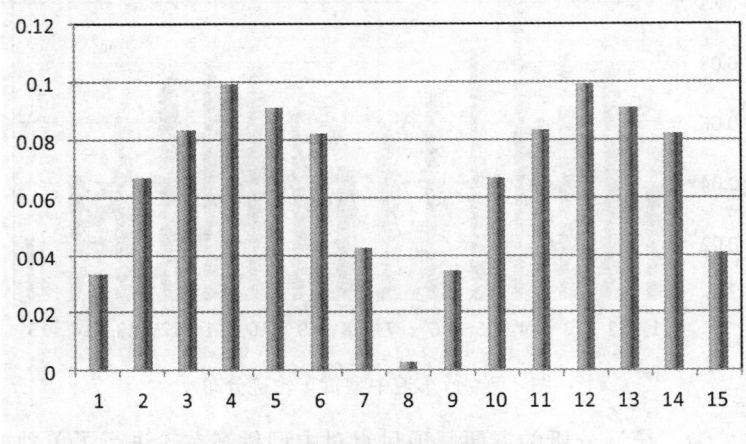

图8.9　行车道重型货车轮迹分布图

同样，为了统计分析的方便，项目组对重型货车左轮进行了单独的统计分析，左轮形成的轮迹分布如图8.10所示。

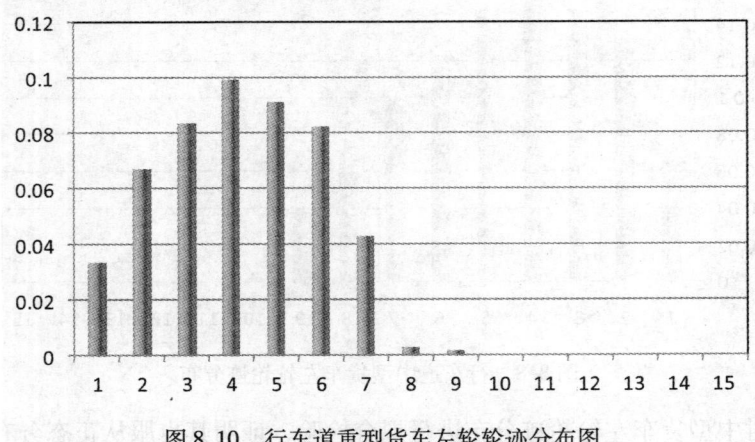

图8.10　行车道重型货车左轮轮迹分布图

设行车道外侧重型货车左轮轮迹分布频率为 X，检验假设为：

第8章 车道调整提高路面寿命

$$H_0: X \sim N(\mu, \sigma^2), \quad H_1: 不服从正态分布。$$

其中 μ, σ 为未知参数,以最大似然估计值 $\hat{\mu}$, $\hat{\sigma}$ 代替 μ, σ

$$\hat{\mu} = \bar{x} = \frac{1}{N}\sum_{i=1}^{n} x_i = 52.12269 \tag{8.9}$$

$$\hat{\sigma} = \sqrt{\frac{1}{N}\sum_{1}^{N}(x_i - \bar{x})^2} = 21.22359 \tag{8.10}$$

设 $F_0(X)$ 表示正态分布 $N(52.1, 21.2^2)$ 的分布函数,各轮迹带概率 P 既可以通过积分方法求得也可以通过查表方法得到:

$$P_1 = P\{0 < X \leq 25\} = \varphi\left[\frac{25-52.1}{21.2}\right] - \varphi\left[\frac{0-52.1}{21.2}\right]$$
$$= \varphi(-1.27) - \varphi(-2.46)$$
$$= 0.102 - 0.0069$$
$$= 0.0951$$

$$P_2 = P\{25 < X \leq 50\} = \varphi\left[\frac{50-52.1}{21.2}\right] - \varphi\left[\frac{25-52.1}{21.2}\right]$$
$$= \varphi(-0.01) - \varphi(-1.27)$$
$$= 0.406 - 0.102$$
$$= 0.304$$

$$P_3 = P\{50 < X \leq 75\} = \varphi\left[\frac{75-52.1}{21.2}\right] - \varphi\left[\frac{50-52.1}{21.2}\right]$$
$$= \varphi(1.01) - \varphi(-0.01)$$
$$= 0.8438 - 0.406$$
$$= 0.4378$$

$$P_4 = P\{75 < X \leq 100\} = \varphi\left[\frac{100-52.1}{21.2}\right] - \varphi\left[\frac{75-52.1}{21.2}\right]$$
$$= \varphi(2.26) - \varphi(1.01)$$
$$= 0.9881 - 0.8438$$
$$= 0.1443$$

$$P_5 = P\{100 < X \leq 125\} = \varphi\left[\frac{125-52.1}{21.2}\right] - \varphi\left[\frac{100-52.1}{21.2}\right]$$
$$= 1 - \varphi(2.26)$$
$$= 0.1562$$

$$P_6 = P\{125 < X \leq 150\} = 0$$
$$P_7 = P\{150 < X \leq 175\} = 0$$

表 8.8 χ^2 拟合检验计算表

A_i	f_i	P_i	nP_i	f_i^2/nP_i
$0 < X \leq 25$	20	0.0951	9.7002	41.22
$25 < X \leq 50$	32	0.304	31.008	33.02
$50 < X \leq 75$	28	0.4378	44.6556	17.55
$75 < X \leq 100$	18	0.1443	14.7186	21.01
$100 < X \leq 375$	4	0.1562	15.9324	1
合计				$\sum = 113.8$

$\chi^2 = 113.8 - 102 = 11.8$,因为 $\chi^2_{0.05}(5-1-1) = \chi^2_{0.05}(3) = 12.838 > 11.8$,故在置信水平 0.05 下接受 H_0,即认为即认为在显著性水平 $\alpha = 0.005$ 下,行车道重型货车的轮迹横向分布服从正态分布。

8-1-3 超车道轮迹分布规律

1. 小汽车在超车道上的轮迹分布

根据青银高速公路小汽车在超车道轮迹分布调查数据,绘制轮迹分布图如图 8.11 所示。以大于均值的轮迹带作为主轮迹带,行车道小汽车主轮迹带分别为:2,3,4,5,6,10,11,12,13。

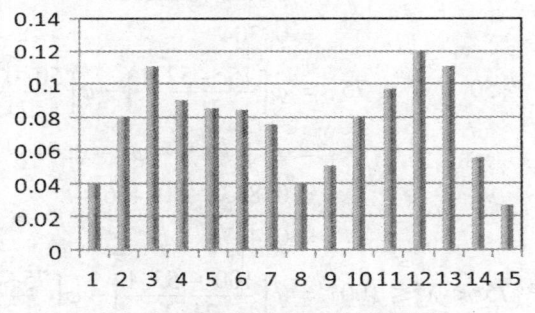

图 8.11 超车道小汽车轮迹分布图

为了统计分析的方便,项目组对小汽车左轮进行了单独的统计分析,左轮形成的轮迹分布如图 8.12 所示。

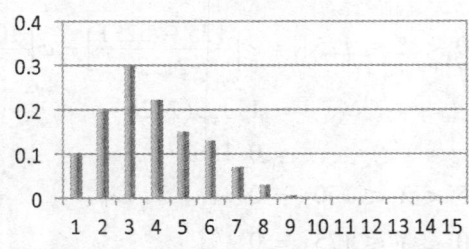

图 8.12 超车道小汽车左轮轮迹分布图

第8章 车道调整提高路面寿命

针对小汽车左轮轮迹分布进行拟合检验,证明其也服从正态分布,期望和方差如下:

$$\hat{\mu} = \bar{x} = \frac{1}{N}\sum_{i=1}^{n} x_i = 85.56 \qquad (8.11)$$

$$\hat{\sigma} = \sqrt{\frac{1}{N}\sum_{1}^{N}(x_i - \bar{x})^2} = 125.87 \qquad (8.12)$$

2. 大客车在超车道上的轮迹分布

根据青银高速公路大客车在超车道轮迹分布调查数据,绘制轮迹分布图如图8.13所示。显然,轮迹带频率均值为1/15=0.0667,以大于均值的轮迹带作为主轮迹带,则行车道大客车主轮迹带分别为:4,5,6,7,11,12,13。

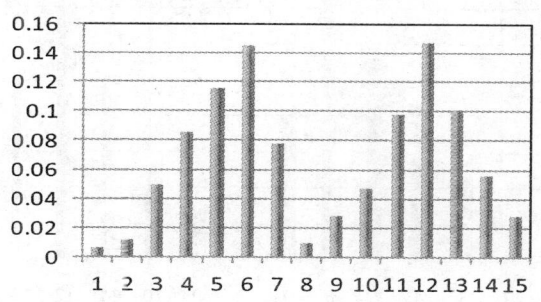

图8.13 超车道大客车轮迹分布图

为了统计分析的方便,项目组对大客车左轮进行了单独的统计分析,左轮形成的轮迹分布如图8.14所示。

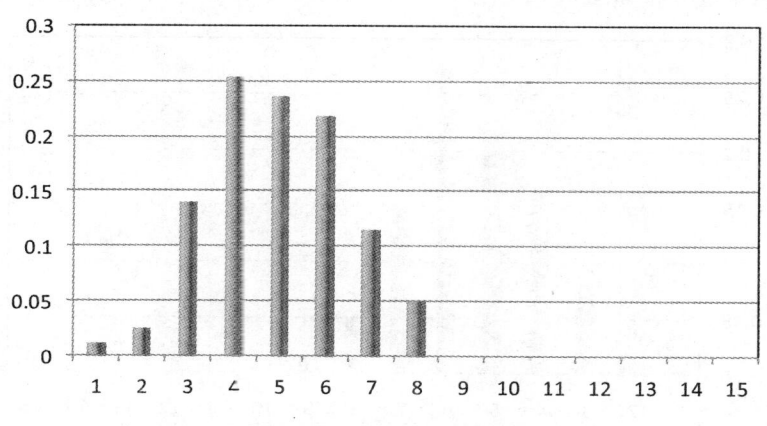

图8.14 超车道大客车左轮轮迹分布图

针对大客车左轮轮迹分布进行拟合检验,证明其也服从正态分布,期望和方差如下:

$$\hat{\mu} = \bar{x} = \frac{1}{N}\sum_{i=1}^{n} x_i = 116.4009 \qquad (8.13)$$

$$\hat{\sigma} = \sqrt{\frac{1}{N}\sum_{1}^{N}(x_i - \bar{x})^2} = 168.735 \qquad (8.14)$$

3. 中型货车在超车道轮迹分布

根据青银高速公路中型货车在超车道轮迹分布调查数据,绘制轮迹分布图如图8.15所示。以大于均值的轮迹带作为主轮迹带,则超车道中型货车主轮迹带分别为:4,5,6,7,11,12,13。

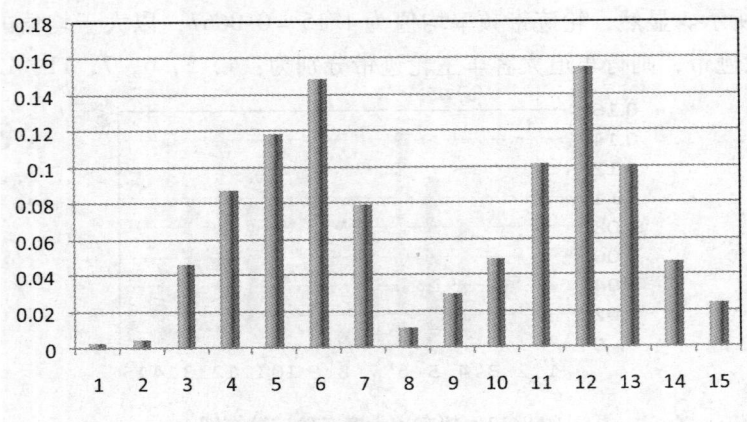

图8.15 超车道中型货车轮迹分布图

为了统计分析的方便,项目组对中型货车左轮进行了单独的统计分析,左轮形成的轮迹分布如图8.16所示。

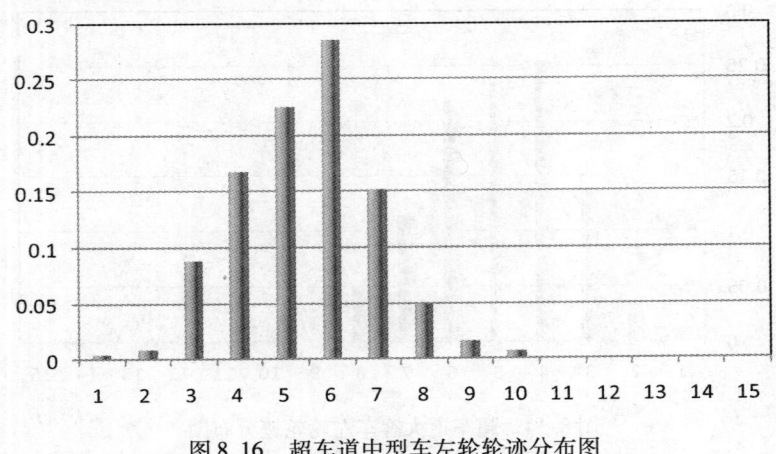

图8.16 超车道中型车左轮轮迹分布图

针对中型货车左轮轮迹分布进行拟合检验,证明其也服从正态分布,期望和方差如下：

$$\hat{\mu} = \bar{x} = \frac{1}{N} \sum_{i=1}^{n} x_i = 123.5999 \quad (8.15)$$

$$\hat{\sigma} = \sqrt{\frac{1}{N} \sum_{1}^{N} (x_i - \bar{x})^2} = 45.41587 \quad (8.16)$$

4. 重型货车在超车道轮迹分布

根据青银高速公路重型货车在超车道轮迹分布调查数据，绘制轮迹分布图如图8.17所示。以大于均值的轮迹带作为主轮迹带，则超车道重型货车主轮迹带分别为：4，5，6，12，13，14。

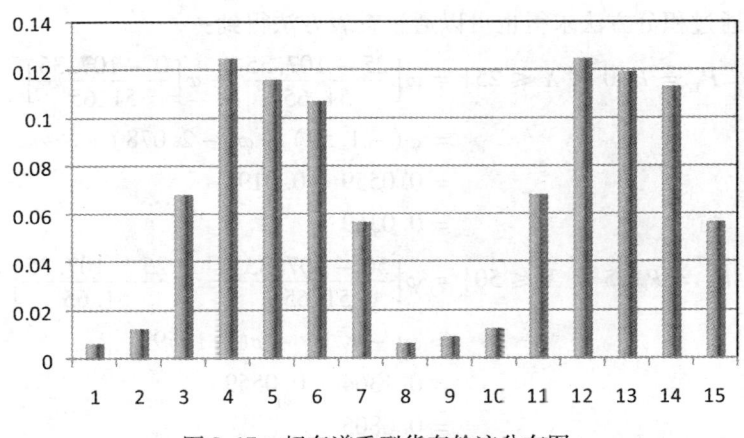

图8.17　超车道重型货车轮迹分布图

为了统计分析的方便，项目组对重型货车左轮进行了单独的统计分析，左轮形成的轮迹分布如图8.18所示。

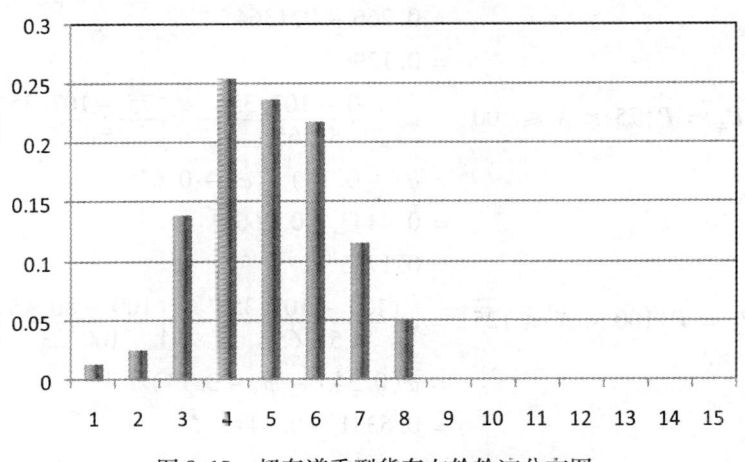

图8.18　超车道重型货车左轮轮迹分布图

针对重型货车左轮轮迹分布进行拟合检验，设超车道重型货车左轮轮迹分布频率为 X，检验假设为：

$$H_0: X \sim N(\mu, \sigma^2), \quad H_1: 不服从正态分布。$$

其中 μ，σ 为未知参数，以最大似然估计值 $\hat{\mu}$，$\hat{\sigma}$ 代替 μ，σ

$$\hat{\mu} = \bar{x} = \frac{1}{N}\sum_{i=1}^{n} x_i = 107.3506 \tag{8.17}$$

$$\hat{\sigma} = \sqrt{\frac{1}{N}\sum_{1}^{N}(x_i - \bar{x})^2} = 51.65 \tag{8.18}$$

设 $F_0(X)$ 表示正态分布 $N(107.35, 10.31^2)$ 的分布函数，各轮迹带概率 P 既可以通过积分方法求得也可以通过查表方法得到：

$$P_1 = P\{0 < X \leq 25\} = \varphi\left[\frac{25 - 107.35}{51.65}\right] - \varphi\left[\frac{0 - 107.35}{51.65}\right]$$
$$= \varphi(-1.59) - \varphi(-2.078)$$
$$= 0.0559 - 0.019$$
$$= 0.0369$$

$$P_2 = P\{25 < X \leq 50\} = \varphi\left[\frac{50 - 107.35}{51.65}\right] - \varphi\left[\frac{25 - 107.35}{51.65}\right]$$
$$= \varphi(-1.1) - \varphi(-1.59)$$
$$= 0.1364 - 0.0559$$
$$= 0.0805$$

$$P_3 = P\{50 < X \leq 75\} = \varphi\left[\frac{75 - 107.35}{51.65}\right] - \varphi\left[\frac{50 - 107.35}{51.65}\right]$$
$$= \varphi(-0.626) - \varphi(-1.1)$$
$$= 0.266 - 0.1364$$
$$= 0.1296$$

$$P_4 = P\{75 < X \leq 100\} = \varphi\left[\frac{100 - 107.35}{51.65}\right] - \varphi\left[\frac{75 - 107.35}{51.65}\right]$$
$$= \varphi(-0.14) - \varphi(-0.626)$$
$$= 0.4443 - 0.266$$
$$= 0.1783$$

$$P_5 = P\{100 < X \leq 125\} = \varphi\left[\frac{125 - 107.35}{51.65}\right] - \varphi\left[\frac{100 - 80.46}{100.23}\right]$$
$$= \varphi(0.34) - \varphi(-0.14)$$
$$= 0.6331 - 0.4443$$
$$= 0.1888$$

$$P_6 = P\{125 < X \leq 150\} = \varphi\left[\frac{150 - 107.35}{51.65}\right] - \varphi\left[\frac{125 - 80.46}{100.23}\right]$$
$$= 0.795 - 0.633$$
$$= 0.162$$

$$P_7 = P\{150 < X \leq 175\} = \varphi\left[\frac{175 - 107.35}{51.65}\right] - \varphi\left[\frac{150 - 80.46}{100.23}\right]$$
$$= 0.905 - 0.795$$
$$= 0.115$$

$$P_8 = P\{175 < X \leq 200\} = \varphi\left[\frac{200 - 107.35}{51.65}\right] - \varphi\left[\frac{175 - 80.46}{100.23}\right]$$
$$= 0.9641 - 0.905$$
$$= 0.0591$$

$$P_9 = P\{200 < X \leq 225\} = \varphi\left[\frac{375 - 107.35}{51.65}\right] - \varphi\left[\frac{200 - 80.46}{100.23}\right]$$
$$= 0.9887 - 0.9614$$
$$= 0.273$$

$$P_{10} = P\{225 < X \leq 250\} = \varphi\left[\frac{375 - 107.35}{51.65}\right] - \varphi\left[\frac{200 - 80.46}{100.23}\right]$$
$$= 1 - 0.9887$$
$$= 0.0113$$

$$P_{11} = P\{250 < X \leq 375\} = 0$$

表8.9　χ^2 拟合检验计算表

A_i	f_i	P_i	nP_i	f_i^2/nP_i
$0 < X \leq 25$	13	0.0369	39.9258	4.232852
$25 < X \leq 50$	26	0.0805	87.101	7.761105
$50 < X \leq 75$	151	0.1296	140.2272	162.6004
$75 < X \leq 100$	275	0.1783	192.9206	392.0006
$100 < X \leq 125$	256	0.1888	204.2816	320.8121
$125 < X \leq 150$	236	0.162	175.284	217.7472
$150 < X \leq 175$	125	0.115	124.43	125.5726
$175 < X \leq 200$	54	0.0591	63.9462	45.60083
$200 < X \leq 225$	0	0.273	295.386	0
$225 < X \leq 250$	0	0.0113	12.2266	0
$250 < X \leq 375$	0	0	0	0
合计				$\Sigma = 1102$

$\chi^2 = 1102 - 1082 = 20$，因为 $\chi^2_{0.05}(11-1-1) = \chi^2_{0.05}(9) = 23.589 > 20$，故在置信水平 0.05 下接受 H_0，即认为即认为在显著性水平 $\alpha = 0.005$ 下，超车道外侧重型货车的轮迹横向分布服从正态分布。

8-1-4 其他高速公路轮迹分布规律调查结果

以上轮迹分布特征的研究是针对某条高速公路的，但在道路研究中期望得到的是高速公路的普遍轮迹分布特征，轮迹的一般分布规律对于研究才有意义，为了验证高速公路轮迹横向分布规律的一般性，本项目对其他高速公路进行了调查研究，分析结果如表 8.10 ~ 表 8.15 所示。

表 8.10 各高速公路小型车轮迹分布

车型	超车道		行车道	
	轮迹均值	轮迹方差	轮迹均值	轮迹方差
青银高速公路	85.56	125.87	80.46	40.23
沿海高速公路	94.16	118.21	83.86	44.45
津蓟高速公路	88.41	123.96	78.78	41.65
津保高速公路	81.46	119.52	78.79	43.46
均值	87.40	121.89	80.47	42.45

表 8.11 各高速公路大客车轮迹分布

车型	超车道		行车道	
	轮迹均值	轮迹方差	轮迹均值	轮迹方差
青银高速公路	116.4	168.735	43.645	17.902
沿海高速公路	119.40	161.95	46.21	23.26
津蓟高速公路	115.26	172.62	47.16	21.12
津保高速公路	120.36	166.91	46.94	20.86
均值	117.86	167.55	45.99	20.79

表 8.12 各高速公路中型货车轮迹分布

车型	超车道		行车道	
	轮迹均值	轮迹方差	轮迹均值	轮迹方差
青银高速公路	123.6	45.416	17.74	24.578
沿海高速公路	131.4	48.91	21.17	30.16
津蓟高速公路	126.16	46.19	19.93	27.41
津保高速公路	125.73	46.20	19.14	28.78
均值	126.72	46.68	19.50	27.73

第8章 车道调整提高路面寿命

表8.13 各高速公路重型货车轮迹分布

车型	超车道		行车道	
	轮迹均值	轮迹方差	轮迹均值	轮迹方差
青银高速公路	107.35	51.65	52.12	21.22
沿海高速公路	110.49	56.80	46.19	27.89
津蓟高速公路	109.69	53.28	56.37	24.49
津保高速公路	112.13	49.63	54.37	20.73
均值	109.92	52.84	52.26	23.58

表8.14 各高速公路特重型货车轮迹分布

车型	超车道		行车道	
	轮迹均值	轮迹方差	轮迹均值	轮迹方差
青银高速公路	102.23	16.589	50.265	23.512
沿海高速公路	106.34	20.73	46.83	28.57
津蓟高速公路	103.73	16.92	51.74	26.43
津保高速公路	107.43	20.46	54.63	25.21
均值	104.93	18.67	50.87	25.93

注：津蓟高速公路和津保高速公路特重型车辆数量较少，因此将两条高速公路进行合并分析。

表8.15 不同车道各车型轮迹分布

车型	超车道		行车道	
	轮迹均值	轮迹方差	轮迹均值	轮迹方差
小型车	87.40	121.89	80.47	42.45
大客车	117.86	167.55	45.99	20.79
中型货车	126.72	46.68	49.50	27.73
重型货车	109.92	52.84	52.26	23.58
特重型货车	104.93	18.67	50.87	25.93

由以上分析可知，各高速公路相同车型的轮迹横向分布基本相同，轮迹均值的波动在可接受范围之内，故认为，一般高速公路的各车型轮迹横向分布大致服从正态分布，故可将正态分布作为高速公路轮迹横向分布的一般特征。

8-1-5 基于标准轴载的轮迹分布计算方法

从轴载对路面结构的疲劳损坏考虑，标准轴载车道分布系数计算中同样不计载重小于2.5t的小型货车和小客车，此时车型包括：大型客车、中型货车、重型货车和特重型货车。

由于前面都是建立的车辆左轮的轮迹分布模型，因此在进行车道轮分布计算时，还有同时考虑右轮在轮迹带的作用，右轮的轮迹分布规律实际上和左轮的基本一致，相当于左轮的轮迹分布平移了一个轮距，因此将左、右轮的轮迹相叠加，即可得出超车道和行车道内总体的轮迹分布，计算公式如下：

超车道轮迹分布：

$$p_{lik} = \begin{cases} \dfrac{1}{\sqrt{2\pi}\sigma_{li}} \int_{L_{lk}}^{U_{lk}} (e^{\frac{(x-\mu_{li})^2}{-2\sigma_{li}^2}} + e^{\frac{(x-\mu_{li}-\tau_i)^2}{-2\sigma_{li}^2}}) d_x & if\ L_k \geqslant \tau_i \\ \dfrac{1}{\sqrt{2\pi}\sigma_{li}} \int_{L_{lk}}^{U_{lk}} (e^{\frac{(x-\mu_{li})^2}{-2\sigma_{li}^2}}) d_x & if\ L_k \leqslant \tau_i \end{cases} \quad (8.19)$$

行车道轮迹分布：

$$p_{lik} = \begin{cases} \dfrac{1}{\sqrt{2\pi}\sigma_{li}} \int_{L_{lk}}^{U_{lk}} (e^{\frac{(x-375-\mu_{li})^2}{-2\sigma_{li}^2}} + e^{\frac{(x-375-\mu_{li}-\tau_i)^2}{-2\sigma_{li}^2}}) d_x & if\ 375 - U_k \geqslant \tau_i \\ \dfrac{1}{\sqrt{2\pi}\sigma_{li}} \int_{L_{lk}}^{U_{lk}} (e^{\frac{(x-375-\mu_{li}-\tau_i)^2}{-2\sigma_{li}^2}}) d_x & if\ 375 - U_k \leqslant \tau_i \end{cases} \quad (8.20)$$

式中　p_{lik}——l 车道上第 i 中车型第 k 个轮迹带上的频率；

σ_{li}——l 车道上第 i 种车型轮迹（距车道行车方向左边缘距离）方差；

μ_{li}——l 车道上第 i 种车型轮迹（距车道行车方向左边缘距离）均值；

τ_i——第 i 种车型轮距均值；

U_{lk}——第 k 条轮迹带距车道行车方向左边缘距离上限值；

L_{lk}——第 k 条轮迹带距车道行车方向左边缘距离下限值；

其中，$375 \leqslant L_k < U_k \leqslant 750$

其他符号意义同上。

当已知某高速公路交通量和交通组成时，根据表 8.1、表 8.3，利用式（8.21）可计算出道路全断面，不同轮迹带上标准轴载比例。

基于标准轴载超车道轮迹分布计算

$$P_{lk} = \frac{\sum_i c_i \varepsilon_i \gamma_{il} p_{lik}}{\sum_k \sum_i c_i \varepsilon_i \gamma_{il} p_{lik}} \quad (8.21)$$

式中　P_{lk}——l 车道上第 k 个轮迹带上的基于道路全断面的标准轴载频率；

其他符号意义同上。

如某双向四车道高速公路交通组成中，预估车型比例如表 8.16：

第8章 车道调整提高路面寿命

表8.16 某双向四车道高速公路交通组成

车型	大型客车	中型货车	重型货车	特重型货车
比例	10%	30%	50%	10%

以50cm为轮迹带,计算其横断面各轮迹带标准轴载比例,表8.17为某高速公路按不同统计指标的轮迹横向分布比例。

表8.17 某高速公路按不同统计指标的轮迹横向分布比例

		1	2	3	4	5	6	7
行车道	大客车	0.2553	0.1489	0.0957	0.1277	0.2181	0.1489	0.0053
	中型货车	0.1564	0.1944	0.1462	0.0921	0.1608	0.1637	0.0863
	重型货车	0.1335	0.1989	0.1648	0.0057	0.1335	0.1989	0.1648
	特重型货车	0.1135	0.2199	0.1638	0.0027	0.1325	0.2009	0.1668
超车道	大客车	0.0231	0.1713	0.2901	0.0185	0.0926	0.2948	0.1096
	中型货车	0.0081	0.1748	0.2967	0.0203	0.0976	0.3089	0.0935
	重型货车	0.0238	0.2500	0.2143	0.0119	0.0238	0.2500	0.2162
	特重型货车	0.0208	0.2830	0.2253	0.0010	0.0208	0.2830	0.2161

由式(8.1)得各车型转化为标准轴载作用下轮迹横向分布系数,见表8.18。

表8.18 某高速公路标准轴载作用下各车型轮迹横向分布系数

		1	2	3	4	5	6	7
行车道	大客车	0.0065	0.0038	0.0024	0.0032	0.0055	0.0038	0.0001
	中型货车	0.0040	0.0049	0.0037	0.0023	0.0041	0.0041	0.0022
	重型货车	0.0374	0.0557	0.0462	0.0016	0.0374	0.0557	0.0462
	特重型货车	0.0256	0.0621	0.0322	0.0021	0.0236	0.0331	0.0462
超车道	大客车	0.0004	0.0031	0.0053	0.0003	0.0017	0.0053	0.0020
	中型货车	0.0001	0.0018	0.0031	0.0002	0.0010	0.0033	0.0010
	重型货车	0.0219	0.0177	0.0264	0.0219	0.0008	0.0177	0.0264
	特重型货车	0.0132	0.0255	0.0321	0.0316	0.0003	0.0211	0.0032

由上表得标准轴载作用下,道路断面的横向分布系数,见表8.19。

表8.19 道路断面标准轴载横向分布系数

	1	2	3	4	5	6	7
行车道	0.0971	0.1308	0.1062	0.0145	0.0954	0.1292	0.0985
超车道	0.0455	0.0461	0.0707	0.0456	0.007	0.0535	0.0597

道路断面的标准轴载横向分布如图 8.19 所示。

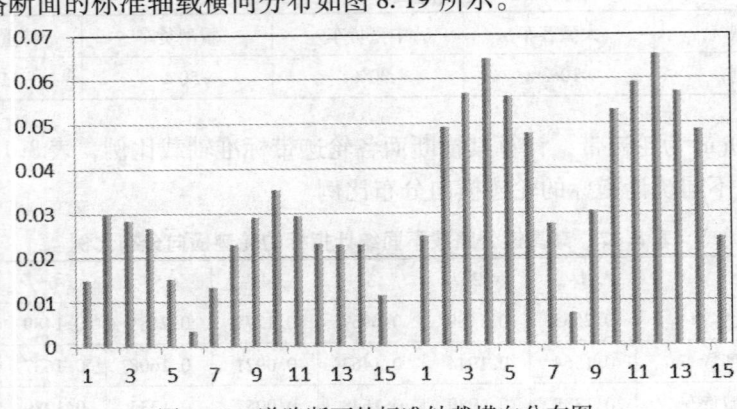

图 8.19　道路断面的标准轴载横向分布图

8-1-6　小结

本节统计分析了青银高速公路、津蓟高速公路、沿海高速公路、津保高速公路交通量数据，探讨了轮迹标准轴载换算方法，研究了不同车型的车道随机选择分布特征、不同车型的轮迹随机分布特征，指出上述分布特征在道路条件基本一致条件下，不同道路上的分布特征也基本相同。因为影响驾驶员车道选择和行驶轮迹的主要因素为车型和驾驶员个人习惯，而驾驶员随机分布在各条道路中，因此不同车型的车道分布和轮迹分布在各条道路中也基本相同。

并在此基础上，确定并验证了车辆单侧轮轮迹分布服从正态分布，最终建立了基于标准轴载的车道分布系数计算方法和轮迹分布计算方法，该计算方法只需要输入高速公路交通量和交通组成数据，就可计算出不同车道标准轴载次数和任意宽度轮迹带标准轴载次数，具体过程如图 8.20 所示。

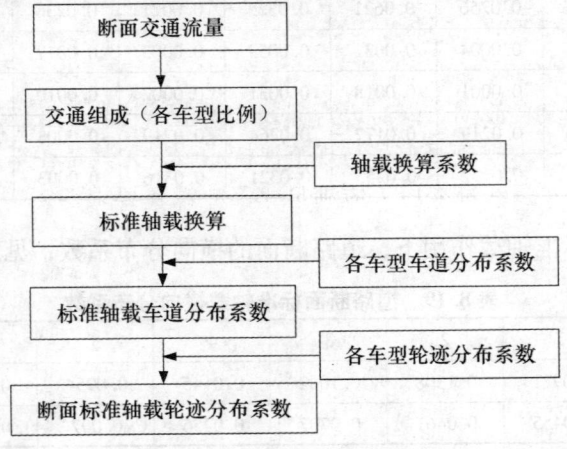

图 8.20　断面标准轴载横向分布计算流程图

第8章 车道调整提高路面寿命

从两个计算实例对比可以看出,车道系数、轮迹分布系数并非固定值,不同道路存在一定差异,常规的分析方法并未从根本上从车辆的行驶规律上探讨这一问题。在道路条件和交通状况基本一致的情况下,影响道路轮迹和车道分布的关键因素是车型组成,因此根据各车型的车道和轮迹分布,可计算出不同车型组成道路上的轮迹和车道分布情况。

8-2 车道平移方案研究

8-2-1 车道平移形式研究

我们在进行方案设计的时候,要考虑到尽量不要与现有的交通规则冲突,降低车道平移对交通的影响。初步拟定车道平移形式如图8.21、图8.22所示。

1. 车道平移形式一

当路侧停车带较宽时,可采用车道整体向行车方向右侧平移的形式,如图8.21所示。平移应注意尽量不与规范相冲突。

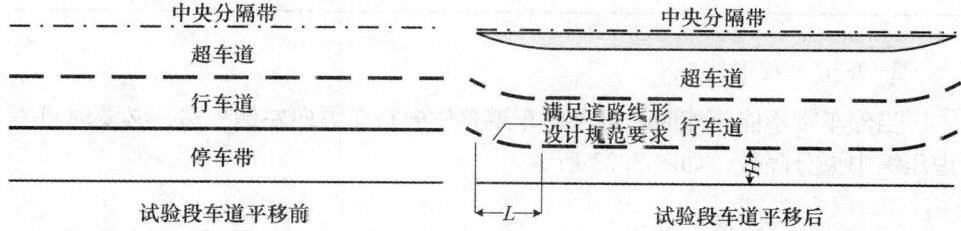

图8.21 车道平移形式一

车道平移形式一,通过压缩停车带,车道整体外移实现车道平移目的,此种方案适合路面条件比较好,路侧空间比较充足的道路,此种车道平移方案不需要对道做大幅工程改动,只需进行标线的调整即可。但应注意在车道平移方案制定时,必须考虑规范要求,与规范保持一致,尤其是在车道平移的起止路段的线形设计,车道线渐变段 L 应满足式(8.22)要求。

$$L = \begin{cases} \dfrac{v^2 W}{155} & \left(v \leqslant \dfrac{60 \text{km}}{\text{h}}\right) \\ 0.625vW & \left(v > \dfrac{60 \text{km}}{\text{h}}\right) \end{cases} \quad (8.22)$$

式中 L——车道线渐变段长度(m);
　　　v——设计速度(km/h);
　　　W——车道平移宽度(m)。

当上式计算结果大于表 8.20 所示最小值时，采用计算结果作为实际渐变段长度，反之采用表 8.20 所示最小值作为实际渐变段长度。

表 8.20　车道线渐变段长度最小值

设计速度 v（km/h）	最小值（m）	设计速度 v（km/h）	最小值（m）
20	20	60	40
30	25	80	85
40	30	>80	100

同时路侧停车带（硬路肩）的宽度 H 也应与表 8.21 中的相关规定一致。

表 8.21　停车带宽度值相关规定

设计速度（km/h）		高速公路、一级公路		
		120	100	80
右侧硬路肩宽度（m）	一般值	3.0 或 3.5	3	2.5
	最小值	3	2.5	1.5

2. 车道平移形式二

当停车带不能压缩时，可考虑车道整体向行车方向左侧平移，必要时可考虑压缩中央分隔带，如图 8.22 所示。

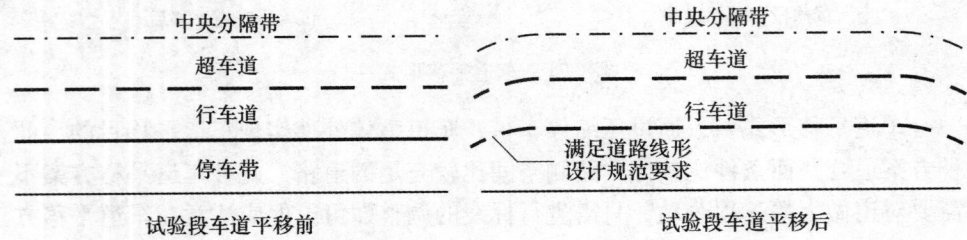

图 8.22　车道平移形式二

车道平移形式二，通过压缩中央分隔带，车道整体内移实现车道平移目的，此种方案适合路面条件较差，路侧空间不充足的道路，此种车道平移方案需要将部分中央分隔带改造为路面，工程量较大，而且对道路景观产生一定影响。应注意在车道平移方案制定时，不仅要考虑道路线形与规范保持一致，同时重点考虑中央分隔带改变后的安全性能问题、对象车辆的防眩光问题、新拓展路面的路基路面设计问题。

8-2-2 车道平移量确立方法

车道平移量对路面使用性能的改善起到至关重要的作用，移动量偏大，浪费了有限的资源；移动量过小，又容易造成路面损坏过快，违背了车道平移的初衷。因此，确定最佳平移量才能达到改善路面状况，延缓路面预防性养护时间的效果。即在不考虑路面宽度约束，仅以平移效果最优作为目标，得到的平移量为最佳平移量 Δx^*。

由于路面宽度一定，我们所做的车道平移是在不改变现有路面结构的基础上，即平移量的多少受原路面结构的约束。我们只有在考虑各种约束条件，最终确定车道平移量，称为可能平移量 Δx。

在道路足够宽的情况下，最佳平移量可以为可能平移量，若道路宽度有限，我们只能在可能平移量下寻找最优的平移量，使车道平移所要达到的社会经济效益最大化。

最佳平移量是在不考虑路面宽度约束的情况下，使平移后路面状况达到最佳，即按最佳平移量进行车道平移后的轴载在个车道上的分布较均匀。

1. 解析法

最佳平移量应使平移后车道作用轴载数分布较均匀，平移前后，轴载作用的累积值较小。以上研究可知车道轮迹分布大致服从正态分布，故可将平移前轮迹分布函数的波峰与平移后轮迹分布函数的波谷叠加如图 8.23 所示。

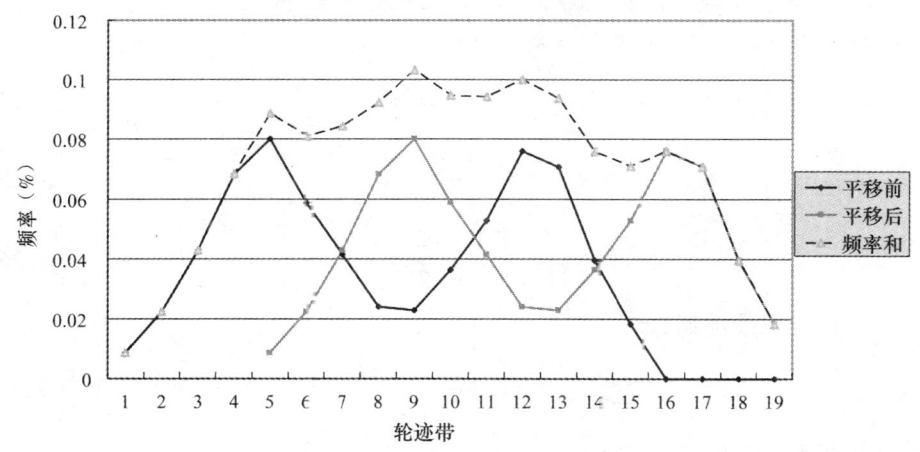

图 8.23 车道平移示意图

这样虽然可使平移前的主轮迹带在平移后受到较少轴载作用，但平移后亦会有新的波峰形成。若想实现平移后的路面轴载作用均匀分布,还需另平移后轮迹分布函数与平移前轮迹分布函数叠加后形成的新的波峰值最小。基于此对上图平移前后两条曲线进行分析可知,曲线在波峰至波谷区间单调递减,因此此区间上平移前后两个函数叠加后的峰值亦呈递减趋势,直至平移前曲线的波谷处。若再向右平移,则叠加后的波峰值开始呈递增趋势,故最佳平移量应使得平移前的波峰位置移到其波谷位置处。这样既保证了平移后轴载作用峰值最小,且分布较均匀。

由于行车道上相对超车道轮载作用较多,行车道一般先于超车道出现路面破损,故在此考虑行车道上轮迹分布函数进行最佳平移量的确定。基于此思路,运用导数知识具体解析过程如下:

(1) 确定行车道轮迹分布函数 $f(x)$

前面的轮迹分布规律研究中将左、右轮的轮迹相叠加,得出慢车道车道内总体的轮迹分布密度函数如下:

$$f(x) = \frac{1}{\sqrt{2\pi}\sigma_{li}} e^{\frac{(x-375-\mu_{li})^2}{-2\sigma_{li}^2}} + e^{\frac{(x-375-\mu_{li}-\tau_i)^2}{-2\sigma_{li}^2}} \tag{8.23}$$

式中 σ_{li}——l 车道上第 i 种车型轮迹(距车道行车方向左边缘距离)方差;

μ_{li}——l 车道上第 i 种车型轮迹(距车道行车方向左边缘距离)均值;

τ_i——第 i 种车型轮距均值;

其他符号意义同上。

(2) 确定出车道平移前波峰位置 x_1 与波谷位置 x_2;

对函数 $f(x)$ 求导并令其导数为 0 得:

$$\frac{\partial f(x)}{\partial x} = 0 \tag{8.24}$$

$$x_1 = \frac{375 + \mu_{li}}{2} \tag{8.25}$$

$$x_2 = \frac{375 + \mu_{li} + \tau_i}{2} \tag{8.26}$$

(3) 找出最优解 Δx。

$$\Delta x = x_2 - x_1 = \frac{\tau_i}{2} \tag{8.27}$$

式中符号意义同上。

则按照此平移量进行慢车道平移,可使平移后道路承受的总的轴载作用次数较均匀,且轴载作用峰值达到了最小,这样的平移效果实现了车道平移的初衷,达到了改善路面状况,延缓路面预防性养护时间的效果。

第8章 车道调整提高路面寿命

但此时平移前后轮迹累积之和的最大位置并不一定在波峰与波谷重合位置，还应对平移前后的轮迹组合函数求导，以确定平移后的组合轮迹峰值位置。将 $\Delta x = \dfrac{\tau_i}{2}$ 带入式（8.24），构成组合分布函数如下：

$$\frac{\partial \left(f(x) + f\left(x - \dfrac{\tau_i}{2}\right) \right)}{\partial x} = 0 \tag{8.28}$$

解得

$$x_1 = \frac{375 + \mu_{li}}{2} \tag{8.29}$$

$$x_2 = \frac{375 + \mu_{li} + \tau_i}{2} \tag{8.30}$$

即组合分布函数的峰值与原函数波峰值和波谷值位置基本一致。

2. 试算法

试算法即由已知的曲线方程的图形，向后每移动一个轮迹带，得出新的曲线，并对新的曲线图形进行分析，得出最佳的平移方案。为了保证精度并充分利用调查结果，可以每次移动25cm。同时由于移动后车道最内侧和最外侧的值都不能较好地反应车道平移后的轮迹频率分布，因此主要分析中间的轮迹分布频率即可，下面以某高速公路轮迹分布情况为例来说明。

当曲线图形依次向后平移1、2、3、4、5个轮迹带时得到的图形如图8.24~图8.28所示。

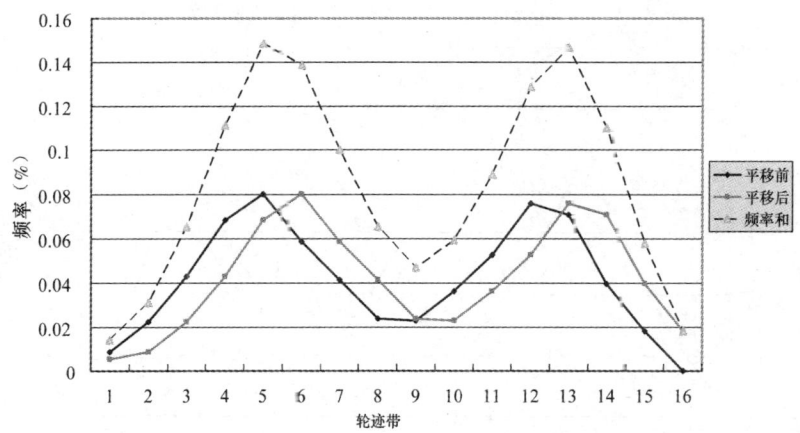

图8.24 车道平移1个轮迹带后主要轮迹带的轮迹分布

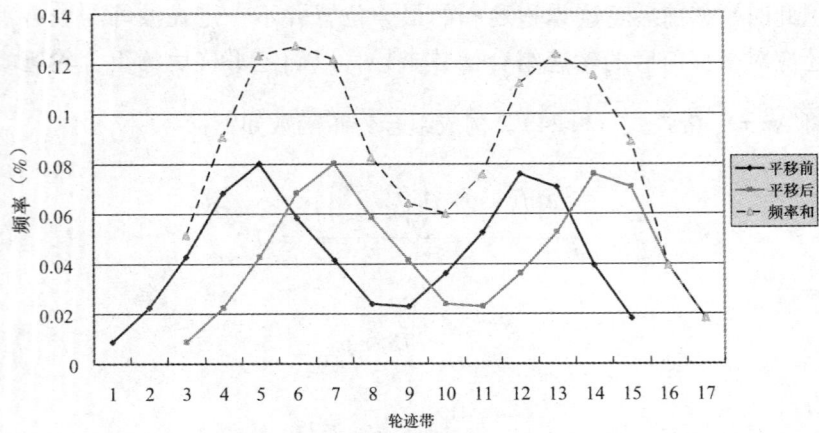

图 8.25　车道平移 2 个轮迹带后主要轮迹带的轮迹分布

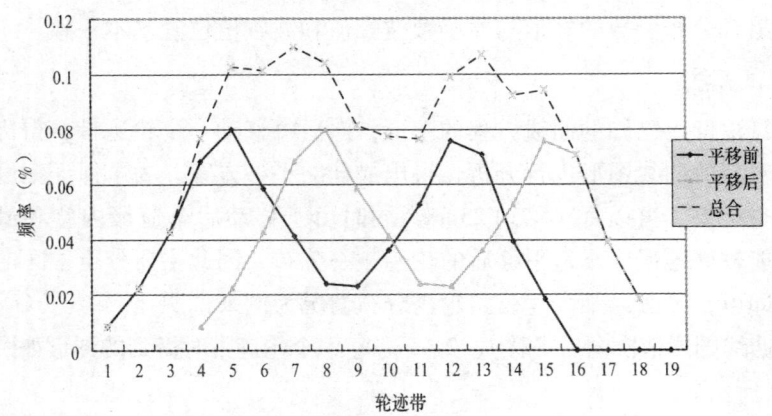

图 8.26　车道平移 3 个轮迹带后主要轮迹带的轮迹分布

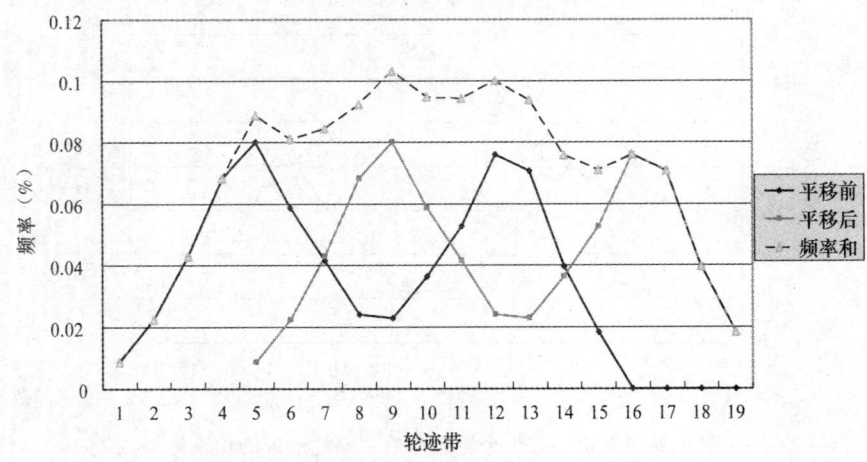

图 8.27　车道平移 4 个轮迹带后主要轮迹带的轮迹分布

第8章 车道调整提高路面寿命

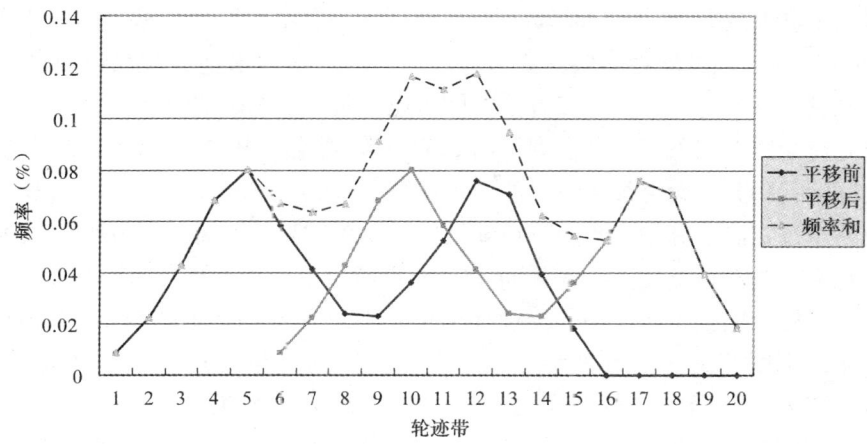

图 8.28 车道平移 5 个轮迹带后主要轮迹带的轮迹分布

当曲线图形向后平移 5 个轮迹带时，曲线的变化更大，因此我们发现当车道平移 4 个轮迹带后，行车道和超车道上荷载分布较均匀，则我们把平移 4~5 个轮迹带即 1~1.25m 作为最佳平移量。

3. 可能平移量的确定方法

可能平移量即考虑路面宽度，施工可能条件的约束下的路面车道可能平移量，显然，当可能平移量大于等于最佳平移量时，平移时应采用最佳平移量，而当可能平移量小于最佳平移量时，从平移量与轴载均布情况的图像关系可知，此时应采用最大可能平移量。

可能平移量确定时，应充分考虑国家规范要求，表 8.22 是《公路路线设计规范》中关于右侧路肩宽度的规定。

表 8.22 右侧路肩宽度

设计速度（km/h）		高速公路		
		120	100	80
右侧硬路肩宽度（m）	一般值	3.00 或 3.50	3.00	2.50
	最小值	3.00	2.50	1.50

另外从目前关于车道宽度研究成果和国外高速公路车道宽度来看，在不影响道路行驶质量和安全要求情况下，高速公路车道宽度还有进一步压缩的可能。

关于车道宽度与驾驶安全的关系，美国交通安全专家 HauerE 在 "Lane Width and Safety：Review ofLiterature for the Interactive Highway Safety" 中指出：

车道宽度增大到大于 $11f_t$(3.35m) 时,似乎并不能增大安全系数,而大于 $12f_t$(3.66m) 时,则可能会降低安全系数。国内的一些专家学者对此也做过相关研究并且证实了这一点。浙江省公安厅高速公路交警总队的彭桔志,在浙江省杭甬高速公路的交通管理中发现:与 3.75m 车道宽度相比,3.5m 的车道宽度在实际运行中并不会增加事故风险。钟连德、荣建、孙小端等人在对上海高架快速路车道宽度研究中发现:3.18m 是保证车辆在高架路上安全行驶的最小的车道宽度,当车道宽度大于 3.25m 时,通行能力不受车道宽度的影响。

在中国公路技术标准中,当设计车速分别为 80km/h、100km/h、120km/h 时,车道宽度都是 3.75m 的标准。从世界各国的高速公路车道宽度标准看,中国高速公路采用 3.75m 的车道宽度,大于美国高速公路 12 英尺(3.66m)的车道宽度和日本的 3.50m 的车道宽度。因此,在确保行车安全和不降低通行能力的情况下,中国高速公路车道宽度还有缩减的余地。也就是说,由于车道线移动引起的部分车道宽度适当缩减是不会影响行车安全和降低通行能力的。

采用可能平移量时,平移前后轮迹轴载累积之和的最大位置并不一定在波峰与波谷重合位置,还应对平移前后的轮迹组合函数求导,以确定平移后的组合轮迹峰值位置。将根据道路断面制定的可能平移量带入轮迹分布密度函数,并于原密度函数构成组合分布函数,并求导得 0,探求最大轴载频率轮迹位置,如式(8.31)。

$$\frac{\partial \left(f(x) + f\left(x - \frac{\tau_i}{2}\right) \right)}{\partial x} = 0 \tag{8.31}$$

8-2-3 车道平移的时机

车道平移的关键问题就在于平移时机的确定。平移时机选择不当导致通车初期路面状况良好状态下,过早平移造成人力和经费的浪费,而道路寿命中后期路面状况恶化迅速状态下,平移过晚形成安全隐患,主轮迹带路面结构遭到严重破坏,路面整体行驶质量也将大幅下降,而且旧主轮迹带病害也会进一步扩展延伸而影响到新的轮迹带,所以平移的时间是关键点。下面来讨论一下如何找到最佳时间。

车道平移是在原有道路的基础上采用重新划分标线,均衡轴载分布,避免某些轮迹带先于其他轮迹带出现破坏,从而延长道路使用寿命,由于平移后的轮迹带仍承受车辆荷载的作用,所以不能在路面接近破坏时才进行车道平移,最佳的平移时机应使平移后的主轮迹带与非主轮迹带同时到达破坏状态,本研

第 8 章　车道调整提高路面寿命

究中以可靠度作为判断路面是否达到破坏的依据，所以最佳的平移时机应保证平移后的主、次轮迹带同时达到规定的可靠度限值。

假设某双向四车道的高速公路，平均日标准轴次为 1000 次，在经受累计标准轴次 N_e 后，它各个车道的 PQI 都会有不同程度的下降。这与车道分布系数和轮迹横向分布系数有关。具体示意如图 8.29、图 8.30 所示。

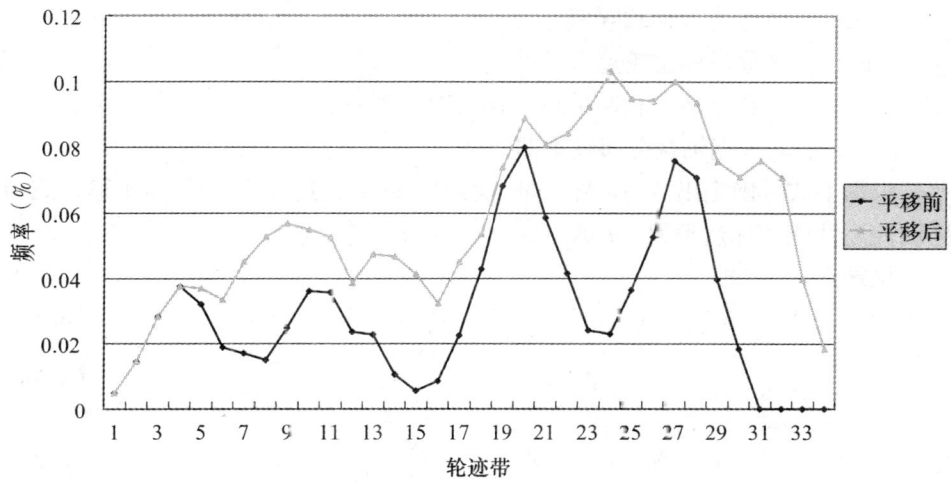

图 8.29　平移前与平移后的轮迹分布

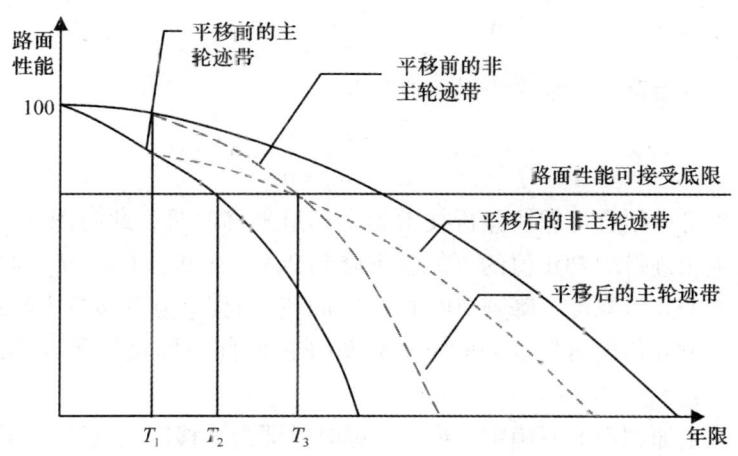

图 8.30　平移前后各轮迹带 PQI 值可靠度随时间变化曲线

根据以上思路，当车道累积轴载量达到 N_t 或路面使用性能指标达到 P_t 时，将道路旧交通标线铲除，将车道平移 50~150cm，施划新标线。

其中，N_t 和 P_t 由式（8.32）确定：

$$P_l = f(N_t \cdot a_z + N_s \cdot a_{zl}) = f(N_t \cdot a_{zf} + N_s \cdot a_z) \tag{8.32}$$

式中 P_l——路面使用性能指标下限,根据规范或养护要求确定;

$f(\cdot)$——基于轮迹带路面使用性能随累积轴载次数衰变函数;

N_t——车道平移时车道累积轴载量;

N_s——平移后车道累积轴载量;

a_z——主轮迹带轴载频率;

a_{zl}——平移后原主轮迹带轴载频率;

a_{zf}——平移后新主轮迹带在平移前轴载频率。

a_z、a_{zl}、a_{zf}根据轴载分布频率曲线确定。

根据上式可确定出 N_t 和 N_s,即当累积轴载量达到 N_t 进行车道平移,或当路面使用性能指标达到 $P_t = f(N_t \cdot a_z)$ 时进行车道平移。

根据上式可知:

$$N_t \cdot a_z + N_s \cdot a_{zl} = N_t \cdot a_{zf} + N_s \cdot a_z = N_l a_z \tag{8.33}$$

$$N_t = \frac{(a_z - a_{zl})}{(a_z - a_{zf})} \cdot N_s \tag{8.34}$$

$$N_t \cdot a_z + N_s \cdot a_{zl} = N_t \cdot a_z + \frac{(a_z - a_{zf})}{(a_z - a_{zl})} \cdot a_{zl} = N_l a_z \tag{8.35}$$

则:

$$N_t = \frac{a_z^2 - a_{zl} \cdot a_{zf}}{a_z^2 - a_{zl} \cdot a_z} \cdot N_l \tag{8.36}$$

显然平移后路面可承受的累积轴次 N_z 为:

$$N_z = 2 \cdot \frac{a_z^2 - a_{zl} \cdot a_{zf}}{a_z^2 - a_{zl} \cdot a_z} \cdot N_l \tag{8.37}$$

同时也可以结合可靠性分析技术确定车道平移时机,此时图 8.30 中,T_1 为平移前主轮迹带的 PQI 值的可靠度下降到 90% 时的时间值,T_2 为平移前非主轮迹带的 PQI 可靠度下降到 90% 时的时间值,而 T_3 为平移后主轮迹带和非主轮迹带的 PQI 值的可靠度同时下降到 90% 的时间值即我们所求的最佳平移时间。

基于以上原则我们所确定的最佳平移时机即为平移后主轮迹带与次轮迹带同时达到可靠度最低限值的时间。

8-2-4 车道平移方案制定流程图

根据平移量与平移时机的关系模型,可解出最佳平移时机 T 与最佳平移量 Δx。

第8章 车道调整提高路面寿命

综上所示，车道平移方案制定流程图如图 8.31 所示。

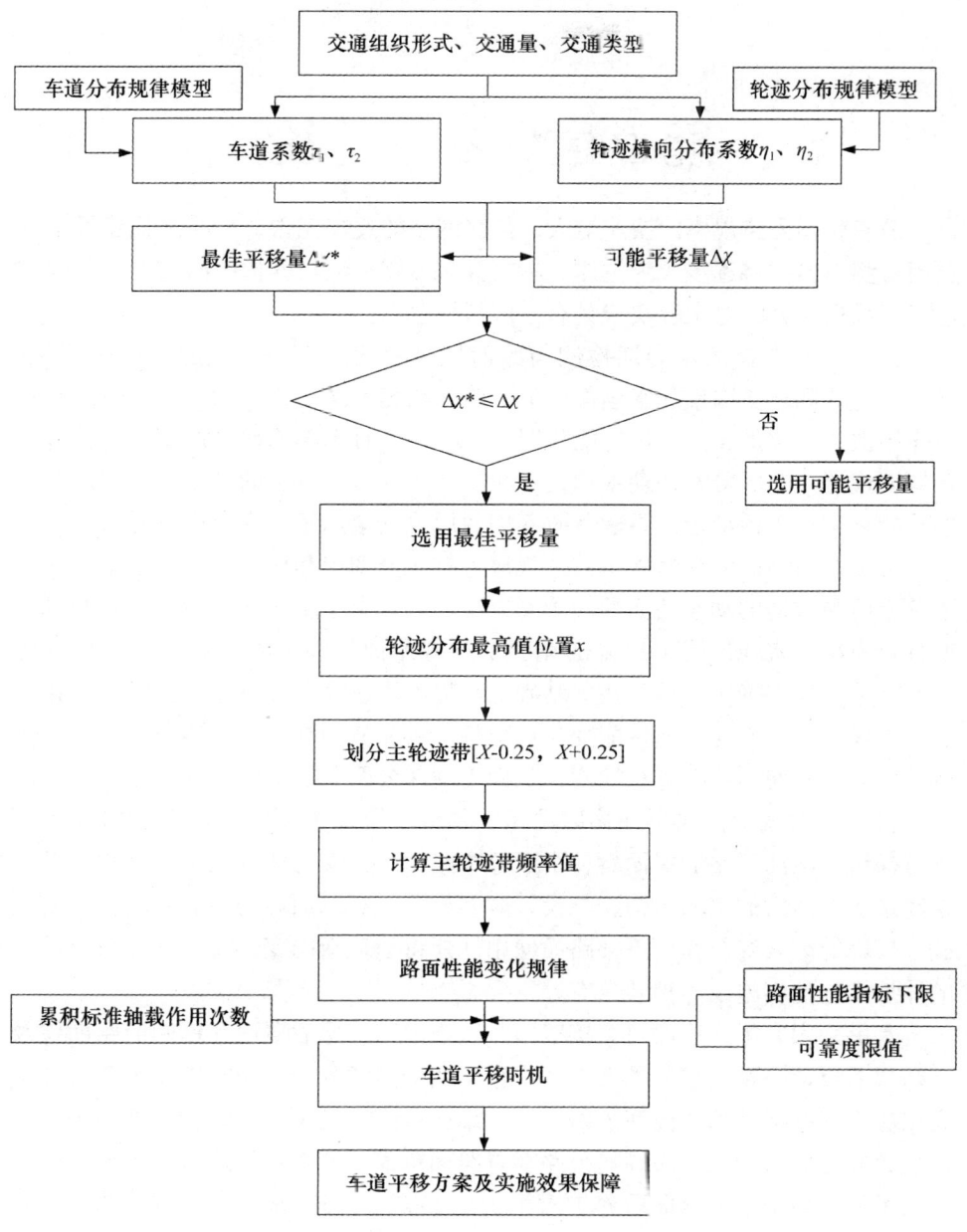

图 8.31 车道平移方案制定流程图

第9章 结 论

随着我国公路规模的快速增大，公路网络的逐步完善，公路工程建设中的路面检测与养护将逐步成为主体，本书针对道路检测与养护中出现的一些问题进行了系列研究，对工程实践具有一定指导意义。

（1）针对常规的定周期检测与路面性能变化并不一致问题进行了研究。道路在荷载和环境因素的影响作用下，路面状况不断恶化，随着使用时间和轴载作用次数的增加，其使用性能将明显下降，而且下降速率增加，因此常规的定周期检测，路面寿命初期检测过于频繁造成人力和经费的浪费，路面寿命后期检测频率过于稀疏造成不能及时养护而形成安全隐患，影响道路寿命。

本书在对路面使用性能参数及规律进行充分调查和科学分析基础上，提出了基于检测数据的动态路面性能预测方法，并提出了基于路面指标方差的可靠度分析模型，实践证明上述方法克服了常规路面性能预测和可靠性分析的弊端，结果更加准确、可行。在此基础上，提出高速公路各指标检测时机优化方法，以使道路检测与路面性能变化规律相一致，从而在节省检测费用同时，更有效地对路面使用状况进行检测，从而为高速公路养护提供可靠依据。

（2）针对我国公路早期病害严重，加铺、罩面等频繁下的养护管理问题进行探讨。旧沥青路面罩面后，由于整个路面结构受力体系发生了变化，尤其是经多次罩面后的路面结构，与设计时差异更大。罩面后的路面结构在行车荷载、环境等因素综合作用下，路面使用性能将呈现新的变化规律，这对罩面后的养护措施的实施及养护效果有着重要影响。

本书采用有限元程序对直接罩面、铣刨旧路面层后罩面和铣刨旧路面层及上基层后罩面三种典型的罩面方案进行了结构力学分析。同时以路表弯沉和层底拉应力为指标计算了高速公路罩面层结构可靠度同累计当量轴次之间的关系模型，并在此基础上，对高速公路沥青路面罩面后养护对策进行了研究，提出了以可靠性为中心的罩面后养护对策确定方法。从 RCM 经济效益评估内容和分类着手，详细介绍了取消项目、增加项目显性及隐性经济效益评估模型，并结合沥青路面维修的特点，对以可靠性为中心的沥青路面维修模型进行探讨。

（3）针对渠化交通导致路面横向荷载作用分布不均，造成轮迹带过早破坏问题，创造性提出了利用车道调整均衡路面横向荷载分布提高道路使用寿命

第 9 章 结　论

新方法。

　　根据大量轮迹调查结果，研究了驾驶员对车道和轮迹带选择行为，从本质上提出了车道和轮迹分布预估模型，并根据轴载与路面性能关系建立了基于轮迹带路面使用性能变化规律模型，最终以车道调整前后轮迹带同时达到路面使用性能下限为目标，建立车道平移方案和车道功能置换方案的优化方法，包括车道功能置换时机计算方法、车道最佳平移量计算方法、车道平移时机计算方法。

参考文献

[1] 支喜兰，王威娜，张超．高速公路沥青路面早期性能评价模型［J］．长安大学学报（自然科学版）．2009（02）

[2] 曾胜．路面性能评价与分析方法研究［D］．湖南：中南大学，2003

[3] 乔立群，马震，郭楣．高速公路沥青路面路况检测［J］．黑龙江交通科技．2008（11）

[4] 柳胜方．沥青路面的检测技术［J］．交通世界（建养．机械）．2011（12）

[5] 武建民．半刚性基层沥青路面使用性能衰变规律研究［D］．西安：长安大学，2005

[6] 贾致荣，樊克恭，赵成泉．沥青路面结构的模糊可靠度分析［J］．中外公路．2001（04）

[7] 陈子金．高等级沥青路面使用寿命预测方法研究［D］．湖南：湖南大学，2004

[8] 赵宁，刘洁．高速公路沥青路面检测周期优化［J］．中小企业管理与科技．2012（04）

[9] 黄文雄．基于混合遗传神经网络的高速公路沥青路面使用性能评价方法研究［D］．湖北：武汉理工大学，2003（06）

[10] 孙立军，刘喜平．路面使用性能的标准衰变方程［J］．同济大学学报（自然科学版）．1995（05）

[11] 中华人民共和国交通部．JTJ 073.2—2001 公路沥青路面养护技术规范［S］．北京：人民交通出版社，2001

[12] 辛红升．高速公路路面使用性能评价预测及养护决策的研究［D］．陕西：长安大学，2008

[13] 赵婷．高速公路沥青路面使用性能评价及预防性养护决策研究［D］．陕西：长安大学 2011

[14] 刘黎萍，孙立军．旧沥青路面面层有效厚度模型研究［J］．公路交通科技．2001

[15] 尚保玉．高速公路沥青混凝土路面使用性能评价方法研究［D］．湖北：武汉理工大学，2011

[16] 梁文江．浅探沥青路面早期病坏的原因［J］．科技创新导报．2010（33）

[17] 喻翔．高速公路路面养护管理系统决策优化的研究［D］．四川：西南交通大学，2005

[18] Arun Bhattachanya. Steven A Velinsy：Finite Element Implementation of the Microplane Theony for Simulating a Rigid Concrete Pavement-Vehicle Interaction. Mech. Struct. &Mach. 1998

[19] Sam Helwany. Jobn Dyer Leidy. Finite- Element Analyses of Fleiible pavements. Journal of

Transportation Engineering, 1998

[20] 马士宾. 基于路面性能可靠性路面养护技术研究 [D]. 西安：长安大学，2008
[21] 邓学钧，黄晓明. 路面设计原理与方法 [M]. 北京：人民交通出版社，2005
[22] 鲍亮亮. 基于组合原理的高速公路沥青路面使用性能评价与预测方法 [D]. 湖南：湖南大学，2008
[23] 徐世法，朱照宏. 高等级道路沥青路面车辙的控制与防治 [J]. 中国公路学报，1993
[24] 玉俊杰. 基于预防性养护的高速公路沥青路面使用性能评价和预测模型研究 [D]. 北京：北京交通大学，2009
[25] 王佳. 高速公路沥青路面使用性能评价与预测决策研究 [D]. 湖南：长沙理工大学，2006
[26] 黄卫，赵延庆. 以基层底面弯拉应力为控制指标的沥青路面可靠度分析 [J]. 西安公路交通大学学报，1996
[27] 王笑风. 高速公路半刚性基层沥青路面预防性养护体系研究 [D]. 陕西：长安大学，2007
[28] 刘喜平，孙立军. 不同结构沥青路面的损坏规律研究 [J]. 上海公路，1995
[29] 刘喜平. 环境因素对路面使用性能的影响 [D]. 上海：同济大学，1994
[30] 孙立军. 沥青路面结构行为理论 [M]. 上海：同济大学出版社，2003
[31] 沙庆林. 高速公路沥青路面早期破坏现象及预防 [M]. 北京：人民交通出版社，2001
[33] 许志军. 沥青路面结构性能模拟 [D]. 上海：同济大学，1994
[34] 黄文雄. 高速公路沥青路面使用性能评价指标 [J]. 中外公路，2003
[35] 娄峰. 基于模糊理论的沥青路面可靠性分析 [D]. 湖南：湖南大学，2004
[37] 王蕾蕾. 沥青路面结构可靠性研究 [D]. 吉林：哈尔滨工业大学，2007
[38] 何征峰. 沧州市高速公路沥青路面使用性能预测分析 [J]. 交通标准化，2011（14）
[39] 韩海红. 沥青路面加铺层可靠性分析与评估方法研究 [D]. 吉林：哈尔滨工业大学，2006
[40] 王朝阳，姚馨源，张蕾红. 基于灰色理论的高速公路路面使用状况衰变预测 [J]. 公路，2012（12）